革新の
開発経済学

有木宗一郎 著

大学教育出版

はしがき

　1980年代から1990年代にかけての数年は，第2次世界大戦後の米ソ2大国の対立を基軸とした冷戦体制が崩壊した劇的な時期であった。

　ちょうど，この時期に，著者は事情あって30年近く職を奉じた東京の私立大学を退職し，追っかけるように病を得て，1年前後の呻吟を余儀なくされた。幸い病を克服し，1992（平成4）年から2000（同12）年に至る8年間，西日本の大学に教職を与えられ，学部学生を対象とした，かなり大人数の講義を担当することとなった。同時に，学部学生の演習も担当したのであるが，当時，激変する世界経済の状況を眼前にして，ささやかな自分の研究経歴を反省し，新しい時代への視角を探し求め，若い世代の発想の吸収に努めた。

　前半4年は下関市立大学，後半4年は九州産業大学に勤務し，前者ではわが国の開発援助，後者では世界経済の歴史と国際経済論を演習のテーマとして取り上げた。

　独創に欠け，必ずしも詳細な事実の渉猟に裏付けられたものではないが，その間，多少考えのまとまったものは，所属大学の研究雑誌に発表した。平易な表現による問題提起を意図したものである。

　大部分は，九州産業大学経済学部の研究雑誌『エコノミクス』に発表したが，内容の上では，下関市立大学時代に着想したものの方が多い。本来なら，これらの論文を土台に学術的批判に耐える，彫刻の成果を発表すべきであったかも分からないが，老齢70を数年越えた現在，永遠のトルソーとして，これらの論文をほとんどそのままの形で出版し，江湖のご参考に供することとした。

　ただ，1冊の書物としての体系性を維持するため，論文の原題を変え，若干の注を追加し，かなり古い論文を利用（第3章，2）したり，公表の機会を逸したもの（付論）を掲載したりした。

　本書の評価は，学界の次の次の世代に任せたいとの感を抑え切れないが，そ

れはさておき，1950年代初めからの研究生活の晩年において，日本列島の西で著者が経験した温かき思い出の記念として，著者は深い感謝とともに，この書物の上梓を決心したのである．

2002年4月15日

著者

革新の開発経済学

目　次

iv

はしがき …………………………………………………………………………… i

第1章　ポスト冷戦時代の開発経済学 ………………………………………… 1
　　1．開発経済学─評価と展望 ……………………………………………… 1
　　　　はじめに　*1*
　　　　（1）冷戦期の日本語文献　*2*
　　　　（2）ケインズ的正統の崩壊　*3*
　　　　（3）開発プロジェクトの評価　*5*
　　　　（4）歴史的背景　*6*
　　　　（5）人口成長　*9*
　　　　（6）投資と援助　*11*
　　　　（7）開発計画　*16*
　　　　むすび　*18*

　　2．経済開発の制度・組織論 …………………………………………… 24
　　　　はじめに　*24*
　　　　（1）冷戦下の米国の経験　*25*
　　　　（2）マクロ的再解釈　*28*
　　　　（3）世銀の途上国政府論　*30*
　　　　（4）真に「良い政府」とは何か？　*32*
　　　　（5）対途上国開発援助の不毛性　*36*
　　　　むすび　*39*

第2章　社会主義の移行経済 …………………………………………………… 42
　　1．中・ロの市場経済 ……………………………………………………… 42
　　　　はじめに　*42*
　　　　（1）地方的市場と社会化　*43*
　　　　（2）社会主義の経済的遺産　*45*
　　　　（3）成長と国際投資　*52*
　　　　むすび　*56*

　　2．社会主義中国の海外投資 ……………………………………………… 65
　　　　はじめに　*65*
　　　　（1）中国の海外直接投資　*66*
　　　　（2）中国の多国籍企業　*69*
　　　　（3）大陸的多国籍化の特徴　*77*
　　　　むすび　*79*

資料：社会主義移行前夜の中・ロ両国における外国資本 …………………… *83*
　　　　（1）ロシアにおける外国資本　*84*
　　　　（2）中国における外国資本　*85*
　　　　（3）両国における外国企業　*86*
　　　　（4）従属経済と近代的法制　*95*
　　　　（5）数値的評価　*96*
　　　　むすび　*97*

第3章　経済開発の戦略 ……………………………………………………………… *100*
　1．ポスト冷戦時代の後進国の経済開発方式 ………………………………………… *100*
　　　はじめに　*100*
　　　（1）歴史的画期としての冷戦の終結　*101*
　　　（2）ポスト冷戦時代の開発戦略　*103*
　　　（3）開発戦略の躓きの石　*110*
　　　むすび　*115*

　2．マルクス主義と近代経済学 ……………………………………………………… *120*
　　　はじめに　*120*
　　　（1）マルクス経済学の多様性　*121*
　　　（2）近代経済学の発展　*123*
　　　（3）経済理論とイデオロギー　*125*
　　　むすび　*127*

第4章　転換期の開発計画 …………………………………………………………… *129*
　1．転換期の経済開発計画 …………………………………………………………… *129*
　　　はじめに　*129*
　　　（1）近隣アジア諸国の開発計画　*130*
　　　（2）社会主義的開発モデルの再検討　*135*
　　　（3）発展途上国の経済変化　*141*
　　　むすび　*146*

　2．貿易と投資の計量 ………………………………………………………………… *151*
　　　はじめに　*151*
　　　（1）経済分析における短期と長期　*151*
　　　（2）輸出・入の決定因　*153*
　　　（3）国際的相互依存と産業連関　*157*
　　　むすび　*163*

第5章 開発金融 ……………………………………………………………………… 170
1. 開発の二重性と金融制度 ………………………………………………… 170
はじめに　*170*
（1）商業主義的植民地経済　*171*
（2）ポスト冷戦時代の農村社会　*174*
（3）資本市場　*179*
むすび　*184*

2. 新興証券市場と開発金融 ………………………………………………… 192
はじめに　*192*
（1）開発金融の性格　*193*
（2）新興証券市場の推進力　*195*
（3）開発金融と日本企業の戦略　*204*
むすび　*206*

資料：ODAと開発金融 ………………………………………………………… 212
（1）援助思想の転換　*213*
（2）冷戦時代の途上国援助　*214*
（3）ODAと開発　*215*
むすび　*217*

付 論　1930年代の満鉄調査部 ……………………………………………… 219
はじめに　*219*
（1）満鉄情報機関を裁断する　*220*
（2）個人的動機と客観的役割　*222*
（3）満州経験と中国研究　*226*
むすび　*230*

人名索引 …………………………………………………………………………… *238*

事項索引 …………………………………………………………………………… *241*

あとがき …………………………………………………………………………… *245*

第1章
ポスト冷戦時代の開発経済学

1. 開発経済学――評価と展望

はじめに

　米英の学界を基準として考えたとき，言うまでもなく開発経済学 development economics の誕生は，第2次世界大戦後のことであって，それは思想的にも，方法論的にも，「新しい経済学」と呼ばれたケインズ経済学に非常に多くのものを負っている。社会的生産力の創出の必要に関する論点の有無を除けば，それはエタティスム étatisme の経済的機能の認識において，広義のケインズ経済学の一部であったと言っても過言ではない。明らかに，少なくとも1970年代末まで，開発経済学は経済学の重要な構成部分として存在していたのである。

　ところが，眼を国内に転じるなら，戦後のわが国の経済学の中に，果たして一定の理論分野としての，開発経済学が存在したのかどうか，はなはだ疑わしいと言わねばならない。

　戦後のわが国の国際経済学は，戦前・戦時の植民政策論の後継者であり，戦後の激変した社会環境の下で，いかにして社会的に受け入れられる経済論を構築するかに全力が注がれ，政策論的色彩の濃い発展途上国の開発問題は，比較的顧みられなかったのである。もっとも1960年代から1970年代にかけ，研究者の世代交代が進む中で，学界の理論指向は次第に弱まり，世界経済に関する

雑多なテーマの雑多な取り扱いがアカデミズムとジャーナリズムの境界を不分明にしたままで，国際経済学界の支配的潮流として定着する。その中で，途上国の開発問題も，それ相応の取り扱いを受けるのであるが，必ずしも満足すべき状態にあったとは言い難い。

　本稿の目的は，筆者の乏しい途上国開発関連文献の渉猟過程において得られた文献的知識を整理し，この方面の今後の研究に役立てることである。文献紹介の包括性を追わず，多分に個人的な研究指針としての有用性を重視したので，叙述の客観性に問題のあることを，あらかじめお断りしておきたい。

(1) 冷戦期の日本語文献

　戦後，わが国の開発経済学の分野で目覚ましい活躍をされたのは，村上敦，渡辺利夫，池本清の3氏ではないかと思う。

　村上氏は，1971（昭和46）年に『開発経済学』（ダイヤモンド社）を発表しておられ，渡辺氏も，大略同じ頃からこの分野で多くの書物を公刊しておられる。気づいたものだけ並べてみると，次の通りである。

　　『低開発国際経済援助論』，アジア経済研究所，1969年。
　　『開発経済学研究（輸入と国民経済形成）』，東洋経済新報社，1978年。
　　『開発経済学（経済学と現代アジア）』，日本評論社，1986年。
　　堀侑氏と共編『開発経済学。文献と問題』，アジア経済研究所，1983年。

　一般的には，あまり注目されていないようであるが，池本氏は，1982（昭和57）年同文館から，『開発経済学の研究』なる書物を発表しておられる。

　この3人の業績で，わが国の国際経済学界が開発経済学の分野において示した理論の水準を，大略，推し測ることができる。筆者の知る限り，村上氏はその後，開発経済学の理論化の分野で，それほど進んだ研究はされていないと思うが，氏の分析の基本的欠陥は，現代において「市場の失敗」がもたらす種々相が，全く考察の範囲外に置かれていることである。これでは，開発における市場と計画の相互補完とか，新興国家と多国籍企業の役割の評価ができないと思う。村上氏と渡辺氏とを比較すると，理論の基調は，大略同じである。ただ，渡辺氏の場合は，日とともに，経済学というより政策的アジア地誌論の性格を

強めているという印象を拭い難い。この2氏に対して，池本氏の業績は，確かに『——研究』と称しているだけあって極めて理論的なものであるが，経済開発の論理的枠組みとして，これで充分であるかどうか改めて検討する必要があるだろう。

これを要するに，ごく最近に至るまで，わが国の学界において開発経済学は，いわば，陽の当たらない場所で，本格的，専門的にそれを研究してきた人は皆無に近い。上記3氏の場合も，中小企業論，アジア発展途上国論，あるいは国際貿易論がそれぞれ基本的な守備範囲で，兼ねて開発の経済理論を調べてみたという感じである[1]。

(2) ケインズ的正統の崩壊

1970年代の終わりから1980年代へかけ，米英の学界では，『開発経済学の死』が声高く宣言された。影響力のあった代表的論文としては，ハーシュマンAlbert O. Hirschmanと，ラルDeepak Lalのものがあげられる。

    Albert O. Hirschman: The Rise and Decline of Development Economics, in *The Theory and Experience of Development. Essays in Honor of Sir W. Arthur Lewis*, edited by Mark Gersovitz, Carlos F. Diaz-Alejandro, Gustav Ranis and Mark R. Rosenzweig. London, 1982, George Allen & Unwin. pp.372-390.

    Deepak Lal; *The Poverty of "Development Economics"*, London,1983, The Institute of Economic Affairs.

前者は，新古典派の復活や，新左翼的経済理論の興隆という学界動向の変化により，開発経済学が米英のアカデミーの中で顧みられなくなった事情を論じており，後者は，「市場の失敗」ではなく「政府の失敗」の癒し難い大きさから開発経済学の理論的有効性の喪失を論じたものである。

その根っこにあるのは，戦後，資本主義世界の理論的正統となる改革指向的国家像の崩壊であろう。

振り返ってみると，戦後間もないわが国の国際経済学の揺籃期に，当時米国で花咲いた開発経済学の紹介は，確かに行われていた。文献紹介では，故人となられた一橋大学の坂本二郎氏が抜きん出ており，土屋六郎氏によるヌルクセ

の均衡的開発論の紹介も忘れ難い。日本的な社会主義的な理論的正統を目指す作業の一環ではあったが，京都大学の松井清氏の教え子を中心とするグループの批判的紹介も，理論紹介の水準は決して低くはなかった。

しかし，これらの紹介は，残念ながら米英の開発経済学が，ケインズの経済学と同一の思想的根源から生まれたこと，つまり国家の手によって経済開発を進め，国の経済力の強化に伴って，ほとんど不可避的に大衆の生活水準を向上させることができるという信念において，国家の積極的な経済機能に信頼を置いていたことを，しばしば見失いがちであった。開発過程における経済均衡や，社会・文化的要因に関する評価の多様性に目を奪われて，その多様性を貫く共通項を，必ずしも十分に認識していたとは思われない。

1950年代半ばから1960年代前半にかけ，米英の経済学界に現れた新古典派総合，それに続くマネタリズム monetarism の登場は，このケインズ的思想に対する，次第にエスカレートしていく攻撃であり，米英の開発経済学もこの中で，その理論的土台骨が揺さ振り続けられてきたのであった。

我々が上に述べた「開発経済学の死」の宣言は，新しい反ケインズ主義の開発分野における勝利宣言と見なすこともできるだろう。

しかし，本当に開発経済学は死んだのであろうか？ 冷戦後の世界は，中・長期的にみれば，世界大での経済開発の必要と能力を高めている。開発問題が残る限り，その経済理論がなくなるはずはない。とりわけ冷戦の受益者と言えるわが国の場合，今後世界的な貯蓄の供給者として大きな役割を演じるであろうから，従来の「開発経済学」と同じではないかも分からないが，「開発」の「経済学」が重要となってくることは避けられないだろう。歴史的展望の中で見る限り，わが国に関する限り，開発経済学は死んだのではなく，これから生まれる，否，これから生まれなければならない理論分野と言わなければならないだろう。この新しい理論分野の研究に際し，誤りなき方向感覚を得るためにも，米英の開発経済学の1970年代末から1980年代にかけての，方向転換の理論的意義を自分なりに明確にしておく必要があるだろう。

戦後経済学のケインズ的正統の崩壊に関する判断なしに行われる開発経済学の研究は，理論的に無内容となる危険性を持っている。

(3) 開発プロジェクトの評価

わが国の経済開発関連文献，それは最近増加の傾向を示しているが，それには，おしなべて共通の欠落があるように思う。それは開発過程の計量的評価の欠落である。

第2次世界大戦後，発展途上国の経済開発においてマクロ経済的な国家計画の演じる役割は低下しているものの，個々のプロジェクトの経済効果の評価については多くの議論が積み重ねられてきた。とはいうものの，文献の数は多いが，内容は多分に職人的・秘伝的な要素があって，理解に苦しむ場合も少なくない。

この分野で，国際社会の承認を得て，国際連合やOECDに大きな影響力を持って来たのが，リトル I. M. D. Little とマーリーズ J. Mirrlees の方法である。

これは，1960年代末から1970年代にかけて，途上国のプロジェクト評価の方法として確立されたもので，マクロ経済的に見た国内の貯蓄の評価と連動させて，具体的なプロジェクトの評価を行おうとするものである。それは，貯蓄の評価が高く，現在の国民の生活向上にさほどの政策的意義を認めないときは，現在の都市人口の範囲内で資本集約的技術を選べばよく，逆に，貯蓄の評価が低く，現在の国民の生活の改善を考えるなら，農村から都市への人口移動を進めて，労働集約的技術導入を図る方が得策であるという主張に要約できる。具体的には，プロジェクトのあげる利益を貯蓄の評価を考慮した計算上の賃金，いうところの労働に関する「陰の価格」shadow priceによって計算し，その経済効果に従ってプロジェクトの選択を行おうとするのである。

> I. M. D. Little and J. Mirrlees: *Manual of Industrial Project Analysis in Developing Countries, Vol. II. Social Cost-Benefit Analysis*, Paris, 1969, OECD.
> ibidem: *Project Appraisal and Planning for Dveloping Countries*, London, 1974, Heinemann.

国連開発機構 UNIDO でも，ダスグプタ A. Dasgupta，マーグリン S. Marglin とセン A. Sen が考慮した，実質的にはリトル・マーリーズと同一のプロジェクト評価が行われているが，この種の評価については次のような疑問を感じざるを得ない。

一言で言えばこうである。開発計画の合理性を判断するには，市場価格とは質の異なる計算上の価格を利用する必要は避けられない。しかしながら，マクロ的評価の重要な一部となる労働の評価を，この種の単純化に基づいて計算することが許されるであろうか？ それは事実において，計画機関のさじ加減でどうにでもなるのではなかろうか？ ということである。

それはそれとして，ともかく開発過程の損得を数値化して考えるのは，米英の開発経済学のあげた数少ない成果の1つであって，これに触れることなく，いたずらに壮大な建設事業の提案に終始するのは，経済理論として失格ではないかと思う[2]。

(4) 歴史的背景

第2次世界大戦後の冷戦，そしてソ連の崩壊とともに始まった現代を，長い資本主義の歴史の一コマとして理解し，その中で経済開発の意味を探ることが大切である。それは既成の開発経済学の欠点を是正し，個々の命題の理論的重要性の判断を下すうえで有益だからである。

歴史的アナロジーからすると，現代は19世紀後半の世界経済に酷似している。

ロンドン金融市場の成立，欧州資本の植民地への競争的流入，世界貿易の拡大，世界中，至るところに生まれてくる新興ブルジョア，一次産品を襲った長期不況，——それらは，ポスト冷戦期の開始とともに始まった，世界経済の統合化の局面の多くと重なり合っている。この世界的状況も，結局は多くの途上国，多くの植民地の住民に暗黒の経済をもたらしたのである。

ポスト冷戦下の現時点は，新しい植民地時代の入り口に当たるという認識も，決して荒唐無稽のことではない。歴史から学ぶために，過去における植民地経済の優れた研究を掘り出し，その時代の理論が，形を変えて現代に生きているかどうかを検討する必要があるだろう。

植民地行政に携わりながら，植民地経済に深い学識を持っていたといわれる英国人に，マックスウェル Maxwell とファーニバル J.S.Furnivall がある。両者が活動した時期に半世紀の違いがある。ファーニバルの著作は，第2次世界大

戦中，浜田恒一訳『南方統治政策史論』（1943年）として，抄訳，刊行されている。その他にも，邦訳があったらしい。分かる範囲で彼の著作を掲げておく。

> Progress and Welfare in Southeast Asia: A comparison of colonial policy and practice, 1944.
> Netherlands India: A study of plural economy, 1944.
> Colonial Policy and Practice: A comparative study of Burma and Netherlands Indies, 1948.

マックスウェルについては，アフリカとアジアの土地制度に通暁した学殖の人として，かつてロンドン大学のアレン G. C. Allen が言及していたが，ロシアで高く評価されてきた W. E. Maxwell こそ，まさにこの学者行政官，その人ではなかったかと思う。もしもそうなら，彼には次の著作がある。

> The Law and Customs of the Malays with Reference to the Tenure of Land, *Journal of the Straits Branch of the Asiatic Society* (JRASSB), Singapore, 1884. No.3.

おそらく，この雑誌は世界的にみて稀覯本だと思う。日本にはないかも分からない[3]。

植民地時代の極東・東南アジアの経済については，上のアレンがドニソーン Audrey G. Donnithorne と共著で発表した下記の書物が有益である。なお，ドニソーンは，その後，豪州の支那学者として活躍した。

> *Western Enterprise in Far Eastern Economic Development. China and Japan*, London, 1954, George Allen and Unwin Ltd.
> *Western Enterprise in Indonesia and Malaya*, London, 1954, George Allen and Unwin Ltd.

わが国の平均的国際経済学者の19～20世紀の植民地経済に関する知識は，上述のファーニバル，アレン・ドニソーンと，マルクス・エンゲルスのインド論・シナ論で終わるのであるが，米英文献渉猟の課程で，オランダの社会学者，ギアツ Clifford Geertz が，植民地経済の論理について極めて深い洞察を行っていることを知った。学生向けに編集された『東南アジアの社会学（社会的変化と開発に関する論文集）』*Sociology of South-East Asia: Readings on social change and development*. 1980, Oxford University Press で，偶然，彼の著作の抜粋に接し

たのが契機であるが，それは植民地経済の生産力の長期停滞と，見せかけ上の進歩の外観の歪められた論理を解明しようとする示唆的な試みであった。名づけて，農業的インヴォリューション agricultural involution という。下の書物から取られていた。

 Agricultuval Involution, Berkley, 1963, University of California Press.

そのほか，英語になった書物に下記がある。

 Pedders and Princess: Social development and economic change in two Indonesian towns, Chicago, 1963, University of Chicago Press.

19世紀植民地経済史の研究は，戦後長い間，忘れられていた分野であるが，この分野こそ，今後の開発経済学にとって最も有益な隣接分野となるのではないかと思う。

歴史は，ミクロ経済学や自由貿易論が語るほど単純ではない。1871（明治4）年秋から約2年間，明治新政府は時の右大臣，岩倉具視を長とする大型視察団を欧米へ派遣した。1872年8月17日，一行がリバプールに到着してから，同年12月16日欧州大陸諸国へ旅立つまで，英国は朝野をあげて一行を歓待した。国内各地へ旅しただけではない。当時の英国が世界に誇る工場の門が開かれた。マンチェスターの綿工場，シェフィールドの製鋼所，ニュー・カスルの武器製作所，ブラドフォードの毛織物工場，セント・ヘレンズ St. Helens のガラス工場，バートン Burton の醸造工場というふうに。会う人は，政治家も実業家も，自由貿易がいかに素晴らしい結果をもたらすかを，口を極めて情熱的に語ったのである。

しかしながら，今日すべての日本人が知っているように，一行が帰国して採用した経済政策は，英国の善意の助言者が想像もしなかった国内産業保護政策であった。関税自主権のなかった当時の日本が取り得る唯一の保護政策，現代風にいえば，NTB（非関税障壁）の構築による産業保護であった。そして，まさにこの政策こそが，後進国中，ひとり日本だけを短年月のうちに欧米に伍する強大な産業国家とすることに役立ったのである。このおかしくもあり教訓的でもあるエピソードの中から，我々は支配的政策思想と歴史的現実の間の危険

な離反を見いださねばならない。理論の批判的検討の必要を学び取らねばならない[4]。

(5) 人口成長

すでに1950年代末から，開発経済学者だけでなく広く経済学者全体に，シンガーH. W.Singerの開発過程におけるマクロ的経済均衡の定式化が知られていた。

それは，ハロッド・ドーマー型の成長モデルに，人口成長を接ぎ木したものである。具体的に言えば，経済成長率を1人当たり所得と人口の成長率の和に置き換え，経済開発によって可能となる生活水準向上の客観的可能性を明らかにしようとしたものであった。マクロ的パラメタである貯蓄率と資本係数が与えられれば，均衡的経済成長率は特定される。そこでは，ただ人口成長の抑制を通じてのみ生活水準の上昇が可能となるのである。

おそらく，今日でもこの種の発想から抜け出せない経済学者，人口学者，政策立案者が多いのではないかと思う。しかし戦後の経済学は，かなり早い時期にこの種の定式化に疑問を投げかける理論を生み出している。非常に面白いと思うのは，明らかに相互に連絡することなく，人口成長を重視する理論が，米・ソ双方のアカデミーに生まれていることである。

米国における人口成長重視理論の出発点は，因果の方向は一応別として，技術の進歩は常に人口の増大期に生じているという歴史的事実である。そこで，人口成長は社会全体に新しい追加的な負担を課すとしても，同時に技術進歩という形で追加的利益をもたらすから，最適な，あるいは望ましい適度の人口成長率が存在するのではないかと考えるに至るのである。

もっと具体的に述べると，ハロッド・ドーマー型の経済成長モデルに技術進歩を内生化して包含させ，それが人口成長を独立変数とする関数であると主張するのである。

技術進歩の内生化を試みたヘルプス・モデル Phelps model の延長上に構想されたサイモン・シュテインマン・モデル Simon-Steinmann model を展開したサイモン Julian L. Simon によると，新発見・発明の数も技術的習熟による生産性

の向上 learning-by-doing も，共に人口の絶対数に依存している。したがって，後者と前者の正の依存関係を数理関数的に特定すれば，広く知られているハロッド・ドーマー型の成長モデルを，全く新しい経済的解釈を可能とするように再定式化することは，決して難しいことではない。

しかしながら，この関数，つまり技術関数は極めて長い時間的ラグを含むものであるから，短期的には人口成長は経済成長率，ひいては1人当たり所得に不利な影響をもたらすことは避けられない。そこで，将来の経済的利益を現在の経済価値にいかなる割合で換算するかが，具体的な人口成長評価の要点となるであろう。

以上がシュテインマン G. Steinmann の協力を得て，サイモンが著した書物の中で展開された理論の，極めて大雑把な要約である。それは，もともと増加する移民のエネルギーによって国力の発展を図り得た米国の，人口問題に対する楽観的な社会的雰囲気に支えられたものとしても興味深い。

  Julian L. Simon, *Theory of Population and Economic Growth*, Oxford, U. K., 1986, Basil Blackwell.

この書物に先立って，彼は米国で2冊の本を出版している。

  The Economics of Population Growth, 1977, Princeton University Press.
  The Ultimate Resource, 1981, Princeton University Press.

これに対して，経済成長に対する人口成長の重要な貢献を理論的に論じた旧ソ連の学者の論文は，全く異なる角度からこの問題を論じている。

ビシネフスキー A. G. Vishnevskii: А. Г. Вишневский は，1972年，モスクワ大学の有力教授であったボヤルスキー A. Ia. Boiarskii: А. Я. Боярский 編集の小冊子にかなり長文の論文を寄せてこの問題を論じた。

彼の議論の要点は，次の通りである。

一定の出生率は，年齢別平均生存率が与えられれば，一定の人口の年齢構成を結果する。このことは，特定時点の出生児数と平均生存率の積の，積分計算によって容易に確かめられる。出生率が高くなれば，労働可能若年層の割合が増え，逆の場合には，逆の結果が得られる。

そこで，彼は急激な科学技術の産業化が進む時代には，人口構成の若さ，つまり労働可能人口に占める若年層の割合を高くすることが不可欠だと考える。つまり，産業技術の進歩を消化するに足る出生率の高さが必要だと考えるのである。もちろん労働可能人口は，そのまま従業労働人口を意味しない。その間には，数多くの屈折する社会学的プリズムが介在している。にもかかわらず，技術進歩と人口成長の間の密接な関係は，否定しようもない論理的命題であると言うのである。彼は論文中，至るところで彼の議論がソ連政府の人口政策の評価を意味しないと繰り返し述べているとはいうものの，ソ連の人口統計から取られた具体例の豊富さから見て，それがソ連の人口政策に一定の影響を与えることを意図したものであったことは否定できないように思う。

　論文,「人口と生産」，A. ボヤルスキー編『人口モデル（論文集）』，モスクワ，1972年, スタチスチカ（出版社）, 66-128ページ。
　А. Г. Вишневский：Население и производство, А. Я. Боярский (ред.)：*Модели демографических связей (сборник статей)*, Москва 1972, Издательство 《Статистика》1972年, cc. 66-128.

　なお，この論文集は，旧ソ連の中央統計局ЦСУ СССР 科学・調査研究所 Научно-исследовательский институт の人口学研究室 Лаборатория демографии の事業の一環として出版されたものである。
　以上，サイモンは人口成長を技術進歩の源泉として，ビシネフスキーは，それを技術進歩に対する適応として，全く異なる角度から論じているのであるが，期せずして，当時，東西両陣営に現れたこれらの議論は，人口成長を経済開発の積極的要因として組み込むことの重要性を，このうえなく明確に示唆していると思う。労働を経済の主体として，創造的な特殊の生産要素として取り扱うことの重要性を示唆しているのではなかろうか。ともあれ，経済開発を中・長期的な展望の下で論じようとするとき，人口成長の問題をマルサス主義の枠を離れて，多面的に論じる必要は否定できないというべきであろう[5]。

(6) 投資と援助

　先に我々は，ポスト冷戦の現段階が，植民地における行政的諸規制が撤廃さ

れ，欧州資本の大規模かつ自由な投資が進められた，19世紀の60－70年代の状況に酷似していると述べた。いったいポスト冷戦期の世界経済は，どのように再編成されるのであろうか。

19世紀後半の植民地経済は一時的活況の後，長期の農業不況に襲われ，結局，経済的停滞の中で本国への新たな隷属の道をたどることになるのであるが，今日の発展途上国経済は，今後いかなる運命にさらされるのであろうか。

この問に答える上で重要な1つの論点は，今日の対途上国投資が，19世紀から20世紀のそれとどの点で共通で，どの点で異なっているかについての理解であろう。

この問題に関して注目すべき議論を行っているのは，英国のダニングJ. H. Dunningである。彼は，自分の理論を「折中的」eclecticと名づけているが，「折中的」という言葉に関する語感は，英人と日本人とでは異なる。日本人の学者風の表現を用いれば，「多面的かつ歴史段階的」と呼ぶ方がよいのではなかろうか。彼は，わが国ではときとして，彼の以前の勤務校の名前を取り，レディング学派の総帥として扱われている。

さて，彼の主張の新しい点は，第2次世界大戦後の対外直接投資を物的生産諸要素，つまり資本とか資源とか労働というような諸要素の相対的希少性ではなく，技術に対するアクセスとか，その利用価値の享受のような非物質的要素の役割に力点を置いて説明しようとしたことである。

特に，開発経済学との関連で重要な点は，発展途上国が先進諸国の大量の資本を受け入れながら，かなり早い段階で，自らが対外直接投資を急速に増大させていくという事実に注目し，それを彼の非伝統的な海外投資理論によって説明しようとしたことである。いわゆる南の多国籍企業の必然性を論じたことである。

  John H. Dunning: The Investment Development Cycle and Third World Multinationals, Kushi M. Khan (ed.): *Multinationals of the South. New actors in the international economy*, London and Hamburg, 1986, Francis Pinter Publishers and German Overseas Institute, pp.15-47.

彼のこの「南の多国籍企業」論は，先進国同士，あるいは先進国から途上国

への対外直接投資を包括した，技術革命下の対外直接投資の理論の系論の地位を占めている。彼の理論は，わが国の国際経済学界では，必ずしも好意的承認を得ているとは思われないが，それは多分に，彼の推論の特徴に負っているように思う。

　彼は，非物質的生産要素の役割を個別企業が負うべき新しい費用，彼のいうところの「取引費用」の発生によって説明する。つまり，異なった経済主体の間では，事実上，一体化した主体間に見られない費用が発生するという事実によって説明している。ここから，わが国では彼の理論は経営学的アプローチであるとか，彼の理論には経済理論的推理が欠落しているという非難が生まれてくるのである。

　しかしながら，ダニングは費用面から接近したが，この問題に収入面から接近することも可能である。そうだとすれば，彼が論じているのは非物質的経済環境，つまり経済学が古くから取り扱っている，いわゆる外部経済の複雑化した今日的形態の利用可能性であって，これは立派な経済学である。経済理論がないという主張は，国際経済学の理論は，ヘクシャー・オーリン流の要素賦存の希少性理論しかないという先入観から生まれたとしか思われない。

　彼は，伝統的市場における高技術を体化している商品売買に伴う取引費用の節約，あるいは，伝統的市場におけるこの種の売買を回避することによって得られる潜在的利益の追求を内部化（internalization）と呼び，企業が持つ固有の競争力（彼は所有ownershipと略称している），企業の活動地域の特性（彼は場所 locationと略称している）と，この内部化の企業努力を組み合わせて現実の対外直接投資を説明しようとしている。

　分析が具体的になるに従って，彼の理論は，何となく締まりのない冗長な要因記載に終始する感がしないわけではないが，ここで重要なことは産業技術の高度化に伴い，市場は合理的経済計算の道具として次第に不完全なものとなり，非市場的な市場，あるいは，所有権の最終的移転を伴わない売買の形式を借用した，目的合理的な経済計算機構の必要性が生まれてくること，そしてこの計算機構の現実的様相は，世界経済の発展段階や，その中で個々の国，あるいは地域が持つ特殊性によって規定されるという認識であるといってよかろう。

彼の理論の形成過程で現れた論文の紹介は省略するが，比較的新しい，おそらく彼の理論の集大成と見なすべき著書を記しておきたい。

  John H. Dunning: *Multinational Enterprises and the Global Economy*, Workingham (England)・Reading, Massachusetts・Menlo Park, California・New York・Don Mills, Ontario・Amsterdam・Bonn・Sydney・Singapore・Tokyo・Madrid・San Juan・Milan・Mexico City・Seoul・Taipei, 1992, Addison-Wesley Publishing Company.[6]

 1990年代初頭の時点で考えると，先進諸国から途上国への資金移転の主役は，直接投資 foreign direct investment と公的貸付 net official loans であり，比重はかなり低いが，それに民間貸付 net private loans が続いている。金額的にはかなり劣るが，1980年代末以降，途上国株式の取得 portfolio equity investment が無視できない大きさとなっている。

 実際，1980年代末から1990年代にかけ，途上国に"新しい資本市場" emerging capital market（あるいは，単に emerging market で済ます場合も多い）と呼ばれる有価証券取引所が急速に発展したのであった。これらの市場で民間企業が株式や債券の発行によって国境を越えて調達した金額，つまり民間企業が cross-border equity issues と cross-border debt issues によって調達した金額が，1988年の3,300万ドルと2億6,600万ドルから，1993年，74億8,500万ドルと174億1,700万ドルへと飛躍している一事から見ても（Euromoney Bondware 資料），市場規模の増加の大きさが想像できるのではないかと思う。

 この増加は，OECD調査資料（Fischer/Reisen: *Liberalising Capital Flows in Developing Countries*, 1993,. p.106）が指摘しているように，途上国の企業は先進諸国に比し，稼得利益による資金調達，いわゆる自己金融の割合が低いこと，新規投資を長期借入によってまかなおうとする傾向が強いこと，そこでは発行株式の所有が企業財務の構造上，重要な役割を演じていること等と深く関わり合っている。つまり，途上国企業の金融体質によって加速されるところが大きかったのである。しかし，ここでもっと重要なことは，これらの企業行動の背後で着実に進行している世界的金融体制の変化である。

 冷戦終結後，世界経済の再編成は，現在急速なテンポで進んでおり，途上国経済全体を先進国経済に統合し，一方では，先進国に逃避してきた途上国資本

の本国への帰還を図るとともに，他方では，途上国の金融的困難を，統合された世界的金融市場網の中で解決する，途上国の財政・金融制度の構造改革が進められている。"新しい金融市場"は，この種の政策の成功を担保する制度的用具の1つとして評価されねばならないと思う。

この種の政策動向との関連において明らかなことは，冷戦期を通じて先進諸国から途上国への資金移転の重要な経路であり，現在なお，相当な規模に達している公的援助資金の重要性は，今後かなりの程度，低下するのではないかということである[7]。

わが国では，モラリスト風の援助論が多いが，今後，対途上国援助が果たすであろう役割を客観的に評価するためには，冷戦期の援助の実態を慎重に評価し，その成果と問題点を正確に理解しておく必要があるのではないかと思う。この種の観点に立つとき，次の2つの文献は，ほとんど必読に近いといってよい。

 B.E. Cracknell(ed.): *The Evaluation of Aid Projects and Programmes*, London, 1974. Overseas Development Administration.

 Robert J. Berg and David F. Gordon(ed.): *Cooperation for International Development, The United States and the Third World in the 1990s*. Boulder and London, 1989. Lynne Rienner Publishers.

前者は，英国の援助担当機関が，英国政府の外の専門家を招いて1983年4月7－8日，サセックス大学開発研究所 Institute of Development Studies at the University of Sussex で行った，この種の企画としては最初のシンポジウムの議事録である。英国内の大学図書館で簡単に入手できる。

後者は，米国の援助担当機関のOBおよび現役の専門家と，米国政府の他省庁の政策決定に携わる高級官僚の積極的参加を得て，11の研究所の協力，100人以上の報告者，800人以上の参加者を得て，ミシガン州立大学 Michigan State University が組織の責任を負って，1986年5月から1888年5月に至る慎重な報告原稿の検討の後，1988年5月，ミシガン州立大学で行われた全国会議 national conference の成果を公にしたものである。

これらの出版物を通読して感じることは，援助業務に携わっている英米人の

広い視野と健全な推理にもかかわらず，彼らが直面しなければならない援助に内在する問題の深さである。海外援助の業務から遠く離れているわが国の研究者にとり，今後の援助を考えて行く上で極めて有益である。

(7) 開発計画

　第2次世界大戦後，すでに半世紀を超えるに至った現在，発展途上国の開発計画に関する文献は，文字通り，まさに汗牛充棟である。ここでは，今日的観点から特に重要と思われる文献を取り上げたい。

　開発計画を開発の実態に即し概略的に理解しておくには，世界銀行のバウムとトルバート Warren C. Baum and Stokes M. Tolbert の共著，特にその最終章の通読から始めるのが便利である。

> *Investing in Development. Lessons of World Bank Experience*, 1985.
> W.C. バウム・S.M. トルバート著．細見卓監修．OECF開発援助研究会訳『途上国の経済開発（世界銀行35年の経験と教訓）』，全2巻，1988年，東洋経済新報社．

　この書物は世界銀行の関係者の手になるものではあるが，銀行業務と一定の距離を置きながら，途上国政府の全国的投資計画と国家予算の編成，産業部門分析と管理，種々の財源に基づく各種プロジェクトの選択・準備・実施について銀行が得た知識を整理し，その欠点の克服に役立てようとする，極めて建設的な内容を持っている。

　開発実務に携わらない研究者は，この書物から現実的感覚に満ちた多くの示唆を得ることができる。

　しかしながら，その後の国際的金融機関の活動は，この著者たちの指摘とは全く反対の方向に推し進められたとの感を拭うことができない。

　つまりこうである。この著者たちが要約的に指摘していることの1つは，途上国の投資計画において，国民経済的なマクロの均衡や個別的プロジェクトの収益性の確定の分野で，かなり様式化された分析手法が発展したにもかかわらず，その中間に位置する産業部門については，ほとんど見るべきものがなく，将来この分野における改善が必要だろうということであった。ところが，この書物が出版された頃から，国際的金融機関や先進国の援助担当者の間で新しい

正統派の地位を獲得するに至るマネタリズムは，マクロ的・貨幣的均衡を経済のメソmeso的，ミクロmicro的均衡から切り離し，その重要性を一面的に強調する傾向をもたらしたのである。こうして，IMFが対外負債に悩む国への融資条件としたマクロ的財政・金融的規制，いわゆるコンディショナリティconditionality が，次第に開発計画そのものに置き換えられることとなり，産業の顔はおろか，プロジェクトの内容さえはっきりしない投資計画が進められることとなったのである[8]。

　歴史的に回顧すれば，1930年代のスターリン J. Stalin の旧ソ連，そして1950年代後半から1970年代に至る日本の経験は，産業を特定した計画が，国の経済発展にいかに重要であるかを疑問の余地なく示していると思う。第2次世界大戦直後のフランスの数次の経済計画についても同じことが言えると思う。開発計画が実効性を持つためには，その国の生産力，ひいてはその国の国際競争力の形成に最も有効な「望ましい」産業構造の理念像を提示しなければならない。

　このように考えてくると，今日，開発経済学が考えなければならない開発計画の基本的構造は，1980年代半ば以降の国際機関の主流派的思考と，かなり異質のものでなければならないのではなかろうか。

　多くの教科書的著作を通読すれば分かるように，計画といえば，まず投入－産出分析 input－output analysis が出て来て，線形計画 linear programming へと続く。併せてマクロ的整合性を得るための統計的手法が説明される。しかし，これは開発計画の形式論に過ぎない。計画の核は，当該途上国の生産力発展の角度から見て，そこへ社会・経済的誘引を集中するのが最も望ましい産業の選択である。そうだとするならば，ここで計画作成に最も適切な理論分野は，おそらく技術移転をその中に含む，広義の技術発展の経済理論であろう。そして，まさにこの分野こそ，社会科学が今日，未だ多少とも完成した理論を持ち合わせていない分野である。

　わが国では，第2次世界大戦後，科学思想史的角度から技術進歩の法則を追跡してきた星野芳郎氏の業績があり，国際経済の分野では斎藤優氏の業績がある。しかし，これらの研究は，その成果を個別的産業の生産性と結合させるに

は，なおかつ必要な中間項が欠如しているという不満が残っている。

　米国では，マンスフィールド・グループの計量的手法を多用した技術論が知られているが，当然のことながら分析資料は合衆国企業から取られており，しかもそのかなりの部分が企業の内部資料である。彼らの分析手法を誰でも利用できる市場関連資料に基づいて発展させることができれば，この分野は飛躍的に発展するのではないかと思う[9]。

　いずれにしても，開発計画の作成と評価の方法の確立は，今日，開発経済学が抱えている重要課題であると言って差し支えないであろう[10]。

むすび

　以上，我々は東西冷戦後の発展途上国の経済と，その中でわが国が果たすであろう役割を考えながら，今後の開発経済学の発展において注目すべき文献を私流に紹介した。

　英国の植民地行政官，マックスウェルとファーニバルの著作を孫引きであげたのを除くと，その他はすべて，原文献の渉猟過程で特に強く印象づけられたものを選んで記述した。

　マックスウェルとファーニバルの紹介をしたのは理由がないわけではない。

　近代植民地制度の確立過程で圧倒的海軍力を擁していたためか，英国は，他国に比し，驚くほど固定的軍事施設の経営に資金を割かなかった。それに代わって，英国は，よき行政，すなわち安定した法制，自由な商業活動，基礎的教育を保障して，充実した財政基盤を持った，安上がりでしかも効率的な植民地統治を実現したのであった。このよき行政の実施に当たり，植民地行政官は，その地の社会・経済的慣行を熟知していなければならなかった。そこから英国の行政官の植民地事情に対する並々ならぬ関心が生まれてきたのであるが，マックスウェルやファーニバルは，この種の行政官像の記録に残された代表であったと言えるだろう。

　思うに，今日，我々には軍事力によって国際関係を律する準備はない。そして，おそらく近い将来，この種の状況が変わるとは考えられない。だとすると，よき行政のため，植民地の慣行について深い知識を求め続けた英国の植民地行

政官の知的伝統の中から，我々は多くのものを学び取ることができるのではなかろうか？　つまり，非軍事的な知識に基づく行動の一貫性によって，途上国住民との相互関係を実りあるものにする可能性が，今日においても，なおかつ存在し得るのではなかろうか？　このような思いから数時代前の，しかも外国の植民地行政官の著作を，尊敬の念を新たにしながら引用したのである。

　近い将来，わが国が世界的資金市場における主要な資金供与国の地位を維持し続けることは，ほとんど確実と言ってよいだろう。そうだとするならば，世界経済の再編成を規定する主要な原因について明確な認識を持ち，特に無限に近い資金需要を持つ発展途上国の経済的将来について，冷静な判断を下し得ることは，わが国の生存上，非常に大切なことである。

　政策科学の一部として，わが国の開発経済学は，この国家的要請に応えなければならない。

　17世紀以降の欧州諸国の植民政策の反省の中から生まれたケインズ主義的途上国援助の廃墟から，新しい有効な政策を拾っていかねばならない。それは，主体性を失わない学説史と現実との対話の中で初めて可能となるに違いない。この小論は，この種の対話を私流に書きとめたメモ書きである。次世代の研究者に期待をつないで，未熟な学説評価と展望の一文を終わりたい。

【注】
1) マルクス主義の立場から途上国経済を扱った人に，小段文一，尾崎彦朔の両氏があったが，理論家として長い間国際経済学会で活躍したのは本多健吉氏であった。
2) 国際機関の開発プロジェクト評価に関する書物には次のようなものがある。
　Anandarap Ray: *Cost-Benefit Analysis. Issues and methodologies. (A World Bank Publication)*, Baltimore and London, 1984, The Johns Hopkins University Press.
　　DAC Expert Group on Aid Evaluation: *Methods and Procedures in Aid Evaluation*, Paris, 1986, OECD.
　　Amartya Sen and Stephen Marglin: *Guidelines for Project Evaluation*, Vienna, 1992. United Nations Industrial Development Organization.
　　開発援助に関する諸概念と1970年代初めまでの欧米諸国の援助の特徴について鳥瞰的知識を得るには，次の書物が極めて有益である。
　　George Cunningham: *The Management of Aid Agencies. Donor structures and procedures for*

the administration of aid to developing countries, London, 1974, Croom Helm in association with The Overseas Development Institute.

3) Asiatic Society（アジア協会）というのは19世紀，印度，中国，その他のアジア諸国に在住していた英国人の組織した学術団体であって，英国のアジア政策に大きな影響力を持った。わが国においても，1872（明治5）年設立され，翌年10月から，*Transactions of the Asiatic Sosiety of Japan* という雑誌を発行した。マックスウェル論文の載った雑誌，JRASSBの日本版である。わが国の場合，この学術団体は1930年代まで生き延びた。組織の詳細は明らかでない。昭和期前半の日本経済史家，本庄栄治郎氏によると，当時としては非常に優れた研究論文が発表されたそうである。

4) 帝国時代のわが国の植民政策の代弁者は新渡戸稲造であった。彼は，一高（現東京大学教養学部の前身）の校長のほか，東京帝国大学（同上諸学部の前身）の植民政策担当教授として，時の政府との間に太いパイプを持っていた。彼の植民政策講義は若干の古い大学の図書館で今でも見ることができる。

　彼は得意の英語を駆使して帝国の植民政策を弁護した。その特徴はわが国の国防上の必要，植民地にもたらされた安定した法制度による商業の発展，保健施設の整備や教育の普及による住民の生活の改善を指摘して，わが国の植民地領有の正当性を堂々と世界に向かって主張した点に求められる。

　Inazo Nitobe: Japan as Colonizer, in Chapter IX of Inazo Nitobe: *Japanese Nation. Its land, its people, and its life*, New York, 1912, Japan Society of New York. pp.231～257.

　これに対し，一橋大学の近代経済学の建設者として知られている福田徳三は，独立時代末期朝鮮の現状を日・欧経済史からの類推によって理解し，日・鮮の特殊関係と日本の対鮮援助の必要を認め，文明化の方向へこの国を誘導する重要性を論じた。彼の主張は，彼の『韓国経済論』に詳しい。

　福田徳三『韓国経済論』，初版，1904（明治37）年。福田徳三『経済学全集』，第4集，東京，1928（昭和3）年，同文館，77～162ページ所収。

　福田の議論は，帝国日本の植民政策のあるべき姿の社会科学的探究であるが，わが国の植民政策が社会科学的調査・研究と結びつくのは，主として，第1次世界大戦後であり，しかもその理論の主流はマルクス経済学であった。

5) 人口と生活水準の間の長期的相互関係を論じたものに，「限界的最小努力の理論」the critical minimum efforts thesisと呼ばれてきたものがある。我々はこの理論の歴史解釈における有効性をかなりの程度信じているが，ここでこの理論の骨子を説明しながら，サイモンやビシネフスキーの人口論との接点を探してみたい。

　この理論の基本的分析用具は生活水準：A，生産の増加率：Bと，人口増加率：Cの3つである。

　Aが，やっと生きていけるような低水準からBの増加を計ると，当座はCがBを追い

越すため，結局，旧来の低水準のAへ逆戻りし，それに応じた低い技術が経済的に選択され，Bは減少に転じ，低生産と低生活水準の停滞社会が維持される。「低水準の均衡の罠」low level equilibrium trapと名づけられた状況である。したがって，途上国の経済を長期的経済成長の軌道に乗せるためには，BがCを上回るようなAの水準まで，あらゆる手段を動員して，一気にAを増大させる必要がある。この一気に行われねばならぬ努力が上に述べた理論の限界的最小努力の内容である。

　この図式を頭に入れて考えると，サイモンは，BとCが一致し，その後の人口増大においては，$B>C$となるような人口水準が，停滞社会における正のCを維持することによって，そうでない場合に比し，低くなり得ることを論じており，ビシネフスキーの場合は，一定のBには，その実現を可能にする最低限のCが必要である事を論じたものと考えられるであろう。

　限界的最小努力の理論はレイベンシュテイン H. Leibenstein によって提唱された。
　次の書物を参照されたい。
　Economic Backwardness and Economic Growth, New York, 1957, John Wiley.

6) 　第2次世界大戦後，半世紀の国際投資理論において，慎重な検討を要する著述家のうち，第1に掲ぐべき人はダニングだと思う。参考までに彼の理論の成長を示す論文を掲げておこう。

- 1．(1969). Foreign Capital in Europe. in *Economic Integration in Europe* (Denton G.R., ed.), pp.286〜306. London, Weidenfeld and Nicholson.
- 2．(1973). The Determinants of International Production. *Oxford Economic Papers*, 25(3), November, pp.289〜336.
- 3．(1980), Toward an Eclectic Theory of International Production: Some empirical tests. *Journal of International Business Studies*, 11(1), spring/summer, pp.9〜31.
- 4．(1984). Non-Equity Forms of Foreign Economic Involvement and the Theory of International Productions. in *International Business Strategies in the Asia-Pacific Region* (Moxon R.W., Roehl T.W. and Truitt J.F., eds.). Greenwich, CN, JAI Press.
- 5．(1985). US and Japanese Manufacturing Affiliates in the UK: Some similarities and contrasts, *University of Reading Discussion Papers in International Investment and Business Studies*, 90, Oct.
- 6．(1985). The Eclectic Paradigm of International Production: An update and reply to its critics, *University of Reading Discussion Papers in International Investment and Business Studies*, 91, Dec.
- 7．(1986). *Decision-Making Structure in US and Japanese Manufacturing Affiliates in the UK: Some similarities and contrasts*. Working Paper No.41. Geneva, ILO.
- 8．(1992). The Governance of Japanese and US Manufacturing Affiliates in the U.K.: Some

country specific differences. in *Country Competitiveness: Technology and the organising of work* (Kogut B., ed.). Oxford, Oxford University Press.

7) 我々が，対途上国援助の重要性が低下すると予想する根拠は，冷戦終結により途上国を西側に獲得する必要がなくなったこと，冷戦後の経済立て直しのため，先進国では資金不足が生じていること，そして最後に，世界経済の運営における官僚的規制を縮小しようとする社会的圧力が全世界的に生じていることである。

こうして西側諸国の対途上国援助は，現実政治と経済の領域から離れ，東西冷戦期の歴史的記述においてのみ重要性を持つようになるのではないかと思う。この種の研究に役立つと思われる冷戦期の文献を掲げておこう。

西側諸国の援助に関する英語文献：

1. Australia, Government of: *Report of the Committee to Review the Australian Aid Programme*, Canberra.. 1984.

2. Brookings Institution: *Interim Report: An assessment of development assistance strategies*. Washington D.C., October 6, 1977.

3. Freeman, Linda: The Political Economy of Canada's Foreign Aid Programme, Prepared for Canadian Political Science Association, University of Guelph, Ontario, June 1980.

4. Geene, J.K.: *Japan's Aid Administration and Policy-Making Process*, Washington, D,C,. 1983, American University, mimeo.

5. Hirschman, A. and R. Bird: *Foreign Aid: A critique and proposal*, Princeton University Press, 1968.

6. Holsman Fore, Henrietta: Prepared Statement of Henrietta Holsman Fore (AID), Subcommittee on Asia and Pacific Affairs, U. S. House Committee on Foreign Affairs, March 6, 1991.

7. Mashek, Robert: Overall Observation on Selected AID, IDB, and IBRD Projects. Memorandum to International Division, U. S. Office of Management and Budget, October 27, 1977.

8. Mikesell, R.: *The Economics of Foreign Aid*, London, 1968, Weidenfeld &Nicholson.

9. Morsley, P.: The Politics of Evaluation: A Comparative study of World Bank and UK ODA evaluation procedures, *Development and Change*, vol.14, Oct. 1983.

10. Pharr, Susan J.: Japan's Foreign Aid. Testimony before U.S. House Foreign Affairs Committee, Subcommittee on Asia and Pacific Affairs, Sep. 28, 1988.

11. UK ODA: *Aid, Private Enterprise and Development. Proceedings of the ODA / CBI Conference*, 1983, London.

12. US AID: *Approaches to the Policy Dialogue*, AID Policy Paper, Washington, D.C. Dec. 1982.

13. US House of Representatives: *Reprot of the Task Force on Foreign Assistance to the Committee on Foreign Affairs*, House of Representatives. Washington, D.C., 1989, Government Printing Office.
14. Viviani, Nancy: Problems of Aid Administration and Policy Formulation among Western Countries. unpublished paper. 1977, Canberra, ANU.

日本の援助を扱った邦語文献：

1．原覚天編著『援助の実態と経済政策』，1969（昭和44）年，アジア経済研究所。
2．産業構造審議会国際部会編『日本の対外経済政策（信頼される日本への道）』，1972（昭和47）年，ダイヤモンド社。
3．『南と北。生存のための戦略（ブラント委員会報告）』，森治樹訳，1980（昭和55）年，日本経済新聞社。
4．山本剛士『日本の経済援助』，1988（昭和63）年，社会思想社。
5．桜井雅夫『国際開発協力の仕組みと法』，1985（昭和60）年，三省堂。
6．朝日新聞「援助」取材班編『援助途上国ニッポン』，1985（昭和60）年，朝日新聞社。
7．総務庁行政監察局編『ODA（政府開発援助）の現状と課題。総務庁の第1次行政監察結果（無償資金協力・技術協力）』，1988（昭和63）年，大蔵省。
8．『同上，2．総務庁の観察結果から（有償資金協力に関する観察結果の報告書）』，1989（平成元）年，大蔵省。
9．毎日新聞社会部ODA取材班編『国際援助ビジネス』，1990（平成2）年，亜紀書房。
　なお，冷戦後に発表されたものであるが，小浜裕久氏の『ODAの経済学』（1992（平成4）年，日本評論社）はわが国の経済援助に関する年表を掲げており，わが国の対途上国援助の鳥瞰に大変便利である。

8）IMF融資に伴う規制の理論的背景を知るには，1985年から1986年にかけ，IMFが Occasional Papers, 41, 42, 46 として発表した次の3冊本が有益である。
Fund-Supported Adjustment Progroms and Economic Growth.
The Global Effects of Fund-Supported Adjustment Programs.
Fund-Supported Programs, Fiscal Policy, and Income Distribution.

9）Edwin Mansfield・Anthony Romeo・Mark Schwartz・Daved Teece・Samuel Wagner・Peter Brach: *Technology Transfer, Productivity, and Economic Policy.* New York, London, 1982, W.W. Norton & Company.

10）発展途上国の開発計画の特徴は，それがしばしば国の生産力の質的高度化を指向していることである。そのため計画は，しばしば急速な異時的変化の過程にある物的均衡と貨幣・金融的均衡の間の矛盾を解決する必要に迫られがちである。貯蓄の供給が必ずしも投資に必要な資材の供給を伴わないという問題は，この種の矛盾のよく知られている一例である。
　開発経済学で論じられてきた貯蓄・投資ギャップと外国為替ギャップ（輸出－輸入

のギャップ）の相互関係の分析，いわゆる二重のギャップ論 dual gap analysis が取り扱った問題は上述の矛盾の形を変えた表現である。

今後，市場の役割がどのように変わろうとも，急速な開発に伴うこの種の矛盾を解決する先見的政策の必要はなくならないであろうし，その政策を基礎づける予測を含む開発計画の重要性も，大きくなることはあっても，小さくなることはないであろう。

開発経済学の二重ギャップ論については，ジョシ V. Joshi の下記の論文が高く評価されている。

Savings and Foreign Exchange Constraints, in P. Streeten (ed.): *Unfashionable Economics*, London, 1970, Weifeld & Nicolson.

第2次世界大戦後，赤松要氏がケインズ的貿易乗数論に疑問を抱き，輸入乗数，つまり輸入可能な産業機械や原材料の波及的生産効果の存在を指摘したが，これは上述の二重ギャップの存在を前提にして初めて成り立つ議論である。

2．経済開発の制度・組織論

はじめに

1970年代末から1980年代にかけて，戦後の発展途上国の経済開発をイデオロギー的に支えてきたいわゆる「開発経済学」development economicsの，西側アカデミーにおける評価が急落する中で，途上国の経済開発に対する先進国のアプローチは大きく変わってきた[1]。

もともと「開発経済学」は，思想的にはケインズ経済学の一変種として生まれたものであるから，この変化は戦後の西側のアカデミーを支配してきたケインズ経済学の退潮と，それに代わるものとしてのマネタリズム[2]の登場と深く関わり合っている。

新しいアプローチの特徴は，一言で言えば，途上国に対する国家的経済援助それ自体は，途上国の経済発展にそれほど役立つものではなく，大事なことは，政府の経済活動がもたらす弊害を避けながら，市場が本来的に備えている合理的な経済組織者的な機能を強化させていくことであると主張する点にある。

この主張は，1980年代半ばには*OECD*の途上国援助の大勢となるのであるが，それは，しばしば「中・長期的に見れば，市場経済とそれを経済的基盤とする

民主主義の政治体制が，経済発展の文脈から見て最も勝れた制度である」という主張に置き換えられている[3]。

ここから，1980年代半ば以降の先進諸国の途上国援助の重点は，援助額の増加ではなく，このような制度作り，いわゆる*institution building*を指向するようになった。

この制度作りは，国際通貨基金*IMF*が課した極めて厳格な財政的緊縮政策と重なり合って，一部の途上国では，世論の強い反発にさらされている。

本稿は，このような一般的状況を念頭に置いた上で，一般的には，発展途上国の経済発展の見地から，特殊には，先進諸国の対途上国経済援助の有効利用を図るという見地から，どのような社会制度，あるいはそれに基づく経済組織が望ましいかを論じてみたいと思う。

従来，西側の開発関連文献の中では，ほとんど論じられなかったテーマであるから，多少の独断を含むことは避けられないのではないかと思うが，なるべく客観的な事実に適合するような形で論じてみたいと思う。

(1) 冷戦下の米国の経験

米国政府の途上国援助を管理している国際開発局（*AID：Agency for International Development*）の資金によって，「公共事業・同管理全国大学院連合」（*NASPAA：National Association of Schools of Public Affairs and Administration*）と，合衆国農業省の「開発プログラム管理センター」（*DPMC：Development Program Management Center*）が共同して発展途上国の開発管理について調査・研究を行い，その成果をライン・リーナー社（*Lynne Rienner Publishers*）から発表している。これらの成果を総括したヘージとフィンスティルブッシュの共著，『開発戦略としての組織の変化―第三世界の組織を改善する為の諸モデルと戦術―』（1987年）*Jerald Hage and Kurt Finsterbusch: Organizational Change as Development Strategy (Models and Tactics for Improving Third World Organizations), Boulder and London, 1987, Lynne Rienner Publishers*は，その第2章，59－92ページにおいて，第三世界における組織分類の概念的基礎となる4個のモデルを提示している[4]。

その第1は,「手工業的」(Craft, or traditional-craft) モデル, その第2は,「有機的」(organic, or organic-professional) モデル, 第3は,「機械的」(mechanical, or mechanical-bureaucratic) モデル, そして, 第4は,「有機・機械の混合型」(mixed mechanical-organic) モデルである。

この分類は, 組織を取り巻く市場の大きさと, そこで用いられる生産・利用の技術の高さの2つを基準として構想されている。

すなわち, 第1モデルは, 市場が狭く地方的で, なおかつ技術水準が低い場合の組織原型であり, 第2モデルは, 狭い市場ながらも使用する技術水準は高くなった場合の組織原型であり, 第3のモデルは, 生産的活動の技術水準の低いままで, 市場が全国的, さらには世界的範囲に拡大していった場合の組織原型であり, 第4のモデルは, 技術水準も高く, その市場も全国的ないし世界的である場合の組織原型である。図示すれば, 次のようになるだろう。

市場＼技術水準	低	高
狭	第1モデル	第2モデル
広	第3モデル	第4モデル

さて, それでは, これらの型の具体的内容をこの書物の著者は, どのように理解していたのであろうか。2人の共著者は, これを①成果 (performance), ②構造 (structure), ③資源 (resources), ④短所 (weakness), ⑤外部環境 (environmental contingency), ⑥文化 (culture), ⑦過程 (process) の7個の角度から特徴づけている。

それによると, 第1のモデルにおいては, ①局所的な必要とか嗜好に合う製品・サービスが, 質的にも量的にも適当に組み合わされて, 手工業的に提供されている。それは極めて開業容易な事業となっている。②そこでは, 熟練もしくは半熟練労働者が主役であるが, 仕事の独立性を損なわない形式的・行政的要素の少ない中央集権化が図られている。③そこで利用されている資源は, 小規模の職人的事業に特徴的な単純な技術と家族の持つ資産である。④その短所は低生産性と低効率と, 高い失敗率である。⑤この種の組織を生み出す外部環境は, 標準化できない地方的需要とか, 規模の経済を伴わない供給能力の存在

である。⑥文化的には成長指向に乏しく，組織内の個人は，その中での役割の反復それ自体に価値を見いだしている。そして，⑦組織の運営のため会合が持たれることはほとんどないが，上から下，下から上へのコミュニケーションはよく，形式的統制と非形式的統制が上手に混合して用いられる。

　第2のモデルは，①技術変化のテンポの速い，高品質の財やサービスの生産に見られるもので，②組織は多くの専門家から成り立っており，極めて分権的かつ平等主義的な構造になっており，指導者の権威は，その人の技術的能力に基づいている。③その資源は，小規模のベンチャー資本と技術的専門家であるが，④生産性が低く，生産に時間を要し，組織の維持に費用がかかるという短所を持つ。⑤このような組織は，規模の経済の利用が望めない，標準化されない，小額の需要を複雑な技術を用いて満足させようとする場合に生じており，⑥文化的には，開発や技術を至上と見る傾向があり，組織内の人的協力関係は流動的である。そして，⑦組織内では，やたらと委員会のようなものを設け，水平的な人的コミュニケーションを，勧告のような形で実現しようとする。組織の統制を，より高度の目標の認識とか，その中の専門家のモラルに頼ろうとする傾向が顕著である。

　第3のモデルは，①製品やサービスの生産の際の単位費用の低下に主たる関心を示す大量生産事業に広く見られる。②その構造は，高度に形式的で，役割分担，責任分担は極めて明確である。指導者は固定しており，その権威は，その人に与えられた組織内での地位に基づいている。ゼネラリストが少数の専門家の助けを借りて管理業務に従事し，高度の集権的組織化が実現されている。③大規模な資本設備と単純労働が組織の持つ基本的な資源であるが，④生産される製品・サービスの品質は平均的で変化に乏しく，多様な需要に応じ得ないという短所がある。組織の構成員の勤労意欲も概して低い。⑤それは，規模の経済を享受できる標準化された生産技術と，その製品・サービスに対する大規模の需要の存在によって生まれる。⑥それに特徴的な文化は合理化であり，統合が重視され，組織内のグループの価値観が組織の全体を支配している。⑦運営は，基本的には委員会方式ではなく，上から下への命令に基づいており，報償と処罰が組織の統制を可能にしている。

以上の3個のモデルに対し，第4のモデルは，①技術の変化が比較的緩やかで，質の向上と量産とが結合して，実行可能な事業に発展する。それは，②専門的知識の必要な労働が重要な構成員となるため，権限の分権と集権が並行して行われ，機械的な管理と柔軟性に富んだ対人管理が結合して実施される。③それは，高度の技術を利用する大規模な資本設備と，同じく高度の熟練労働を資源として擁しているが，④組織化の初期に巨額の費用を要し，しかもその運営の実際において，しばしば価値観や組織内の権限の解釈の違いによって，構成員の間で衝突が生じやすいという短所を持っている。⑤このような組織は，高度かつ複雑な技術に基づいて，規模の経済も同時に利用できるような事業で，技術は同質であるが製品が多様な場合に生まれやすい。⑥このような組織に特徴的な文化は，事業の分散化，委員会中心主義，長期・安定的雇用の確保である。⑦運営は委員会方式による場合が多く，組織内のコミュニケーションは，垂直的と同時に水平的にも図られている。

　以上をもって，私風に要約した発展途上国における4個の組織モデルの内容説明を終わりたい。

　これらの4個のモデルは，冷戦期米国の援助の受け皿となる途上国の社会組織が，適切であったかどうかの判断の基準として用いられた。援助の具体的内容に即し，取り上げられているプロジェクトに一番適した組織モデルを確認し，現実の援助の社会的受け皿として，このモデルに近い組織を選ぶか，もしそのような組織が存在しない場合には，このモデルに似た組織を新しく作り出し，その組織を通じて，米国の援助を行うことが，対途上国援助を援助目的の観点から考え，最も効果的に実行する所以であると論じられたのである。例えば，辺地における上水設備の経営，大都市周辺の高度に専門的な医療施設の建設，初等教育の普及，近代的工場の建設，そのそれぞれに適切な受け皿があり，したがって，援助受入国政府の援助事業への行政的な関わり方も，相当程度変わるべきであるというのが，上に紹介した米国の研究の現実的含意である[5]。

(2) マクロ的再解釈

　冷戦期における米国の対外援助は，途上国の経済発展を考え，専ら経済合理

性に基づいて実施されたものではない。その大部分は、ソ連との軍事的対決を有利に進めるための戦略的援助であった。経済援助として分類されているものでも、実質的には形を変えた戦略的援助である場合が少なくなかった。こうして、いざ戦争となってみなければ、その効果が分からない部分が大きかっただけに、非軍事的目標を掲げた分野では、極力、効率的な援助資金の使い方をしたいという要求も強かったのではないかと思う。ともあれ、我々が前節で紹介した理論は、多数の事例に基づき、多くの研究者を動員して得られた結論で、それ自体多くの示唆に富んでいるように思う。

我々が、ここで特に注目したいのは、戦争と直接関係しない事業の実施形態が、産業技術の水準と市場の規模を考えながら決定されなければならないという認識である。ここでは、ミクロ、あるいはメソmeso的な事業目的の観点から議論されているが、国民経済運営の観点から経済開発に役立つ組織形態として、上に述べた諸モデルを考え直してもよいように思う。

国の生産力の水準が低く、市場経済が十分発展していない国では、前近代的な人的な上下のコミュニケーションに基づいて経済運営を図るのが組織の原型となる。

国内において、たとえ部分的であるにせよ、高度の科学・技術者集団からなる産業分野が創出された場合には、その分野において分権的主体を作り出し、自主的な運営が行えるようにしなければならない。

生産力は低いが、世界市場への参加によって、国内生産に大きな市場が開かれた国の場合は、厳格かつ形式的で、差別を設けない行政制度の確立と通貨価値の安定・企業情報の公開・経済行政の透明性を可能とするような規範的経済運営が重要となる。

さらに進んで、このような途上国が、全面的に先進諸国の技術水準に接近し、世界市場への統合を進める段階では、むしろ裁量的手段を多用して、その国の経済運営の合理化を図ることが望まれる。

以上がミクロ的、あるいはメソ的な組織モデル論からの類推で考えられたマクロ的組織モデル論となるであろう。

ここで重要な点は、経済発展を効果的に実現できる経済運営が、その国の置

かれた状況によって大きく変わり得るという認識である。途上国の経済開発にとって最適な経済運営は決して1つでないという認識である。長期・安定的な経済成長を可能とする途上国の政治・経済体制は，1つではあり得ないと思う。

(3) 世銀の途上国政府論

世界銀行の専門家で，アフリカその他に対する援助業務に携わった経験のある2人の専門家，P. L-ミルズ (*Pierre Landell-Mills*) とI. セラゲルディン (*Ismail Serageldin*) は，持続可能な経済発展の組織化にとって望ましい政府の質，いわゆる「良い政府」(*good government*) の属性について次のように述べている。

「何が良い政府であるかについては多くの異なった見解があり，その中には，人種もしくは文化が決定的であると見なすものもあるが，一般的合意を得た性質についての最低の核を定めることは可能である。それは以下の通りである。大体において，それは国際的国家社会の道徳的合意を代表する一般的人権宣言から導かれるか，そうでなければそれと関連して得られるものである。

政治的責任能力

開発と民主主義の間には証明できる直接の関係はないが，開発の効果的な実行者となるためには，政府が何らかの政治的責任を通じ，合法的政府であると見なされる必要がある。大部分の憲法に含まれる政治責任保障の古典的機構は，政治の指導者，全国的，地域的，地区的行政の公務員さえも信頼できる投票により，一定期間，公職に就けさせることである。……略……

結社の自由と参加

上と密接に結びついているのは，その国の市民が，特定の利害に従って結社する自由を持っているかどうかという問題である。制度的多元性は，排他的な中央の政治権力を弱め，分散させるための重要な機構と見なされるべきである。……略……

健全な司法

客観的で，効率的で，しかも信頼できる司法の必要に関する以上に，確固とした合意が成立している行政分野はない。その本質的な随伴物は，誠実な法の執行機関と，時間と費用のかからない裁判所制度の創出である。……略……

行政的責任

政治的・法的責任を，十分効果的に達成する処置は，官僚制度の責任を強化する追加的施策に伴われる必要がある。このことは，公的機関や公職者の行動の監視や官僚

の不正と低能率を訂正するための，政治的に独立した制度を必要とする。
　官僚の責任に関する決定的に重要な次元は透明性である。……略……
　行政的，そして政治的な責任の核となるのは，資金管理と資材調達に関する厳格な制度，不正行為に対しては迅速かつ強力な処罰を行う制度の必要である。……略……
　市場を育て，市場類似の機構の創出を助けることは（責任を全うさせる有益な方法となる。──引用者）……略……

情報と表現の自由
　公開性は，責任ある制度にとり決定的に重要である。情報の自由な供与は，責任の促進以上に重要である。効率的な市場は，経済的・政治的意思決定の自由な行使に依存しているのと同じ程度に，よい情報に依存している。不幸にして，国民勘定，貿易，支払差額，雇用，生活費，家計支出，その他類似の重要資料が，しばしば政府によって市民の手に届かないようにされているが，公開性は，政府および同機関の行動に関する健全な公的討論にとって不可欠である。事実に通じた政策討論は，健全な政治的プロセスの核心である。さらに，良質の社会的・経済的資料は経営計画立案にとって重要であるが，その欠如は開発の妨げとなるのである。
　……略……
　情報が利用できるというだけでは不十分である。分析と調査もまた必要である。そして，それは国家の独占であってはならない。
　……略……

行政能力の形成
　良い政府は，責任の負担，健全な司法・行政と情報の自由を保障するための政治的支持とその体制だけでなく，有能な公的機関を必要としている。
　……略……[6]」。

　以上は，1991年，東西の冷戦が終わり，ソ連の解体が始まろうとしていた時点において，西側諸国の途上国援助の専門家の最大公約数的な「良い政府」についての見解を要約し，世界銀行の広報的機関誌『金融と開発』(Finance and Development) に発表されたものである。

　論文は，このような政府を作り出すため，西側の国際機関が採用した施策に触れながら，論旨の展開を図っているが，私自身，これらの施策について評価を下し得る立場にはない。ただ，この論文で要約されている政府観が，西側諸国の理想的政治理念を，かなり正確に反映していると思われることを指摘して

おきたい。

　ただ，発展途上国の政治・経済の現実において，このような基準によって選ばれた政府が，これらの国の長期・安定的な経済開発に適切な行政サービスを提供し得るかどうかは，全く別個の考察を必要とするのではないかと思う。例えば，行政的責任能力の内容をなす代議制民主主義と，結社の自由と参加で述べられている制度的多元性の主張が，途上国の現実においては，健全な司法と行政責任を無にする最も確実な手段として機能するのではなかろうか。あるいはまた，行政能力の形成が大きな課題となっているような状況の下で，情報と表現の自由として論じられている社会・経済情報の国家的供与の努力が，結果的には，途上国の貴重な人材の浪費をもたらす恐れはないのであろうか。このような矛盾は，いったい，どのような枠組みの中で処理され，経済開発にとって効果的な行政サービスが提供されるのであろうか。ちょっと考えただけでも，疑問は尽きない。

　これは，多分に開発援助関係者の空想的自己満足の所産であって，1980年代以降の援助を美しく飾るための，援助供与国に対するリップ・サービス以外の何物でもないという極論さえ不可能ではないと思う。

　とはいうものの，我々もまた，途上国の経済発展に好都合な政府が存在するのではないかと思う。一般的には，途上国の経済開発にとって，特殊には，途上国に対する経済援助の効果的利用にとって適切な経済運営の組織があり得るのではなかろうかと思う。次にこの問題を取り上げてみたい。

(4) 真に「良い政府」とは何か？

　もちろん，ここで，「良い」と言う意味は，持続的，かつ安定的な経済開発に好都合であるということを意味している。

　この問題を取り扱う前提として，国際分業，あるいはその歴史的存在形態である世界市場についての，我々の見解を明確化しておきたい。

　世界市場に関しては，わが国では新左翼の理論として分類される，いわゆる従属理論がある。もともとはラテン・アメリカ系の理論であるが，世界市場は，世界の経済中心の富裕化に役立つだけで，種々の途上国はこれへの参加によっ

て窮乏化の一途をたどると主張する。これに対して、いわばこの理論の裏返しのような理論が、1980年代に入ってから極めて有力となってきた。アメリカ合衆国の大統領、レーガン（*R. Reagan*）の経済政策の体系化、レーガン経済論（*Reaganomics*）の一部として理解されることもあったが、基本的には、第2次世界大戦後の西側諸国の経済政策をリードしたケインズ経済学を否定したマネタリズム（*monetarism*）の経済論の国際版と理解してよい。その主張は、政府の干渉をなるべく排し、世界市場へ参加することが、途上国の経済発展の最短コースであるという主張である。

私は、この両者はともに間違っていると思う。19世紀後半の極東諸国の世界市場への包摂が、日・中両国にもたらした、極めて対照的な運命を見ても想像できるように、世界市場はそれへ参加した国に一時的な活況をもたらした後、ある場合には持続的な経済発展をもたらし、他の場合には経済的混乱と、時には停滞をさえ生み出すのである。

インドネシア、旧蘭印の場合には、強制耕作制度[7]の採用が示しているように、世界市場への参加は、窮乏人口の異常な増大の原因となったのである。

市場というものは本来、中立的なもので、それはその国の政策、それから生まれるその国の社会・経済組織によって、種々、異なった結果を生み出し得るのである。

それでは、いったい国の長期的発展を導くような世界市場への参加は、どのような政策、どのような経済運営の下で可能なのであろうか。

ここで私は、技術が決定的な役割を演じているのではないかと思う。つまり、その国の技術水準を全体的、言い換えると、多くの分野にわたって向上させ得たかどうかが、その国に対する世界市場の利点と危険性の組み合わせを変え、ひいては、その国の運命を大きく変えていったのではないかと思う。

極めて陳腐な着想ではあるが、この点について確信を抱くに当たって、オランダの社会学者、クリフォード・ギアツ（*Clifford Geertz*）の農業的インヴォリューション[8]の議論に負うところが大きい。

彼の議論は、1830年から約40年にわたって続いた強制耕作制度以降の蘭印農業の商業化がもたらした結果に関するものであるが、ここで必要な論理だけ

取り出せば，次のようになるだろう。

19世紀に欧州を中心に発展する世界商業は，蘭印農業の商業化を推し進める。やがて，ジャワ島には欧州向けの近代的農園が整備され，近代的灌漑設備の拡大によって，農園に隣接する米作地帯が生まれていく。ところが，農園内の技術は，基本的には農園内にとどまるものであるから，隣接米作地帯の農業技術は，本質的に変化がない。そのため，近代的農園の所有者であるオランダ人は，技術進歩のお陰で驚くべき富を蓄積していくが，地理的に隣接する米作地帯では，生活水準が全く変わらない土民，つまり，ジャワ人の人口だけが，猛烈な勢いで増加していくこととなるのである。つまり，ここで言われていることは，世界大の商業の発展によって，部分的な高度技術が途上国へ導入され，部分的にその恵沢に浴する人々が現れても，技術がその国の産業全体の技術水準の向上を可能とするものでない限り，その国の生活水準の向上は望めないということである。望めるのは，相も変わらぬ低い生活水準の貧民の人口増加だけであるというのである[9]。

これは単純な理論である。しかし我々は，この単純な理論が，途上国の冷戦後の経済開発においても，なおかつ生き続けていくと考え，「良い政府」とは何かを論じてみたい。

今日，技術的知識のプールは先進諸国にある。だとするならば，良い政府はこのプールにアクセスしながら，新しく改良された，自国に適したプールを自ら作り出さねばならない。それはいったい，いかにして可能であろうか。自国の産業に適した科学・技術の開発を自ら組織すると同時に，商業的なルートを通じてこの開発を補充していく必要がある。この自主開発と技術導入は，二者択一ではない。前者の成功が後者の効率的利用を可能にし，さらにそれが，前者の進歩を推し進めるという，相互依存的な関係が存在する。

今ここで，商業ベースでの技術の利用価値，つまり，ライセンス料をTTPとすれば，TTPはその技術を用いて，途上国で生産を行った場合の利益〔$FDIR$（総収入）$-FDIC$（総費用）〕以上になる理由はない。

$$TTP \leq FDIR - FDIC$$

ところが，ライセンス料 *TTP* は，ライセンス供与に伴って生じる経費 *TTC* と，ライセンス供与の結果失われる，将来得られたであろう利益，つまり，ライセンス供与の機会費用 *TTOC* を，まかなって余りあるものでなければならない。さらに，供与する側では，供与される技術の開発費 *RDC* の一部と，開発部門の一般管理費 *RDGA* の一部も回収したいと思うであろう。前者は，ライセンス取得国への当該商品輸出の生産額に対する比率，α，後者は，ライセンス取得国への当該商品の輸出がライセンス供与企業の内外の総売り上げに占める比重，β，つまり，それぞれ α，β の割合だけ負担するものとすれば，*TTC* ＋ *TTOC* 以外に，$\alpha \cdot RDC + \beta \cdot RDGA$ の費用を回収しなければならない。

　　TTP $\geq$ *TTC* ＋ *TTOC* ＋ $\alpha \cdot RDC + \beta \cdot RDGA$

　こうして，商業的観点からするライセンス供与価格の上限と下限が定まるのであるが，自主開発が進んでいれば，利子率で割引したライセンス所有者の途上国における利益の現価は下がる一方であろうし，また，途上国の技術水準が高くなれば，ライセンス供与の費用もその機会費用も低くなるに違いない。

　(*FDIR*－*FDIC*)，*TTC*，*TTOC* は，すべて低下していくのである。

　こうして，自主開発の成功の見通しは，外国技術導入のコストを示すライセンス料の低下となって，跳ね返ってくるのである[10]。

　こうして，良い政府にとって，一番大事なことは，経済開発上，戦略的な意義を持つ技術開発を組織し得る能力であるが，そこで典型的な組織の原型は，我々が，この論文の第2節でマクロ的再解釈を試みたヘージとフィスティルブッシュ共著の4個の組織モデル第2に当たる。つまり，高度に職業的な対話型の小型の専門家組織を，組織を超えた国家目的とか専門家の道義感に訴えて，いかに組織し得るかが，良い政府となるための前提条件となるのである。

　市場ではなく，非市場的な組織化が，市場の利用に決定的に重要であることが，ここに明らかになったと思うのである。

　しかし，それは経済開発の出発点であって，経済開発そのものではない。経済開発は，世界市場とつながる大市場の下での，国の経済規模の拡大過程である。したがって，そこでは利用される技術の水準によって相違が生まれるとは

いえ，基本的には，形式化された経済官僚制の整備が不可欠となる。こうして良い政府は，我々の理解によれば，科学・技術の中核的集団と強力かつ形式的な官僚制を開発目的に応じて巧みに結合し得る政府である。法の尊重や行政責任の明確化は，非常に重要な要素であると思うが，それが直ちに代議制民主主義や政治的多元主義の制度化の必要に結びつくとは思わない。

ただここで，追加的考慮を必要とすることは，第2次世界大戦後の世界経済の発展から生まれた市場の特徴である。

大戦後の植民地の急速な解体と強力な共産国家の出現は，西側諸国の経済的一体化を推し進めた。それと相前後して，旧植民地諸国の西側経済への包摂も，また，非常な勢いで進んでいった。

その過程で，市場の性格というものが，かなり根本的な変化を経験するようになった。

伝統的な，互いに独立した経済主体の間の貨幣的代金決裁を本質的要素とする市場に加え，場合によっては，それに置き換えられるものとして，必ずしも独立した経済主体間の交換を想定しない擬似的市場が，広く発展するに至った。主として，途上国で用いられている，インフラ・ストラクチュアの経済収支の算定根拠となる計算価格，あるいはまた，途上国に立地する西側諸国の経営が本国との取引に際して用いる振替価格は，まさしく，この人為的に構想された，新しい市場における需給動向を示すパラメタである[11]。

ともあれ，経済開発を効率的に進めることのできる，発展途上国の「良い政府」は，この新しい市場を利用できる能力を備えていなければならない。

こうして，途上国の中核的技術集団と官僚群は，「良い政府」となるためには，高度に現代的な知識をもった経済官僚制を作り出す必要があるだろう。

(5) 対途上国開発援助の不毛性

先進諸国の対途上国開発援助が，果たして途上国の経済発展に貢献したかどうかは，今日，なおかつ説得的な解答は得られていないと思う。

ただ1つ，第2次世界大戦後の西側諸国の開発経済学の予想，つまり経済開発は，結果的に途上国の住民の生活水準の向上をもたらすであろうという予想

だけは，見事に外れたのである。

　経済的便益の「滴落」(trickle-down)が，なぜ実現しなかったかといえば，それは経済理論的には，戦後冷戦期の開発が，生産性の上昇の見られない多くの分野をそのままにして推進された結果だと思うが，ここでは冷戦期の先進諸国の開発援助の特徴を一瞥し，「滴落」との関連を探ってみたい。

　まず最初に，西側先進諸国の対途上国援助の記録された総額を示すODA（公的開発援助）の動きを見ておこう。それは，2国間供与と国際機関を通じる供与の両者を含むが，1950年から1965年にかけて，実質年約3％で着実に増加している。その後の5年間は，大略同一水準に停滞するが，1970年代に入り，5年間ごとに，名目で倍々ゲーム，つまり10年間，名目年約15％の増大を記録した。1980年代に入ると援助は再び停滞し，1980－85年間は，名目で大略不変，実質では年約2.5％の減少となるが，1980年代後半は，実質年約2.5％の増加に転じ，1990年代初頭には，実質的には，大略1980年代初頭の水準を回復している。1990年代に入ると，冷戦の終結に伴う援助の必要性の見直しや，ほかならぬ大部分の西側先進諸国の経済状況から，いわゆる援助疲れといわれる現象が生まれ，ODAは再び停滞の兆しを見せたのである。

　このような先進諸国のODAの一般的状況の中で，わが国は明らかに例外的存在となっており，1980年代半ば以降の円高を契機として，ODAはうなぎ上りに上昇し，1990年代初頭には米国と並ぶ世界最大のODA供与国となった。ODAの増加こそ，わが国の国際貢献の確かな証左とする考えが，わが国の外交担当者の間に強く，平成不況に伴う財政難にもかかわらず，ODA増額への圧力はなかなか止まらなかった。米国の議会筋では「日本に出させて使えばいいじゃないか」(take the yen and run the world)という，日本人の目から見れば，はなはだしく無責任な感情が支配していることが，日本へ伝えられたこともあったのである。

　1980年代以降の，日本を除く先進諸国のODA資金の涸渇が，我々がこの論文の冒頭で述べた，良い政府を作るための institution building の背景となっているのであるが，いったい冷戦時代に主要な援助供与国は，どのような援助の与え方をしてきたのであろうか。

まず最初に，最大の供与国であった米国が，経済的合理性に基づいて援助を行ったと主張する人は，おそらく米国の援助機関の中でさえ見いだすのは難しいと思う。援助は基本的に軍事・戦略的考慮に基づいており，その主要なものは，援助担当官の頭越しに決定されてきた。米国の援助機関は多数の人員を擁することで国際的に著名であるが，残念ながらその大多数は単なる行政官で，開発問題に関する知識はそれほど多くない。連邦政府の財政が不足すれば，まず整理の対象となるのが，援助機関の要員であるという言い方も，決して誇張とは言えないのである。

伝統的な援助供与国として知られている英国の場合は，遠く19世紀からの，長い援助時代の経験を蓄積してきたのであるが，英国の成功した経験は多くは教育に関する分野であって経済ではない。第2次世界大戦後の英国の経済力の相対的低下にともなって，援助供与能力は低下し，国内では対外援助には見返りを求める，具体的にいえば，英国の援助が，英国製品の販売を促進する保証を求める勢力が強く，冷戦時代の対外援助が，途上国の経済発展に効果的に用いられたとは，とても言えなかったのである。

これに対して，新興の援助供与国，日本の場合はどうであろうか。

この国では，援助予算の急膨張の結果，少人数で多額の予算を消化できる貸付業務が主流となっている。しかも貸付は，途上国の要請に基づいて行われ，その要請を根拠づける書類は，貸付機関の内部で処理され，一般に公開されることはない。

民間銀行と異なり，不良債権による倒産の恐れはないから，貸付がマクロ的にも，ミクロ的にも，採算的にどれだけ根拠のあるものであるかは，たまたまその案件を担当した職員に依存しており，制度的に厳正な審査を強制する装置は，なきに等しい。

また，わが国の援助の一部となる技術援助の場合は，定年退職後の技術者に依存するところが大きく，途上国側の専門技術者との交渉の過程でしばしば大きな食い違いが生じている[12]。

このように見てくると，先進諸国の援助と呼ばれてきたものが，途上国の経済開発の要請や，その長期的成功の鍵とも言うべき，途上国に根づいた技術的

中核の養成に、どの程度の関心を払ってきたのか、はなはだ心もとないと言わねばならない。したがって、冷戦期に目覚ましい経済発展を遂げた途上国、なかんずくアジア・太平洋地域の一連の国々は、援助というよりは、むしろ冷戦によって手薄となった先進諸国の消費財供給の間隙を縫って、輸出産業育成を図った結果、自国の経済発展に成功したといった方がよさそうである。冷戦期の対途上国援助の、途上国の経済発展に対する貢献は大きくないと思うのである。

概して、援助は開発効果の乏しい局地的プロジェクトに集中しやすく、結果的には、一般的生活水準の上昇に役立たなかったと言えそうである。

むすび

発展途上国の経済開発に適した経済組織は、いかなる特徴を備えたものでなければならないか。

この一節は、この疑問に答えるために書かれた。

開発目標に対する組織的適応に関しては、冷戦期における合衆国援助を総括した、ヘージとフィンスティルブッシュの共同研究に依存し、さらに国民経済的角度から若干の再解釈を行った。

我々は、西欧政治の理想像も、冷戦期に見られた西側先進国の援助の実際も、活力ある開発指向的国家の形成に無縁であり、ただそれは、途上国自身の自助的努力による、自国に適した官僚制の創造に待たねばならないと述べた。それが具体的にどのようなものとなるかは、小論の範囲を超えている。それは、ただ歴史のみが答え得る問題である。

【注】
1）わが国の場合、東西冷戦期を通じて、理論性をもった「開発経済学」は一般の注意をあまり引いていない。そのため、国際的な開発理論の動向が、わが国に及ぼした影響はほとんど言うに足りなかった。
2）*monetarism*. 新しいタイプの貨幣数量説である。市場の失敗の対極として構想された政府の失敗を強調する人々の理論的拠りどころとして、一時、大きな社会的影響力を発揮した。

3) この点を援助業務の中で特に強調したのは，1990年代初期の英国の保守党政府であった。政府の見解を明確に論じたものとして，海外開発担当相，リンダ・チョカーの演説がある。

 Lynda Chalker: Good Government and the Aid Programme, (25 June 1991), 英国海外開発局（British ODA）のパンフレット。

4) この書物の刊行と前後して，ライン・リーナー社は，この調査・研究の部分的成果をまとめた3冊の研究書を発行している。著書は，ケリガンとルーク（E. Kerrigan and Jeff S. Luke），ロンディネリ（Dennis A. Rondinelli），ホワイト（Louise G. White）。

5) ヘージとフィンスティルブッシュの共著は，開発援助の実態について示唆的な叙述を行っているが，例えば，公的機関と非公的機関（NGO）の協力が成功するには権限の共有が必要であるという指摘は，法律的形式に頼って組織の機能を理解する危険性を示して余りある。

6) Pierre Landell-Mills and Ismail Serageldin: Governance and the Development Process, 《Finance and Development》, September, 1991. pp. 14～17.

7) Cultuurstelsel. cultivation system もしくは，Culture System と英訳される。前者は英国で，後者は米国でよく見られる。

8) agricultural involution. 農業技術の基本構造を変えることなく，労働の限界生産力の低下を防ごうとする種々の技巧から生まれる社会現象を記述している。

9) Clifford Geertz: Agricultural Involution, "Sociology of South-East Asia (Readings on Social Change and Development)" edited by Hans-Dieter, Oxford・New York・Melbourne・Kuala Lumpur, Oxford University Press, 1980. pp. 200～206.

10) N. ローゼンベルグとC. フリシュタク共編の『国際的技術移転』（1985年）に載ったF. J. コントラクターの論文から示唆されるところが多かった。

 Farok J. Contractor: Licensing Versus Foreign Direct Investment in U.S. Corporate Strategy (An Analysis of Aggregate U. S. Data). "International Technology Transfer: Concepts, Measures, and Comparisons", edited by Nathan Rosenberg and Claudio Frischtak, New York・Philadelphia・Eastbourne, U.K.・Toronto・Hong Kong・Tokyo・Sydney, Praegar Publishers, 1985. pp. 277～320.

11) 1980年代の半ば，当時，ボストン連邦準備銀行のエコノミストであった J. S. リトル（Jane Sneddon Little）は，ニュー・イングランド企業の聞き取り調査に基づいて，独立企業間の取引より，国境を越えた大企業の企業内取引の方が，はるかに鋭敏かつ急速に，マクロ的市場のシグナルに反応していると指摘した。つまり，伝統的な企業間の市場取引より，同一企業内の擬似的取引の方が，マクロ的需給の調整に早く取りかかるというのである。なかなか一般化は難しいと思うが，2つの市場の役割を考える上で，重要な指摘だと思う。

 Jane Sneddon Little: Intra-Firm Trade and U. S. Protectionism (Thoughts Based on a Small

Survey, Federal Reserve Bank of Boston, "New England Economic Review", January / February, 1986. Reprinted in Japan Economic Institute (Washington, D. C., U. S.): JEI Report, No.10A, March 14, 1986.

　なお，社会的計算価格による公共プロジェクト評価が市場価格評価に比べ，どの程度，資源の有効利用を高めたかについての調査は著者の知る限り存在しない。

12) *ODA* は，金利を年10％に設定した場合，グラント・エレメント（贈与率）が25％以上となる資金の提供を指している。

　ODA の性格は，その国の世界戦略ないし外交政策を反映していると言われているが，冷戦終結時点で，日米両国の間には次のような差異があると言われていた。米国の場合は軍事戦略的関心が先行し，資本的プロジェクトから生活援助（*human needs*）へと移行しつつあり，現地調査が多い。贈与が大きく，それに伴って管理が難しく官僚的であり，現地に多数の行政官を配置し，供与に至るまで相当の交渉が必要である。

　これに対して，日本の場合は援助の結果，生まれるであろう商業上の利益に対する関心が高く，インフラ・ストラクチュア（道路・港湾・学校・病院・その他）の建設に重点を置くため，結果的に日本からの機械・設備の輸出増加となる。貸付を主としており，その使用については日本側の管理は，それほど厳しくない。複雑な官僚的手続きも少なく，現地駐在の日本側行政官との交渉は限られており，借入側の裁量は，要請主義（*request only policy*. 貸付案件は借入側の要請に基づいて検討し，日本側が提案することはないという方針）の結果，かなり大きくなっている。

　ただ，供与が特定地域に集中するという傾向に関しては，両国は共通しており，米国は中近東，日本はアジアが主たる援助受入国となっていた。

　わが国が *ODA* 供与国として急速に援助額を増大していく過程で，わが国の援助に対する国際批判が激しくなった。大別して，それは「理念がない」（*no philosophy*），「利己的である」（*selfish*），「与え方が無責任である」（*no accountability*）の3つに要約できるであろう。

　そこで，*ODA* 供与の国際的協力を緊密にして，援助機関の一体化を図り，日本の独走を抑えようとする試みが，*aid partnership* の提案の形で現れるが，資金提供の予算のサイクルも，予算計上の際の重点も，予算執行の手続きも，すべて国ごとに大きく異なるので，*ODA* の共同化は，「言うはやすく，行うはかたい」のである。少なくとも，欧州を除いた日米間の *ODA* の共同化は，空想以外の何物でもない。

　問題は，冷戦時代と異なる新しい *ODA* の国際的枠組みを作ることが可能かどうかであるが，その際，おそらく商業的開発金融と特恵的な公的資金供与の相互関係の再定義が重要な課題として現れてくるのではないかと思う。

第2章
社会主義の移行経済

1. 中・ロの市場経済*

はじめに

　第2次世界大戦後，東側を代表する同盟関係を結んだソ連と中国は，間もなく，極めてきびしい国家的対立へ突入する。

　ソ連は，中国を除く社会主義国のブロックの強化を図ったが，冷戦終結とともにブロックは解体し，続いてソ連そのものが解体する。1991年末のことである。

　中国は，文化大革命の混乱の後，大きく政策の転換を図り，外国貿易の拡大と外資導入の促進によって，経済の活性化を図る。1979年以降のことである。

＊　この節は1990年（平成2）年12月22日（土），著者が国際経済学会関東部会で行った「共産圏の将来と世界経済」と題する報告の趣旨を展開したものである。
　　報告は税収管理を例として中・ソ経済管理の対照的相違を述べ，ソ連政府が当時進めていた，中央経済官庁と地方政府の個別協定による国営企業の利潤配分が資金循環の混乱を招き，1989年1月の新銀行設立手続令の発布後の民間銀行，約200行の誕生という銀行設立ラッシュが，この混乱を助長していると論じ，ソ連の経済危機は経済危機ではなく，早急な分権化を図る危機対策の危機であると主張した。続いて，中国が分権的経済構造の延長上に発展を続ける公算は大きく，近い将来，混乱のソ連と成長の中国という構図が描かれるかも分からないが，長期的に見れば，2国の持つ経済的可能性は大きく，共産2国を内部に含む新しい競争と協力の原理を作り出すことが世界経済の発展に必要であると結論した。
　　その後の社会的激動の展開を見ながら両国の市場経済を評価しようとした1997（平成9）年11月の拙論が本節である。

本稿の目的は，かつてマルクス・レーニン主義を厳格な意味での国家的イデオロギーとして，国民経済の計画的管理を行ってきたロシアと中国が市場経済を発展させ，世界市場への本格的参入を進めていく場合，これら2国の経済がいかなる特徴を持つかを論じることである。そして，できることなら，これら2国が，わが国を含む，東アジアの隣接地域の経済的将来に及ぼす影響を考えてみたいと思う。

(1) 地方的市場と社会化

　ロシアと中国を比較するとき，そもそも，市場が持つ社会的役割が，この2国の間では，根本的に異なっていたのではないかという感じを否定し去ることができない。

　いってみれば，ロシアの場合，市場は前近代的・地主的社会にとって異質のものであり，この国における市場の拡大・深化は，ロシア資本主義の発展のカタリスト以外の何物でもなかったとすれば，中国の場合，市場は前近代的・地主的中国の確固たる社会的堡塁として数百年間にわたって機能してきたということである。

　まず，中国についての説明から，始めてみたい。

　宋をもって中国社会の根本的変化の時期とすることは，戦前の日本の支那学の定説であるが，この変化は，基本的には中国社会の市場経済化に負っている。

　つまり，貨殖に長じた人々が，土地を購入して地主となり，そしてこの土地所有が，さらに大きな貨殖の可能性を作り出したのである。すでに明の農村において，地代の金納化が広くいきわたっていたことから考えても，中国社会の市場経済化が，いかに進んでいたかが分かるのである。ここでは，非貨幣的な身分制の小刻みの階層化による社会統治の可能性は，完全に失われていたのである。

　この頃から，中国社会は小規模な半ば自給的な地方的市場圏に分割され，この市場の中心都市における地主の実質的管理が形式的行政支配を担保し，場合によっては，その行政支配に一定の方向付けを与えるのに役立ったのである。

　この中国特有の地方的市場圏は1912年の辛亥革命の後も，なかなか解体せ

ず，外国貿易と結合して発展する大都市商業の影響で部分的解体と変容を遂げつつも，その大部分がそのまま1949年の中華人民共和国成立後の中国社会に持ち込まれたのである[1]。

アメリカの支那学者，スキンナー（G. William Skinner）は，1949年末の時点で，この種の市場圏が，全国で約5万8,000あり，それが1950年代末から1960年代初めにかけての人民公社の地域社会的基盤となったであろうと推論している[2]。

ここで大切なことは，中国社会には資源の配分を地域的経済権力の所有者に有利となるよう，ほどよく修正していく，市場管理の機構が制度化されており人民共和国は基本的にこの制度のおそらくは宋・明（みん）以降，中華民国に至るまで追求された目的とは異質の目的を実現するための継承者であったということである。

これに対して，ロシアの場合は1861年の農奴解放の後においてすら，こと欧ロに関しては農民の私的土地所有は容易に進まなかった。社会主義ロシアは，この土地なき農民に巨大な地主貴族の土地の処分を引き渡し，その社会的支持基盤を拡大しながら成立したのであった。

帝政期ロシアにおいて農民の土地所有が進んだのは身分的権利・義務の束縛があまりなかったボルガ川以東の地，なかんずく西シベリアであって，ここでは企業心に富んだ多数の農家経営が発展し，部分的には米国への移住によって合衆国の市民権を獲得したロシア系ユダヤ人の精力的な活動も加わり，当時の英国市場におけるブランド製品としてのシベリア・バターに象徴されるように，西欧市場と固く結び付けられた広大な市場が発展しつつあったのである。

しかしながら，社会主義ロシアは軍事的・政治的にこれらの農家経営を撲滅することによってその社会的支持基盤の確立に成功したのであった。いわゆる，階級としての富農の一掃によるコルホーズ制度の確立である。そして，このコルホーズ制度こそが，1930年代ロシアの驚異的な工業化を可能としたのであった[3]。

以上の中・ロの比較対照から明らかなことは，国民経済の社会化を目指した社会主義経済は，ロシアにおいてはようやく発展しつつあった国内市場を排除

しつつ，中国においては，数世紀の重みを持つ国内市場を，たとえ変容されたものとしてではあれ，温存させながら，国民経済の計画化を推し進めたということである。

この比較は，非常に重要だと思う。なぜなら，それはロシアと中国が，従来の自給自足的な孤立化された国民経済の計画的発展から，世界市場の有機的構成部分へ移行しようとする際，この移行の成功の可能性と，その失敗の危険性の所在が，いかに異なり得るかを明確に示唆しているように思われるからである[4]。

(2) 社会主義の経済的遺産

第1次大戦後の欧州，そして，第2次大戦後の軍事的・政治的・思想的流動の極東において，ロシアと中国の共産主義が掲げた灯火のインパクトは，おそらく，それを経験した同時代人以外には理解できないのではないかと思う。

20世紀の共産主義の実験の歴史的意味は，今後，長期にわたって歴史家と社会科学者の検討の対象として残るであろう。

しかしながら，ここで取り上げようとするのはこの種の問題ではない。さしあたって，5～20年くらいの展望の下でこれら2国の世界市場への統合過程で重要性を持つであろう社会主義の経済的達成物を数え上げ，その意味を考えてみたいと思う。

イ．交通的基盤施設

世界市場への参加に際し，まず問題となるのは国内の生産活動の拡大と並行して，外国貿易を物理的に可能とする交通体系ができあがっているかどうかであろう。

この点に関して，両国は共に，かなり大きな成果を上げたといってよい。

帝政時代のロシアの交通体系は，まず欧・ロを中心に穀物輸出の必要に応じるため，港へ向けての各種の鉄道路線が敷かれ，19世紀末から20世紀初頭にかけてはシベリアを横切り，欧州から太平洋岸へ至る長大な鉄道が建設された。

社会主義ロシアは，特に1930年代，急速な工業化に対応するため，国内の

産業用鉄道路線の拡張を図るとともに自動車道建設を進めるが，第2次世界大戦後は極北の石油資源開発のため，南から北氷洋に至る鉄道が建設され，しかも，北氷洋の西半分における通年航路と，東半分から太平洋へ至る季節的航路の開設によってロシアの各地から極北の資源へアクセスする手段を作り出したのである。

また，1970年代から1980年代半ばにかけて，バムBAM（バイカル・アムール）鉄道と称する帝国時代に建設されたシベリア鉄道の極東ロシア部分と，大略，平行してその北側を走る鉄道が建設されたことは，よく知られているところである[5]。

しかしながら，社会主義時代の交通網の建設は基本的には連邦加盟国，後には，それにコメコン加盟の東欧諸国を含めた，独自の経済ブロックの政治的・軍事的・経済的統合の手段として進められたものであって，ロシアが世界経済に包摂されたとき，そのすべてが有効に利用できるとは限らない。例えば，巨大な人的・物的犠牲を払って作り出された極寒の地へ至る交通手段が今後果たして経済的に維持可能であるかどうか，大いに疑問のあるところである。

似たような事情は，中国についても指摘できる。

戦前の中国は，国自体が多くの国の事実上の植民地となった結果，当時の最も進んだ大量的輸送手段の1つであった鉄道は先進諸国の政治的・軍事的意図の実現のために建設され，これら多くの鉄道路線間の連絡や調整は極度に悪く，しかも大部分，経済的採算に乗らなかったのである[6]。

1949年の人民共和国の成立は，このような輸送手段の分断状況に終止符を打ち，陸上の輸送体系の鉄道網は，中国史上，初めて，有機的に統合された「単一」の輸送体系になったといわれている[7]。

しかしながら，この時期がいわゆる，文化大革命の真っ最中であったことからも想像できるように，この統合的輸送体系が米・ソの軍事衝突を念頭に置いて，奥地へ奥地へと異動する企業の交通需要を充分考慮した自足的な体系であったであろうことは想像できる。こうして，中国が1950〜1970年代社会主義から引き継いだ交通的基盤施設は，ロシア同様，そのままでは，新しい外国貿易に重点を移した時代の輸送需要を満足させるものではなかったといってよ

いのではないかと思う。

　新しい交通基盤はおそらく両国がかつて世界貿易の構成部分であった時代の重要路線の大幅な近代化という形を取るのではなかろうか？

　ロシアについていえば，旧シベリア鉄道，モスクワから，リャザン Рязань，ウファ Уфа，チェリャビンスク Челябинск に至り，さらに，東西シベリアの主要都市を経てウラジオストクへ至る大路線，特にチェリャビンスク以東の路線，約7,400kmの近代化が重要性を帯びるのではないかと思う。

　社会主義時代にロシア工業の先進的部分がかなり西シベリアに移っているので，ロシア産業の太平洋諸国との交流が進めば，当然，チェリャビンスク以東の路線の近代化が日程に上る可能性は非常に大きい。

　中国の場合は，かつてそうであったように，香港と並んで，あるいは香港以上に上海，天津，大連のような港湾が広大な後背地とともに，極めて重要な役割を演じるのではなかろうか？

　中国が1979年経済開放政策に踏み切って以来，これらの港湾施設の近代化は，進んでいるとはいうものの，後背地との効果的接続に関して，なすべきことがまだまだ残っていると思う。特に，かつて中国と世界をむすぶ最大の交通動脈であった上海・揚子江沿岸諸都市の，水運を主とする交通体系の再整備は，新しい中国経済にとって非常に重要な意味を持つであろう。

　さしあたって，その経済的意義は必ずしも明らかではないが，その大部分が社会主義の時代に作られ，冷戦後間もなく完成した交通路の中で，将来，重要となるかも分からない路線がある。

　それは，中国の連雲港から西安，ウルムチを通り，アルマ・アタ Арма-Ата その他の中央アジアの旧ソ連加盟国の諸都市，イランのテヘラン，イラクのバグダッドからトルコのイスタンブールへ至る，文字通りのユーラシア大陸横断鉄道である。1996年5月12日のイラン・旧ソ連中央アジア線の開通によって全線開通となったこの鉄道は，中近東・中央アジアのイスラム諸国の動向次第では，将来の世界経済の再編成に，かなり大きな役割を演じる可能性を秘めている。

　いずれにしても，中・ロ両国の経済の世界経済への再統合の中で，既設の交

通的基盤施設の再構築が必要となるのは避けられない。

ロ．産業配置

中・ロ両国は，社会主義政権の下で，その工業化を進めるに際し，かなり劇的な産業重心の移動を図った。

ロシアについて言えば，製鉄業が，ウクライナからウラルの西シベリアへ移動するにともない，かつては農・畜産業の盛んであった西シベリアの工業化が急速かつ大規模に進められた。先進的な研究・開発設備も，かなりの部分がこの地方へ移動した結果，将来のロシアのハイ・テク産業の潜在的能力から考えると，西シベリアは，この国の産業にとり，非常に重要な地域であるといってよい。

中国で，ちょうど，この西シベリアに相当する地域となるのが，いわゆる三線企業の多数立地する中国の奥地である。その中で，特に重要なところは四川・雲南・貴州の三省が境を接する地域であろう。なお，この地域には中国のロケット打ち上げ基地，西昌が位置している。

三線とは，一線，二線に対応するもので，一線は中国東部の沿海地帯，二線はそれに続く内陸地帯，そして，三線はその奥地という意味である。

一線は，日・米との軍事的抗争が起きれば最も傷つきやすい地帯，三線は比較的安全な地帯，二線はその中間地帯となる。

開放政策以前の中国は目的意識的に，全国の優良企業，特にハイ・テク関連の企業をこの三線地帯へ移動させ，それと並行して，一線あるいは旧ソ連との国境近くにあった研究・開発機関を，この山奥へ移動させたのである。したがって，三線内の新興工業都市群は中国の最新技術の，この国の最高水準の施設と人材が集中した地域であったということができるであろう。

世界経済への再統合過程で，中・ロ両国は，これらの技術的核心地帯の効果的な再編成を行うことなしには，世界市場で競争力ある産業を創出することはできない。

いちはやく経済の対外開放に踏み切った中国の場合は，種々の経済的特権を与えて，この三線企業の沿海大都市への進出を奨励し，その技術の相対的高さ

ゆえに，これら企業は外国企業との技術提携の，かなりの部分を占めるに至っている。こうして，中国の場合，沿岸部の技術水準の低い，投機的な外国市場向け企業の発展と並行して，特に上海を中心に，技術水準の高い国営企業とその下請企業群を中心とする，長期的に見て，十分競争力のある外国市場向けの産業が育ちつつあると言えるであろう。

これに対して，ポスト共産政権，つまり1991年以降のロシア新政府の場合，旧政権の人的・イデオロギー的支持基盤であった国有企業に打撃を与えるのに急で，旧政権から引き継いだロシアの科学・技術的能力の利用についての系統的施策がほとんどないに等しいのではないかと思われる[8]。

1997年春の時点においてすら，この国に関する情報は，旧政権時代に比べてさえ，はなはだしく不足しており，1997年現在，ロシアは依然として社会的混乱の真っただ中にある。

しかしながら，もしもロシアがアフリカの部族的発展途上国以下の経済に満足する意思がないならば，西シベリアの新しい活性化，そして，おそらくは沿太平洋諸国経済の繁栄に参加するため，中国の先例にならい，この地の最良のハイ・テク企業群の分工場を沿太平洋地域，主として，ロシア極東沿海州に建設することを考えなければならないであろう。

回顧的に考えると，ロシアの再編成における最大の不幸は，この国が大国であったため，その政策的失敗の犠牲が，とてつもなく大きな規模に達したことであろう。

問題は，この国が，1973年の世界的石油危機以降採用した資源開発戦略の失敗から生まれていると思う。

この時以降，ソ連は自国が資源大国であることを非常に強く意識するようになり，北極圏を含む各地，特に西シベリアの石油資源の開発に巨大な資金を投ずるに至った。それと並行して従来の計画化方式に新しく，地域的資源開発を図る「地域生産総合体」территориальный производственный комплекс，ТПК創設のための計画化方式を接ぎ木して，極めて中央主権的な資源開発を進めたのである。しかしながら，1980年代半ばの世界的資源市場の崩壊が雄弁に物語っているように，この開発戦略は結果的に大失敗だったのである。ロ

シアを含む，旧ソ連の科学・技術的能力がいたずらに空費されただけでなく，この国は多分に性急な開発の結果ともいうべき特に北方極地における，生態系の深刻な破壊を作り出したのである。

このように考えてくると，世界市場への統合過程で必要となる従前の産業配置の再編成において，ロシアは中国に比し，科学・技術的能力の相対的優位にもかかわらず，この国が旧時代から受け継いだ負の遺産の相対的巨大さのゆえに，必ずしも恵まれている状況にあるとは言えないのである。

ハ．開発管理

両国とも，経済開発の主たる手段は国家計画であり，両国が共有する国家的イデオロギーであったマルクス・レーニン主義のゆえに，両国の開発管理は，少なくとも社会主義中国の出発点において，基本的に変わりがなかったという理解が，わが国の中国研究者の間に，広く，いきわたっていた。

しかしながら，中・ロの経済管理の実態を調べてみると，これほど間違った議論はほかに見いだすことはできない。社会主義ロシアと社会主義中国の計画・管理の方式が接近するのは，むしろ，中国がソ連離れをして独自の管理方式を追求したとされる，いわゆる文化大革命期である。しかし，それでも当時，両国の間にはかなり大きな違いがある。以下，この点について，若干，触れておこう[9]。

ロシアの場合，1930年代初頭の計画経済体制の確立に際し，生産の分野では，市場は基本的に崩壊し，価格は，事実上，単なる計算手段に転化している。そして，消費財市場で販売される商品価値のうち生産費として生産企業に帰属しない部分は，計画的生産の進行過程で自動的に中央政府の国庫に吸収される仕組みが，制度的に完成していたのである。具体的にいえば，生産企業は企業に与えられた生産計画を実現する過程で，その計画に見合う当該企業の計上生産費以外の部分を，定期的かつ自動的に，中央銀行であるゴスバンクへ払い込む制度が確立していたのである。旧ソ連の経済学者が繰り返し繰り返し強調した「税ではない」税，取引税 налог с оборота の徴収機構が，それである。

これに対し，中国の場合は，どうであったのだろうか？

新中国の建国以来,この国で生産財市場が消滅したことは一度もない。存在したのは,非市場的な設備・機械・資材の配分機構ではなく,これら商品の配分に対する程度の異なる統制機構であり,それを裏付けるための公定価格制度であった。この統制機構の中での中央・地方両政府の役割は固定的なものでなく,時代とともに変化している。しかし,これらの統制が基本的には生産企業間の売買を予想して組み立てられていた点において,中国は旧ソ連と,大いに異っていたと言わねばならない。

そして,市場統制であるからには,市場はしばしば統制者の意図せざる社会的生産物の分配を結果するのは極めて自然である。ここから,中国の複雑で,しかも,しばしば,変更される税体系が生まれてくるのである。中国の税制が比較的単純となり,旧ソ連に似てくるのは,いわゆる文化大革命の時期だけであって,その時においてすら,旧ソ連より,かなりの程度複雑である[10]。

以上の対比から,我々が引き出そうとする結論はこうである。

旧ソ連の国民経済管理,なかんずくその核心ともいうべき経済の開発過程の管理は基本的に実物経済的であって,科学・技術的判断が先行し,計画価格による経済計算は既に確定した判断を事後的に追認するという性格を持つものだったのである。

これに対して,中国の場合は,人民公社＝郷・鎮から,省,国家に至る,潜在的に常に市場関係が機能している経済に国家計画が,成長加速のため,上から接ぎ木された形で作成され,国民経済の方向付けを図っていたと考えてよいのである。したがって,ここでは,異なる地方的市場間の交渉と取引が国民経済的計画化の本質的要素として登場してくるのである[11]。

経済的自給を追求した時代の国民経済管理に見られる両国の,この大きな違いはロシアと中国の世界経済への統合に際し,極めて重要な意味を持ってくるように思われる。

市場を,一時失ったロシアにとり,その経済力の根幹をとりあえず一時的に,非市場的手段で世界経済の需給構造へ適合させるのが効果的な統合への方法であり,これに対し,数百年にわたる前近代的市場を変形した形で温存させてきた中国の場合,さしあたって統合は容易であろうが,この統合が永続的に中国

の経済発展をもたらすためには，市場の近代化つまり，地方的に分断され，地域的政治権力の要具となる可能性の大きい市場を，透明性のある市場へ変革することが，決定的に重要であると言えるであろう。

1997年春の時点において，中・ロ両国ともに，上述とは正反対の政治的コースを選択しているようである。ロシアは自国経済の崩壊を加速しかねない市場化を図り，中国はこの国の伝統的商業心理の復活に急で，この前近代的商業こそが，19世紀半ば以降の亡国のかなり多くの部分の原因であったことを忘れ去っているかのごとくである。

事態は極めて流動的であるが，中・ロ両国がかつての開発管理，ひいては国民経済管理の積極的要素を，いかにして新しい時代に適合させ得るかが，世界経済への統合における両国の運命を大きく左右することになるであろう。

(3) 成長と国際投資

1980年代以降の中国と，1990年代のロシアの経済動向を比べると，前者は1997年現在まで，高度成長を続けており，後者はこれと対照的に停滞どころかマイナス成長を繰り返している。ここから，両国の経済的将来について，西側諸国の対ロ悲観論と対中楽観論が生まれてくる。特に中国の場合，米国の中国研究者を中心に，「21世紀中国超経済大国論」が生まれている[12]。この種の中・ロ経済観は，基本的に誤っていると思う。

まず，中国について言えば，先に触れたように，1980年代以降の活況は中国経済の対外開放に伴う，いわゆる三線企業の沿太平洋地域への大幅移動によって引き起こされたものであり，長年なおざりに付されてきた沿岸地域の都市の近代化，つまり狭苦しい古い支那町を自動車の通る住むに値する都市へ改造するための巨大な再開発需要が，この国内産業基盤の再配置に伴う需要の拡大を何倍にも拡幅することによって，活況の長期化を可能にしたという説明が，かなりの程度有効なのである。

特に異様に感じることは，太平洋岸の産業中心が極めて高度の外国市場依存の体質を持っていることである。1997年春の英字中国紙は，上海の1－2月のGDP，52億USドル，同期の輸出，20億USドルと報じているが，上海のよう

な国の経済中心が，GDPの40％近くを外国市場に依存しているというのは，健全な常識では考えられないことである[13]。その経済的含意は，おそらくこうであろう。中国の開放経済は，国の経済中心を大きく資本主義の世界市場に組み入れ，国内の広大な経済的後背地は経済的意義において外国市場と同程度の重要性しか持たなくなっている。もしも，この傾向が続くならば，中国は外国市場の一部である経済中心と極めて多数の遅れた地域的市場圏との混合体となる可能性を持っている。つまり，中国は外国市場の動向によって傷つきやすく，しかも，国内市場の拡大によって支えられることの少ない一種の植民地経済となる危険性を，その内部に包含しているというべきなのである。

　この種の危険性を排除するには北京の中央政府の強い政治的意思が必要であるが，中央政府に自己の政治的意思を経済的現実に転化させる能力があるかどうか，はなはだ疑わしいように思われる。

　これは多分に中国型社会主義の非ソビエト的性格の帰結であるが，中央政府の財政基盤は極度に弱体である。この国の国家統計局と中央銀行である中国人民銀行の共同作業による1993年のマニー・フローの推計は，財政収支が大幅赤字であり，その50.0％を国債発行，そして34.8％を対外借款によって補充していることを示している[14]。財政赤字補充の大約，3分の1を外国に依存している政府が，外国人の不人気となる可能性のある政策をどの程度実行し得るのか，それこそまさに木によって魚を求めるのと同じであろう。

　これに対して，旧ソ連の場合はどうであろうか。

　一言で言えば，1991年以降のロシアの危機は，社会主義から抜け出るために考案され，米国その他の公的西側世界の強力な支持を得てきた新しい経済システムの危機だと思う。過去，5年以上にわたって続けられている市場化努力

表2-1　1985年の中国とソ連

	中国（除香港・台湾・マカオ）	ソ　連
銑鉄生産	4,384万トン	1.10億トン
鋼鉄生産	4,679万トン	1.55億トン
穀物生産	約3.80億トン	約1.90億トン
人　口	約10.35億（84年末）	約3.48億（85年初）

出所：ともに，両国の公式統計から[15]

表2-2　1995年の中国と露西亜

	中国（前表と同じ）	ロシア
銑鉄生産	約1.05億トン	3,980万トン
鋼鉄生産	9,535万トン	5,160万トン
穀物生産	約4.67億トン	6,340万トン
人　口	約11.99億（94年末）	約1.48億（95年初）

出所：ともに，前表と同じ。

の破産の日は近いと思う。

　冷戦終結後，数か月で計画経済を市場経済へ転化させようとしたときのソ連政府の狂騒，突如として起こった無数の半国家的利害団体の銀行設立の動き，国家公務員を含む労働者に対する賃金の大量不払い，巨大な貨幣投機。新しいロシアからの情報が極度に不足し，実情の把握が困難であるが，末期ソ連とポスト社会主義ロシアについての断片的情報の1つ1つが，新しい経済システムがこの国の経済安定と進歩にとり極端に不適切であることを示している。1997年現在の時点で，この国の将来を予測するのは困難であるが，現在のシステムに代わるどのようなシステムも経済を現在以上に悪化させ得るとはとても考えられない。

　ここで，若干の数字に語らせたい。表2-1と表2-2を参照されたい。

　とりわけ興味深いのは，1995年の数字から，人口1人当たりの数字を計算してみると，中国の場合，銑鉄：約88kg，鋼鉄：約80kg，穀物：約390kg，ロシアの場合，銑鉄：約268kg，鋼鉄：約348kg，穀物：約428kgが得られることである。つまり，1人当たり数字で，鉄に関してロシアは中国の3～4倍，穀物においてすら，中国を10％も上回っているのである。

　このことは，ロシアは混乱と崩壊の中でも，工業製品の主要材料となる鉄に関して中国を数倍上回っており，生活水準の重要指標となる穀物においても決して中国を下回っていないということである。

　このように見てくると，国民経済計算にしていくらということはできないとしても，現在の政治的混乱が収まり，経済が正常化したとき，ロシアが持つであろう可能性が，かなり大きなものであることは明らかであろう。

1997年の時点では，海外からの投資に関し，ロシアは投資どころか，むしろ国家的救済の対象となっており，対中・国際投資の大きな流れとは，極めて対照的である。

しかしながら，今までの議論が示唆しているように，ロシアの経済的将来に希望がないわけではなく，そして中国大陸の経済的将来が必ずしも薔薇色と言えないのである。要するに，経済の成長要因と，それを妨げる危険の時間的配分が違うだけであって，両国が西側先進諸国相互の国際投資とかなり異質な，そしておそらくは，先進国の対途上国投資とも異なる可能性と危険を持つことを海外の投資家が考慮しなければならない点について，中・ロ2国を分かつ壁は存在しないのである。

ただ現実問題として，両国の個々の地域，あるいは個々の産業の明暗について，中国の場合はロシアに比べ，それが非常に大きいという印象を持っている。

社会主義・共産革命の成功後，両国に建設された社会主義経済の持つ大きな違いから中国については地方行政単位である省の持つ権限が強いのに対し，ロシアでは，中央政府が圧倒的に強大な権限を保持してきた。1990年代に入ってから進められている華中七省（四川・湖北・湖南・安徽・江西・江蘇・浙江）と上海市を含む揚子江沿岸の総合開発は，省・市の権限の縮小をもたらす可能性があり，大略，同じ頃に起きたソ連解体後のロシアでは，政情の混乱も加わり，国の上位の地方行政単位である州の権限が拡大しつつある。少なくとも，中央政府の威令が，そのまま州に受け入れられる状況にはなっていない。こうして，中・ロの経済行政についての理解は今後何らかの修正を必要とするかも分からないが，現在のところ，分権的中国と集権的ロシアという理解でよいのではないかと思う。

中国の場合は，広州，香港，そして将来，台北を加えた複数の中心を持つであろう華南圏（広東・広西・福建の三省，広西チワン族自治区，香港，台湾）が，中国経済対外開放の先進地域であったが，太平洋地区において，ロシアのこれに対応する地域は，おそらく，ハバロフスクとウラジオストクの2大中心都市を持つ極東ロシアであろう。

しばしば日本人の忘れていることであるが，この地域は欧・ロとこの地の中

間に横たわる広大なシベリアと異なり，極めて強固かつ緊密な関係をロシアの軍事的・行政的・文化的中心と保ってきた地域である。帝政時代も社会主義時代も，ともに，そうであった。したがって，極東ロシアが華南のように，あるいはもっと限定して広東省のように，独自の人脈に支えられた分権的経済開放地帯として発展するのは非常に困難であろう。こうして，中国の場合は特徴のある地方的開放経済圏が太平洋岸に生まれる可能性があるが，ロシアにおいては，むしろ，欧・ロの動向と直接的に連続した経済開放が進められる公算が大きいと言えそうである[16]。

海外の投資家の立場からは，マクロ経済的に確実な利益が見込まれるとしても，地域と事業を特定したミクロの選択で，その収益が実現できるか，という問題があるから，対中投資が対ロ投資より，必ずしも有利であるという保障はない。

いずれにしても，冷戦後の資本主義的世界市場への中・ロ2国の統合過程は，極めて多くの不安定要因を抱えており，国際投資の網の拡張過程で，両国，あるいはどちらかの1国が，世界経済の危機の導火線となる可能性は否定できない。そのような意味で，両国を対象とする西側諸国の経済外交は最悪時に備えた慎重さを要求されているのである。

むすび

我々は，冷戦後のロシアと中国の市場経済化の評価に当たり，両国にとって市場が歴史的にどのような意味を持っていたかの確認から始めた。

経済史の知識と若干の社会学的研究を手掛かりに，ロシアにとって，市場は旧体制破壊的・資本主義促進要因であったのに対し，中国の場合は，旧体制維持的・資本主義抑制的要因として機能したと論じた。そして，これを受けて社会主義・共産革命は，前者においては市場そのものの廃絶を，後者の場合は市場の行政化，旧来の地縁関係の継承を結果したと論じた。この市場の社会的役割の相違が，両国の市場経済化の展望を大きく左右するであろうというのが，この小論の出発点であった。

両国経済の世界市場への再統合過程で，中国の場合は，隠れていた市場を表

へ引き出すのであるから市場経済化は容易である。これに対して，ロシアの場合は，一度なくしたものを，新規に作るのであるから，これまた極めて困難である。

ところが中国で復活した市場は，太平洋と大都市周辺を除いて，市場管理の公的・非公的規制を利用した需給関係の調節によって，地方の有力者が貨殖を図る手段として利用してきた市場の後継者であるから，そのままでは競争による技術の革新や経済の成長をもたらし得るものではない。

これに対して，現在，生まれつつあるロシアの国内市場は，数多の投機的事業家を産み出しているが，その大部分は政治権力を利用した，外国為替や輸出入の操作によるものであって中国の広範な地方市場に見る直接的人民支配と統合したものではない。

そうだとするならば，資本主義の進歩的理念モデルとなっている競争促進的・技術革新的市場に，どちらが先に近付き得るのかという点で，中国がロシアより有利であるとは，とても言えないのである。

さらに，今日の資本主義は社会管理の適切な制度的枠組みと，その運用にあたる公平で有能な公務員の存在を前提にしているが，中・ロ両国のいずれが，この種の前提をいちはやく作り出すことができるのか？　それは検討に値する問題である。

中国もロシアも，遺産としての社会主義経済を資本主義世界市場に組み入れるため，交通体系の改編，産業の再配置，経済管理の再編成のような大きな課題を解決しなければならないが，その成否は，この前提をいかにして作り出すかに大きく依存していると言えるであろう。

両国の経済力は1995年前後の時点で，ともに相当の規模に達しており，その将来の可能性には無視し得ないものがあるが，両国に向けられている国際投資の流れは，この可能性とその裏の危険性を十分考慮しているとは考えられない。将来，この流れが，世界経済危機の引き金とならないと予想し得る保証はない。西側諸国，特にわが国は両国の市場経済化が西太平洋アジアの経済発展に貢献し得ることを認識し，その実現に協力しながらも，それが世界経済の長期・安定的発展軌道の一部となるための努力を払うべきであろう。

【注】

1) 1964年から1965年にかけ米国のアジア研究学会（Association for Asian Studies, Inc.）の機関誌（the Journal of Asian Studies）に3回に分けて発表されたスキンナー（G. William Skinner）の論文，「中国の農村地帯の市場化と社会構造」が，中国社会についての本文の叙述を裏付ける分析を行っている。

彼の研究は，わが国の戦前の支那学者の中国地方誌研究を引き継ぎ，さらに1949～1950年の中国四川省滞在や，米国・香港・シンガポールへの移住華僑との面接の結果を利用してまとめられたものである。

Marketing and Social Structure in Rural China, Part I. Journal of Asian Studies, vol.24, No.1, November, 1964. pp.3～43.

――, Part Ⅱ. ibid, Vol.24, No.2, February, 1965. pp.195～228.

――, Part Ⅲ. ibid, Vol.24, No.3, May, 1965. pp.363～399.

2) 上のスキンナー論文の第2部（Part Ⅱ）の228ページと，同じく第3部（Part Ⅲ）の395～396ページを参照されたい。

3) 帝政期ロシア農村の社会・経済状況については旧ソ連時代の記念碑的労作，リャシチェンコ П. И. Лященкоの『ソ連経済史』全3巻，История народного хозяйства СССР, тт. 1-3, 1956の該当箇所にあたるのが理想であり，鳥瞰に便利な露文の書物がないわけではない。あるいは，わが国の先学の労作に敬意を表すべきであったかも分からないが，さしあたって，拙書，『ソ連経済の研究（1917～1969年）』1972（昭和47）年の第1章（歴史的背景）の中の要約的叙述を参照されたい。同書，18～20ページ。

4) 第2次世界大戦後，長い間，わが国の学界やジャーナリズムにおいて「革命中国はソ連の制度を移植したが，それが中国に適さないことに気づいて中国は独自の社会主義路線を追求するようになった」という意見が幅広い支持を見いだしていた。

本稿の議論はこの種の意見が事実の裏付けを欠いており，両国の社会主義はもともと非常に異なっていたという認識から出発している。

5) ソ連が帝政ロシアから引き継いだ鉄道路線の総延長は，約6万km（1905年末の時点で5万6,130km）であるが，ソ連が第2次世界大戦末までに建設した路線は，約2万7,500kmである。第2次大戦後，1960～1985年間に建設した線路は約1万9,000km，営業総延長は，実に約14万5,000kmに達していた。

バム鉄道の新規敷設部分，ウスチ・クート Усть-Кут，コムソモルスク・ナ・アムレ Комсомольск на Амуреの路線延長は，3,145kmと言われている。

鉄道以外の輸送手段としては，石油や天然ガスのパイプ・ラインが重要である。これらのパイプ・ラインの敷設は，ほとんど第2次世界大戦後のことであり，1985年末の時点での営業総延長は石油パイプ・ライン，約8万1,000km，天然ガス・パイプ・ライン，約17万kmであった。

第2章　社会主義の移行経済　59

6) 唯一の例外は，わが国が経営に当たった満州の鉄道である。この鉄道は，非常に高い利益を上げた。おそらくこの鉄道路線が，わが国の対満投資を助け，沿線の工業化が急速に進んだためであろう。

　革命中国が民国と日本占領軍から引き継いだ鉄道の延長は，運行中の鉄道だけ取り上げると約1万7,000km，1970年末の時点で約4万1,000km，1980年末で約4万9,000kmになる。1985年末では約5万2,000km，1995年末には約5万5,000kmとなった。

　中国が，1997年7月1日の香港返還前の運行を目指して完成させた京九鉄道（北京－香港九龍）は，既存の南北幹線（北京－石家荘－鄭州－武漢－広州）の東側を大略，平行して走るものであったが，その延長は約2,400kmであった。

　パイプ・ラインについて言えば，1985年末の時点で，石油：約6,700km，天然ガス：約5,000km，1995年末には，石油：約8,800km，天然ガス：約8,400kmであった。

7) Leung Chi-Keung: China. Railway Patterns and National Goals,
　The University of Chicago Department of Geography Research Paper No.195, 1980. pp.104-106.

8) 1970年代末の経済政策の大転換以降，中国の産業の地理的再配置が急速に進められたようであるが，その触媒ともいうべき役割を演じた三線企業に関する情報は，もともと国家機密に属するものが多かったため，地理的再配置の実態把握は困難であった。この研究上の隙間を埋めたのがグルトフ（Mel Gurtov）の「武器を市場参加に変える（中国軍事産業の民需生産への転換）」という論文である。ただ，この著者が現実に当該企業幹部との面接に成功し，その企業活動を報告できたのは，西安の航空機製作工場と，深圳で活動している2つのエレクトロニクス関連企業にすぎなかったが，その内容は三線企業の業容転換を理解する上で極めて示唆的である。

　Mel Gurtov: Swords into Market Shares: China's Conversion of Military Industry to Civilian Production, The China Quarterly, No.134, June 1993, pp.213～241.

　中国の冷戦期から蓄積されてきた高技術を民間輸出企業の活動へ移転させた事例としては，最近急激に国際展開を図っている企業グループ，連想（中文簡体：联想）がある。

　これは北京の中関地区（同上：中关村）のハイ・テク団地から生まれたコンピューター生産企業グループでもある。1990年代初頭，このグループは，研究開発センターを米国のシリコン・バレー，香港，深圳，北京の4か所に設置，生産工場を香港と深圳，そして，販売のための海外子会社を，米・仏2国に設立し非常な勢いで発展しつつある。その営業金額は1992年邦貨換算250～300億円程度になっている。このグループは，いわゆる三線企業ではなく，1984年，中国科学院の後援で作られたわずか11人の従業員からなる小企業から発展したものであるが，その活動は三線企業の業容転換を理解する上で参考になるのではないかと思う。

　康栄平，他『中国企業の多国籍経営（実例の研究と理論の探求）』，1996年，147～

161ページ。
中文簡体：
　　康荣平等著，中国企业的跨国经营一案例研究・理论探索，北京，1996年，经济科学出版社。

　　なお，ついでながら，深圳の読み方は，今日，シンセンとなっているようであるが，圳は難字でも，古来，日本語の音は確定していてシウである。1930～1940年代の中学生用の外国地図では，そう振り仮名してあった。

　　なお，ロシアの場合は，国営武器工場による武器輸出の試みは伝えられているが，中国の三線企業群にみるような大々的な先端的民需生産への転換事例はみられないようである。

9) 1970年代後半，著者は故尾上悦三氏と何回か中国における国民経済管理について話し合い，氏から多くの教示を得たが，その時からソ連との対比で中国は非常に違うという印象を持ち続けた。

　　日本との対比における中国論は1930年代，わが国のマルクス主義史学者の日本資本主義論争の出発点であったが，中国の近代的工業化を本格的に扱った労作としては，1942（昭和17）年，中央公論社から出版された平瀬己之吉の『近代支那経済史』があるくらいではなかったかと思う。この書物は中国の原資料に当たった，優れた研究であったが，マルクスの封建地代論の見地からみると，日本よりはるかに近代化されている中国の現実を，中国の北方防衛にともなう巨大な財政支出の必要から説明し，それが中国の近代的工業化へ及ぼしたであろう影響を，完全に，無視していた。初めて，この書物に接したとき，著者はこの点に大きな不満を感じざるを得なかった。

　　両世界大戦間期，わが国の支那学者によって始められた中国地方史・地方地理（中文で「方志」と呼ばれている）の研究，それを，スキンナーは「開拓者的」pioneeringと形容しているが，ともかく，この研究の延長上に完成されたスキンナーの中国地方市場論は，かつて，わが国の支那学が解決できなかた理論的課題，貨幣経済化の進展と経済活動の総体的停滞の間の相互関係の解明に1つの解答を与えるものであった。

　　それだけではない。彼の議論は，中・ロの社会主義政権の国民経済管理や，冷戦後の市場経済化の展望についても，多くの示唆を与えているといえるだろう。

　　なお，故尾上氏は，著者の大学時代からの友人であるが，同氏との交流は1980（昭和55）年，世界書院から出版された『経済計画論』として結実した。同書は国民経済管理における政府の役割を制度の実態に即して説明したものであり，中国に関する章を尾上が，ソ連，西欧，日本に関する章を著者が分担した。

　　ついでながら，スキンナーはカトー・シゲシの研究に触れているが，カトー・シゲシとは戦前，『支那経済史』（昭和2年）の著作で知られ，敗戦後間もなく死去し，その論文集が『支那経済史考証』上・下，1953（昭和28）～1954（昭和29）年として東洋文庫から刊行された，加藤繁その人ではないかと思う。加藤は東京帝国大学教授，福田徳

三とも親交のあった，わが国における中国社会経済史研究の先達である。
10) ロシアと中国が，革命成功後，制度化できた社会主義計画経済の原型の構造は，次の文献を参照されたい。

ロシアの場合は，上述の拙著，『ソ連経済の研究』の38～45ページ（財政の機能），68～102ページ（工業管理と労働関係），139～146ページ（集団農業の性格），240～247ページ（貿易の国家独占）を読まれたい。

中国については，同じく，上述の故尾上氏と著者の共著，『経済計画論』の107～119ページ（1950年代に定型化された計画，物資分配計画，資金計画，中央計画と地方計画，直接計画と間接計画，価格の決定，国民経済計画における重要数字の算出方法，計画運営上の問題）と137～145ページ（管理権の下放，新しい計画（複線制・物資分配計画））の通読を勧めたい。

両者とも，制度の骨格を類書にない正確さで説明していたと少なくとも当時著者たちは信じていた。

なお，この原型が確立したのはロシアにおいては1930年代初頭，中国では1950年代末，つまり1958～1959年の改革によって地方行政単位，省の役割を著しく高めた時期においてである。

11) 政府が対価を与えることなしに国民から徴収する経済的価値を広義の税と呼べば，1930年代におけるソ連の税体系は，かなり単純であった。

1930年の改革以後，国有企業や，経済機関の国への払い込みが取引税と利潤控除に集約されたため，非国有部門が急激に縮小する中で，それを対象とした5～10種程度の各種の税の意義が低下し，上記，2項目だけで社会保険や国債を除く財政収入の90％以上を占めるようになった。個人所得を対象とする所得税は絶対額では増加したが，同上財政収入に占める比率では10％前後から5％程度に低下している。ソ連の学者が主張してきたように，取引税が経済的な意味で税でないとすれば，この時期のソ連は無税国家への道を走っていたことになる。

他方，1950年代の中国では，この年代に課税を開始した2つの税を含め12種の税があった。

①工商統一税（1958年課税開始），②塩税，③関税，④家畜売上税。以上は取引高に応じた間接税である。⑤屠殺税，⑥都市不動産税，⑦運転免許税，⑧不動産登録税，⑨文化・娯楽税（1953年課税開始），⑩船舶税。以上は営業，財産の所有，個人の行為を対象とする直接税である。⑪工商所得税（1958年，独立の税目となる。），⑫農・牧畜税。以上は所得もしくは収益に課される直接税である。

国への支払い項目の数だけみれば1930年代のソ連と大差ないようであるが，ソ連の取引税の賦課は生産から最終販売の間，1回に限られ，それ以上の税負担は許されなかったのに対し，中国では一部の税について，同一生産物が流通過程において何回となく税を負担する仕組みが取られており，この重複を個別の税と考えれば，中国の税種

は社会主義経済の成立段階で，すでにソ連よりかなり多かったといえるであろう。

こうして，この時期の中国の税制は1980年代以降主張される「多くの税目による多くの管理層に対する多くの段階にまたがる税制」(中文簡体：多税种，多层次，多环节的税制)へ至る萌芽を，すでに持っていたのであった。

この時期のロシアと中国の財政収入の管理も全く対照的で，ソ連は中央政府の指導下に作成される全国的計画化の一部として，取引税と利潤控除を含む広義の税の徴収過程は中央政府の厳格な統制に服していた。これに反し，中国の場合は計画自体が伸縮性に富むものであったためか，革命後の非常態勢が終わった1958年から，税収管理の権限は大部分地方行政単位である省・市・自治区へ委ねられ，これらの地方政府は，中央政府の定めた規定の範囲内で，政策的判断に基づき，税の減免と加算を行う権限を与えられていた。

この点については，1958年の「税収管理体制改善規定」(中文簡体：关于改进税收管理体制的 規定)を参照されたい。

わが国の中国専門家の間には，1970年代末までの中国の財政が極めて中央集権的であったと主張する人が多いが，この主張は事実の裏付けを持たない。この国の国家財政の中央集権的性格について語り得るのは，せいぜい1957年までである。

1960年代から1970年代末まで中国で機能していた財政制度を理解する上で，1980年の春7週間にわたり訪中し，中央―地方の関係を調査した豪州の支那学者，オードリー・ドニソーン(Audrey Donnithorne)の報告が極めて教訓的である。彼女の報告によると，1970年代末，中央政府と大部分の地方行政単位(省政府)の間では，財政収入の配分について，大略，2種類の交渉が行われていた。

その第1は利潤の上納先が中央政府である国有企業と，それが省政府である国有企業をいかように分類するかについての交渉である。

この種の問題が生じるのは1980年現在，国有大企業の数は約1万，そのうち，中央政府が独自に管理しているのはわずか数百，したがって，残る圧倒的多数は省を通じて管理されているため，この後者について利潤の上納先が問題となるのである。

第2の交渉は，本来，中央財政に寄与すべき工商税(1973年，上記の工商統一税，屠殺税，都市不動産税と運転免許税を統一して作られた)を，国と徴収地域の行政単位(省)の間でどのように分割するかについて行われる。

大部分の省の場合，徴収工商税の分配比率が合意された。1980年，地方の取り分は，四川省：72％，山西省：57.9％，山東省：10％，安徽省：58.1％，浙江省：13.0％，湖南省：42％，湖北省：44.7％，河南省：75.9％，甘粛省：53.2％，陝西省：88.1％であった。雲南省・貴州省・広西省・内蒙古・新疆・チベット・青海省・寧夏は全額保留と，その一定パーセントの補助金の支給が合意された。

その他，広東省は年額10億元の中央への送金を1982年まで続けることで合意し，福建省は1980年，中央への送金1.5億元，1981年，逆に全額保留の上，1.5億元の補助金を

受け取ることで合意している。江蘇省の場合はかなり特殊で，省の財政収入の総額に基づいて交渉が進み，1980年，その61％が省の手に残されたという。

　また彼女は，北京・上海・天津の3大都市は，以上の取り決めとは全く異なる特殊な方法で財政収入を中央政府と分け合っていると伝えている。

　ドニソーンの報告は豪州国立大学の現代中国論文集 (Contemporary China Papers) の第16冊として1981年，同大学の太平洋研究所 (Research School of Pacific Studies) の現代中国センター (Contemporary China Center) から，同大学，同大学経済学部と同上研究所の援助を得て出版された。

　題名は「中国における中央と地方の間の経済関係」である。上の記述はこの論文の3～14ページに負っている。

　Audrey Donnithorne: Center-Provincial Economic Relations in China, Contemporary China Papers, No.16. 1981.

　中国は，その後，1979年以降の国有企業の利潤上納を課税に切り替える実験を，1983年と1984年の2段階に分け，全面的に制度化し，利潤制度改革税，あるいは利潤改革税（中文簡体：利改税）なるものを導入した。

　また，1992年から1994年にかけては，中央と地方の取り分に関連する税種区分を明確にする税制改革を行っている。

　これらの動きが，社会主義経済確立以降続けられてきた国家財政における中央と地方の税収取引に根を持つものであることを，強調しておく必要があるだろう。

　この取引は，省が潜在的市場圏として単一の統一的利益を代表し，中央政府と交渉していたことを意味するのではなかろうか？　そしてこの交渉によって，結果的に，異なる省の間の経済的相互関係が調整され，共産中国全体の計画化の方向が決定されてきたと考えてよいのではなかろうか？　少なくとも，それが中国社会主義経済の計画化の一個，有力な解釈たり得ることは否定できない。

　1980年代に入って，農・工・サービスの全分野における非国有化が進み，各種の市場が急速に拡大する中で，中央政府は矢継ぎ早に市場管理の法令を発布している。これらの法令は，特に消費財について，行政・管理機関が「実情に応じて」（中文簡体：从各地区，部門的実際出発）運用するよう定めている。

　このように見てくると，今後中国の地方市場が行政的にさらに細分化される可能性も一概に否定できないように思われる。

12）著者の知る限り「21世紀中国超経済大国論」を体系的に論じた人に，ハーバード大学のパーキンス (Dwight H・Perkins) がある。

　China(Asia's Next Economic Giant?), Seattle and London, 1986, Uiniversity of Washington Press.

13）China Daily, March 17, 1997.

　中国の公式統計に基づいて1995年について同じ数字を計算すると，約45％である。

ただし，米ドルを中国政府の発表した年央相場，8.35元で換算した。

もちろん，上海の輸出には上海で生産されたものしか含まれていない。

なお，同年の中国全体の数字は20％以下，広東省，約90％，四川・貴州両省は5％前後，雲南省で約8％であった。

3大都市の他の2つ，北京は約36％，天津は約40％であった。

14）国家統計局国民経済推計局・中国人民銀行調査統計局共編『中国のマネー・フローの推計と分析』，北京，1996年，中国統計出版社，240ページ。

中文簡体：

国家统计局国民经济核算司・中国人民银行调查统计司编，中国资金流量核算与分析，北京，1996，中国统计出版社。

15）中国は，State Statistical Bureau, People's Requblic of China: Statistical Yearbook(1986), 1986と ibid: ―（1996），1996から，ソ連は，ЦСУ СССР：Народное хозяйство СССР в 1985г., 1986，ロシアは，Госкомстат России：Росийский статистический ежегодник（1996），1996から取った。

なお，1986年刊行の上記，統計集に基づいて，中国とソ連の財政収入が共産圏で使われてきた完成品と外販用半製品の合計である国内総生産額の何％になるかを1985年について計算すると次のようになる。

中国の場合は総生産額は1兆6,309億元，外国借款を除く財政収入1,837億元で，約11.3％，その他，中国の場合は予算外特別収入が地方政府，行政機関と国有企業について計上されており，国の財政収入の約80％くらいになるから，それを含めると約20.3％となる。

ソ連の総生産額は，1兆3,825億ルーブル（経常価格表示），財政収入は3,906億ルーブル，したがって約28.3％になる。

16）冷戦後ウラジオストクを訪れた日本人で，この町が日本統治下の大連に似ていると思った人が多かったのではないかと思う。

それもそのはず，大連のロシア人が日露戦後，ウラジオストク郊外へ移住し，この町の発展を支えたのである。ウラジオストクの一昔前の洋風馬車の姿を見て，旧時を回想した日本人がいたとしてもおかしくない。

ウラジオストクは冷戦後の今日になっても帝政時代の海軍提督の名を冠した町名を残しているが，それは理由のないことではない。

帝政時代のロシア海軍は，その海上訓練を自由に組織できる地域として，極東を重視しており，若い士官時代を家族共々，この地で過ごしたロシア人は非常に多い。

日本の海軍力の強化に伴い，この自由は次第に失われていったのであるが，海軍関係者の青春の地としての伝統は引き継がれ，例えばノーベル物理学賞受賞者タムИ. Г. Таммがこの地の軍事関係施設の子弟であったことから分かるように，その文化水準は，決して，低いものではなかった。

欧・ロから自由を求めて移住したシベリアの住民と，この地方の住民の，気質の違いは，このような歴史的背景に照らして考える必要がある。

2．社会主義中国の海外投資

はじめに

　かつてダニング（Jhon H. Dunning）が，先進国から資本を受け入れつつある発展途上国が資本導入のかなり初期の時点で，自らが急速な勢いで海外直接投資を拡大していく事実を指摘し，それに一定の理論的解釈を与えたのは1980年代の半ばにおいてであった[1]。

　彼の理論的説明の中で特に注目に値するのは，いうところの内部化（internalization）を近時の貿易の特徴とみる見解である。

　それは資本主義的世界市場の競争モデルからの離反が両世界大戦・戦間期のような国際カルテルによる市場の変質だけでなく，高技術製品に特有な取引の態様によっても，生まれているという認識からの帰結である。

　もちろん，この離反を規定する2要因は，国ごとに異なる程度において共存しており，2つの要因の間の相互関係の存在も予想できるのであるから，仮にこれら2要因以外の要因の影響を除去できても，発展途上国の海外投資を戦後の高技術を採用して行われる工業化の程度によって一様に説明することは極めて困難である。

　そのような意味で，彼の統計的規則性に訴える説明は必ずしも成功しているとは言えないのであるが，彼が強調してやまない，古典的自由競争モデルからの離反が生み出す発展途上国の海外投資の急成長と，それにともなう，これら途上国の多国籍企業の活動の必然性は，今日の世界経済の状況を理解する上で貴重な指摘であると言わねばならない。

　我々が中国大陸の海外直接投資，あるいは，中華人民共和国の多国籍企業に寄せる関心は基本的にダニングと共通の経済観から生まれている。つまり第2

次世界大戦後とりわけ，ポスト冷戦期の世界市場が，あらゆる国に大なり小なり資本を輸出し，自国の企業の多国籍化を不可避としているとすれば，中華人民共和国企業の急速な多国籍化が生まれているに違いないという認識である。

加うるに我々は，中華人民共和国が社会主義として持った特異な社会・経済構造が，この国企業の多国籍化の態様を，どのように規定しているかについても知りたいと思う。

おそらく，この分野の知識は1980年代以降の中国経済の将来を占う上で重要な意味を持つであろうし，また，対中投資の運命についても重要な示唆を与えるのではないかと思っている。

ただ，残念なことに，この分野における情報が入手できるようになったのは比較的最近のことである。以下，不完全ながら，手許にある資料に基づいて中華人民共和国の海外投資の叙述を試みたい。

ここでは，企業の多国籍化が最大の関心事であるから，海外直接投資を中心に記述を進める。

(1) 中国の海外直接投資

中華人民共和国の海外投資については2つの数字が公表されている。

1つは，貿易・経済協力省（Ministry of Foreign Trade and Economic Cooperation：MOFTEC. 中文簡体：対外経済貿易部（外経貿部））が発表する数字であり，もう1つは，中国人民銀行（People's Bank of China：PBOC. 中文簡体：中国人民銀行）の数字である。

1991年末の数字で，前者は中国の海外における営業企業数，1,008（105か国），累積投資額，30億ドル強，後者は，累積投資額，54億ドルと発表している。この違いは，前者が海外投資の許可を得た企業の調査に基づく数字であるのに対し，後者は人民銀行が管理している海外送金を基にして作られた数字であることから生まれている。

上の数字はシンガポール開発銀行の副総裁，同行経済調査部長であるフリードリッヒ・ウー（Friedrich Wu）によって紹介されたものであるが[2]，この数字の意味を，他の中国文献によって確認しておきたい。

康栄平（同上：康荣平）グループの1996年の書物その他，若干の中国文献において，1991年の中国の対外投資累計，13.95億ドルという数字が与えられているが康・その他によれば，これに合弁相手の出資を合わせた中国海外企業の1991年の投資累計は，31.49億ドルになるとのことである[3]。この数字は上記，政府許可企業の調査に基づいて得られた数字，30億ドル強に符号している。

これから判断すると，中国政府が発表する中国系海外企業に対する中国の直接投資は，中国からの資金の持ち出しに，海外企業の利潤の再投資と現地少数株主の増資を含めた数字と理解してよさそうである。

こうして，2種類の公表数字，30億ドル強と54億ドルのうち，F. ウー氏に従って，後者，つまり54億ドルが実態に近いと考えると，1991年の中国の海外直接投資つまり中国の経営権下の企業への投資規模は54億ドルに達していたと推定してよいと思う。

中国の公式統計に従い，1992年以降，対外直接投資のため，中国が海外送金している金額が年平均，20億ドル程度とみれば，1995年末の時点で，外貨送金80億ドル，現地における資本増をその20～50％とみて，96～120億ドル程度増大しているはずであるから，先の54億ドルと合計して，大略150～170億ドルが，1995年末の時点における中国の海外直接投資の概数であると見なすことができるであろう[4]。

以上は，海外直接投資に関する数字であるが，このほか，海外における証券の取得いわゆる証券投資についてもみる必要がある。

ただ，残念ながらこの分野について論じた適当な中国文献を発見できなかった。断片的資料による限り，1995年まで，それほど大幅には増えていないようであるが，中国の貿易黒字が続き，その外貨所有が増大すれば，この分野でも当然大きな変化が予想できるわけで，新聞報道によると，1997年7月末現在の数字で，中国は既に米国の国債，約850億ドルを所有しているそうである[5]。

中国の場合，海外直接投資と証券投資の比率がどの程度に収まるかは，現在のところ予想し難いが，少なくとも，直接投資の数倍の外国証券投資を行い続けるであろうことはまず確実とみてよいのではなかろうかと思う。

さて，それでは，以上の中国の海外直接投資は，どこの国へ投じられてきたのであろうか？ F. ウーが，中国の貿易・経済協力省の資料として引用している数字によれば，1949～1991年累計の地理的配分は，大きい方から書くと次の通りであった[6]。

オーストラリア，38.5％，北米，33.6％，香港，5.2％，ASEAN，5.0％，旧ソ連と東欧，3.6％，アフリカ，2.9％，西欧，2.8％，日本，1.0％である。上記以外の地域全体を引っくるめて，7.4％が向けられていた。

ここで特徴的なことは，中国の対外直接投資が主として先進諸国，特に欧米へ集中していることである。オーストラリア，北米，西欧と日本で，中国の海外直接投資累計の75.9％を受け入れており，その中で，わが国が受け入れた割合は西欧の約3分の1，全体の1％に過ぎない。

ただ，わが国の場合，零細な規模の直接投資が行われているようで，上述の康栄平グループの著書の66ページの1979～1993年資料によると企業数は米国の3分の1弱，カナダと大略同数となっているが，投資金額においては上位10か国（カナダ，オーストラリア，米国，香港，ロシア，タイ，ニュージーランド，チリ，マレーシア，メキシコ）の中に入っていない。1949～1991年累計の場合についても同じではなかったかと思う。

最後にこれらの投資が投じられた産業であるが，F. ウーは古い資料しかないと言って，1987年までの累計，製造業，45％，農業と鉱業，26％，建設とサービス，29％であったとして，この割合はその後，大きく変わっていないであろうと推測している[7]。

上記康栄平・その他の著書は，1996年11月の出版であるから，ウーの論文より3年新しいが，にもかかわらず，それは海外直接投資累計額の産業分布に関する情報を与えていない。ただ金額的には資源開発と製造業が中心であると述べるにとどまっている。おそらく，この分野では公式統計自体が整備されていないのであろう。

以上を要約すると，1995年の時点で中国の海外直接投資は150～170億ドル，

その主な対象は資源開発と製造業の分野であり，国としては豪州，欧米が主となっているということになる。

海外への証券投資，いわゆる間接投資も，近時急速に増大しているようであるが，この点について現在のところ，的確な判断を下すのは困難である。

(2) 中国の多国籍企業

中国本土の企業活動の多国籍化は，1979年の対外開放以後のことに属するが，その本格的展開は1980年代半ばからで，1990年代に入ってから爆発的発展を遂げつつある。その多国籍化の規模，態様，政府との結び付きは，様々で，これを一括して扱うことはできない。

種々の角度から，これら中国の多国籍企業を分類することが可能であろうが，ここでは，中国経済体制の歴史的展望に好都合なように，社会主義権力によって育成された，高度の技術的蓄積を持つ有力国有企業の系譜に属する多国籍企業，社会主義時代に中央政府の保護をほとんど受けなかったが，1979年以降の経済開放政策の採用以降，低レベルの政治権力と結び付きを利用して急成長を遂げた公営，公私共営，私営の地方企業の系譜に属する多国籍企業と，国内外の多様な結び付きを利用し，個人的・投機的事業展開により瞬く間に巨大な多国籍的営業活動を営むようになった民間企業の3種類に分類し，そのそれぞれについて，代表的事例を紹介していきたいと思う[8]。

まず，第1から始めたい。

1990年代の中国大陸を代表する多国籍企業は国有企業の大なるものである。

(1)において，しばしば，ウー氏の叙述を利用したが，彼が「中国の3大多国籍企業」(China's 'Big Three')と呼んでいるものは，すべて国有企業であり，その経済力は基本的に社会主義時代に育成されたものである。それは次の3社である。

● 中国銀行，Bank of China (BOC)
　(中文簡体：中国银行)
● 中国国際信託投資，China International Trust and Investment Corp. (CITIC)
　(中文簡体：中国国际信托投资公司(中信公司))

- 中国化学製品輸出入，China National Chemicals Import-Export Corp. (SINOCHEM)
（中文簡体：中国化工进出口总公司（中化公司））

これらの企業について説明を加えたい。

中国銀行は，もともと国内企業に外貨を調達し，海外で活動する企業の現地における資金調達を助けることを主たる業務としており，中国が経済開放政策を採用するまで，その海外店舗は香港，マカオ，シンガポール，ロンドン，ルクセンブルグの4か所に限られていた。ところが，中国が経済開放政策に踏み切った後はグランド・ケイマン（Grand Cayman）や，パナマのようなタックス・ヘイブン（tax haven）を含む世界のあらゆる金融中心地に支店網を拡張するに至った。その業務も，中国企業への融資活動から，海外における各種の投資活動へと大きく転換し，1991年にはその海外資産は実に953億ドル（邦貨，約10兆円）の巨額に達している。

この海外資産は，同銀行の国内資産の約半分に当たると言われているが，同行が海外で受け入れている貯金量は，同年で国内の約3分の1にあたる，421億ドルであった。その約90％に当たる374億ドルは，同行の香港支店網を通じて吸収したものであるが，それは全香港の銀行貯金の21％に達していた。香港を基地にして世界的規模の活動を展開している，この銀行の活動の大きさが，以上の数字で十分想像できると思う。大陸では，国際金融業務は，参入は困難だが利益は巨大であると言われているから，この銀行の海外業務も多くの投機的分野を含んでいるのではないかと思う。

中国国際信託投資CITICは，我々の目から見れば，かなり特異な企業である。この企業は，革命前の上海の大実業家の中，ただ1人本土に残留し，政府に協力した栄毅仁（Rong Yiren（中文簡体：荣毅仁））と権力を握った鄧小平（同上：邓小平）の個人取引により，内閣直属の省と同格の機関として，1979年10月，設立されたものである。

企業の基礎が固まり，本格的海外展開を開始する1986年，毅仁が，海外各地の栄一族を北京に呼び，鄧小平が，彼らを人民大会堂で接見していることから想像できるように，その海外発展が在外華僑資本家の人脈に助けられてきた

のは確かだと思う。

　CITICは1980年代半ばから本格的海外投資を行うようになり，グローバル・ファイナンス（Global Finance）の推計によると，1992年末の海外投資は，約45億ドル，その総資産，約90億ドルの約半分を海外で維持しているとのことである。邦貨，約5,000億円は小さな数字ではないが，中国銀行の約10兆円に比べれば20分の1，かなり見劣りする。しかし，この企業の資産が第1次産業と第2次産業に集中し，その関連業務において海外華人系企業とつながりを持っていることを考えると，中国銀行とは違った意味で大きな存在であることは否定できない。

　同社が海外で所有している企業の中で比較的，大きいものを紹介しよう。

- 嘉華銀行（Ka Wah Bank）香港。
  （中国名。中文簡体：嘉华银行）
  1985年5月，中信（香港）が買収。翌1986年，中信集団（香港）CITIC Hong Kongの所有となる。持ち株比率は，買収時74％。
- セルガー・パルプ工場（Celgar Pulp Mill）カナダ。
  （中国名。中文簡体：塞尔加纸浆厂）
  1986年買収。株式の50％を取得。
- ポートランド・アルミニウム精錬（Portland Aluminium Smelter）豪州。
  （中国名。中文簡体：波特兰铝厂）
  1986年経営参加。株式の10％を取得。
- CITI林業（CITIFOR Inc.）米国。
  （中国名。中文簡体：西林公司）
  1984年，全株買い取りにより買収。米国西海岸の林業大手である。
- CITI製鋼（CITISTEEL USA Inc.）米国。
  （中国名。中文簡体：中信美国钢铁公司）
  1988年買収。

　そのほか，1985年香港に，中信（香港）（中文簡体：中信（香港）公司）を設立，翌1986年，それを中信集団（香港）CITIC Hong Kong（Holdings）Ltd.（中文簡体：中信集団（香港）公司）に改組，さらに1990年の初め，香港の泰富開発

(中文簡体：泰富发展公司)の51％の株式取得後，中信泰富CITIC Pacific Ltd.(中国名。中文簡体：中信泰富有限公司)と改名した持ち株子会社を通じ，多方面にわたる事業会社へ投資し，香港において巨大な経済的影響力を持つに至った。投資先の主要なものに，キャセイ航空Cathay Pacific(中文簡体：香港国泰航空)，1987年2月，株式の12.5％を取得，ドラゴン航空Dragon Air(同上：港龙航空)，1989年末，株式の38.3％を取得，マカオ電信電話(同上：澳门电讯公司)，1989年初め，株式の20％を取得，香港テレコムHong Kong Telecom(同上：香港电讯公司)，1989年末，株式の20％を取得，そして何善衡(同上：日文に同じ)の創設した事業集団として名高い，恒昌Hang Chong Investment(同上：恒昌行(集团)公司)，1991年8月から1992年の1月にかけ株式の97.12％を取得，その他がある。

1993年以降，CITICの目標は，わが国と豪州へ絞られつつあるようで，その投資を容易にするため，同年初め，シンガポールにCISC貿易会社CISC Trading Co. が設立された。この会社は設立後ヤオハン・インターナショナル Yaohan International(中文簡体：八佰伴国际有限公司)の株式，10％を取得しており，豪州では豪州最大の肉類の加工・輸出企業であるメトロ・ミート(同上：麦多肉联公司)の買収に成功している。また豪州では，1993年末，CH・中国投資C. H. China Investment(同上：信瀚投资基金有限公司)という，既存企業の買収を目的とした合弁企業を発足させている。

また，CITICが，1988年，英国，香港，中国，三者の合弁事業として発足した通信衛星打ち上げ企業の3分の1の株式所有者であることも記憶するに値する。

いずれにしても，CITICは1993年現在，15か国以上の合計65の企業を支配している大企業集団である。

中国化学製品輸出入SINOCHEMの場合，この企業が多国籍企業としての実態を備えるのは，上述の2企業と比べると比較的，日が浅い。具体的に言うと，1987年，時の社長，鄭敦訓(中文簡体：兑经理，郑敦训)の下で，いわゆる三転三化と呼ばれる新しい経営戦略を作成し，この戦略に中央政府の全面的支持を取り付けてから後のことである。ここで三転とは，単なる輸出入貿易から，仲介を含む国際的貿易事業への転換，単なる商品の取り扱いから，多機能の業

務への転換，貿易商社から多国籍企業への企業の性格の転換を意味し，三化とは，経営の国際化，企業管理の現代化，組織を国家の一部から企業集団へ変える組織の集団化の3つの「化」から取った言葉である。

SINOCHEMは，もともと1950年代初めに作られた外国貿易専門企業の1つであり，特定分野において，長い間，貿易取引の独占権を享受してきた。1970年代初め，この種の独占企業が，中国には12社あったと言われている。SINOCHEMの取扱商品の主たるものは石油であった。

1979年の中国共産党の経済政策の大転換により，1980年代に入ってから，従来，貿易専門企業に与えられていた特権が失われていく過程で，SINOCHEMは国家的経済計画を特定の貿易分野で執行する経済機関から，自己計算に基づいて事業の展開を図る企業へと変身するに至ったのである。

1987年12月19日，新しい経済戦略，三転三化が国家的承認を得た後，SINOCHEMは短日月のうちに巨大な国際的企業帝国を創り出すことに成功したのである[9]。

1994年末の時点で，SINOCHEMの海外総投資は201件，約10億ドルに及んでいる。

1993年の営業売り上げは132.4億ドル，その内56.5％は貿易，36.4％は海外における活動，そして，7.1％は国内活動から得られたものであった。

1995年1月1日から，従来，貿易や製造業に片寄り勝ちであった経営活動に，新しく信託投資，外部企業への貸し付け，企業の合併・取得活動を付加し，中国の特色を持つ総合商社（中文簡体：具有中国特色的综合商社型跨国公司）への脱皮を図っている。目標達成の時期としては2005年を考えている。中央政府も，1995年3月28日，閣議決定によって，SINOCHEMの新分野で実績を持つ中国対外経済貿易信託投資（中文簡体：中国対外経済貿易信托投資公司）を，SINOCHEMに無償で帰属させる処置を取り，SINOCHEMの新営業分野の展開を全面的に支援している。

1994年末の海外総投資201件，約10億ドル，邦貨1,000億円以上のうち，我々の文献渉猟の範囲では，大型投資案件はそう多くない。大型案件としては，1988年の米国オクラホマ州の石油精製企業，太平洋石油精製（Pacific Refining

Co.(中文簡体：太平洋炼油厂，もしくは太平洋炼油公司))の株式，50％の取得，1989年春の年産約200万トンの燐鉱と，同じく年産約60万トンの燐酸肥料工場取得後の米国中化農業科学（中文簡体：(中化) 美国农化公司）の設立，英国の保険会社，ヒース（C. Heath）との合弁企業，中華・ヒース（Sino-Heath Ltd.（中文簡体：华茵公司))の設立くらいのものである。そのほか，タイで若干の合弁企業，例えば，ゴム工場，イノシトール[10] 工場の設立，中米ベリーズでのアパレル工場の開設等が伝えられているが，その規模はそれほど大きいとは思われない。

　他方，SINOCHEMは，国有企業の中で多方面にわたり，高度の技術的能力を持つ人材を多数抱えていることで有名であり，その付属研究所，生物工学研究所（SINOCHEM Institute of Biotechnology）と国際石油・化学製品貿易研究所（SINOCHEM Research Institute of International Petroleum and Chemicals Trade）の存在は海外でも知られている。それでは，いったい特に技術に強いSINOCHEMの海外における企業の取得が目立たないのはなぜであろうか？

　1つの推測として，SINOCHEMの付属研究所の活動が科学・技術革新の先端的推進，海外市場の調査と分析，対外投資の実行可能性の調査と言われていることから考え，科学・技術情報と市場情報の収集が，この企業の海外展開の重要な分野となっているのではないかという想定が可能である。著者はこのことを実証する材料を持ち合わせていないが，SINOCHEMが国家的海外情報収集機関である可能性は大きいと考えている。

　以上は国家的支持を得て多国籍化を進めている大企業の雄であるが，そのほか国有企業の中で，業務上の理由に基づいて対外投資を進めている大企業も少なくない。

　例えば，1919年，北洋軍閥によって創設決定がなされ，1938年，ようやく日本占領下で生産を開始することができた石景山製鉄所（中文簡体：石景山炼铁厂）の後身，首都鉄鋼（中文簡体：首钢兑公司))，略称，首鋼（中文簡体：首钢))は，その中で最もよく知られた例ではないかと思う。同社の対外投資が始まるのは1988年以降のことである。同社は，同年7月その在米子会社を通じ，冶金設備の設計，製造，販売，据付の老舗であるマスタMASTA

(中文簡体：美国麦斯塔工程设计公司)の株式の70％を取得した。その後，カリブ海のタークス（Turks）に進出し，1992年10月，香港の李嘉誠の所有する長江実業（中文簡体：长江实业有限公司）と共同で，香港の東栄鉄鋼（中文簡体：东荣钢铁股份公司）を買収，その株式の51％を所有した。また，同年11月には，国内の鉄鉱石の低品位を補う意味もあって，ペルーの鉄鉱会社，ペルー・ヒエロ（Hierro Peru Co.（中文簡体：秘鲁铁矿公司））を買収，1993年以降，年間500万トン以上の採掘に成功している。

これと前後して北京第一工作機械工場（中文簡体：北京第一机床厂）が，香港の商社と共同して，米国の工作機械会社の買収に成功しているが，これは性格において，首鋼の海外展開と同じ性格を持っていると考えてよいだろう。

中国本土の国有大企業が，海外技術の導入，原材料の確保，海外販売の必要上，海外直接投資を進める事例は，今後ますます増加してくるのではないかと思う[11]。

次に，低レベルの政治権力との結び付きを利用して発展している企業群の海外投資活動であるが，これら地方企業のうち，人民公社の後身である，行政単位としての郷以下の公企業とその住民の個人企業，ならびに，それらが参加する共同経営企業，いわゆる郷鎮企業（中文簡体：乡镇企业）なるものの対外投資は，1990年代半ば相当の規模に達しているようである。

郷鎮企業国際化のガイド・ブックとなることを目標として書かれたと思われる徐逢賢・その他『世界へ向って歩む中国の郷鎮企業』，1996年[12]の15～16ページは，1994年末，1,000企業，投資先の国あるいは地域，26，金額，10億人民元を郷鎮企業の海外投資に関する数字として掲げている。この書物は郷鎮企業の将来には，その国際化つまり世界市場を目標とする合理化が必要であるとの観点から多くの経営戦略について述べているが，これら企業の海外投資の実態に関しては，ほとんど何も語っていない。ただ1990年代半ばから，これら中小地方企業の海外投資もしくは海外送金が進行しつつあることを推測させる報道は存在している。

1997年5月8日，北京の貿易・経済協力省が，米国の国際経営リスク・コ

ンサルタント，クロール（Kroll Associates International）と共同で開いたセミナーで，同省の高級官僚が大陸の対外投資は中小企業によるものが多く，外国の法律や規制も知らないためしばしば損失を出していると述べ，今後の中国企業の対外業務の拡大に際し，これら企業は，外国の法律・習慣の研究，相手先企業や関連プロジェクトの情報収集に努めるべきであると警告している。この人によれば，「今日まで，海外への試験的投資において多くの中国企業は『高い授業料』（a high tuition fee）を払わされており，その多くは海外の協力先によって詐取され」たものだそうで，同省は，現在，この分野の統計の不備を補うため調査を行っているとのことである[13]。このようなセミナーが開かれること自体が，中国の地方企業の対外投資の進展を示しているのではなかろうか？

さて，民間から多国籍企業が生まれるようなことは，およそ，大陸中国では起こり得ないと思われがちであるが事実は決してそうではない。1990年代に入ってから国際的商業衛星事業に本格的に参入し，さらに，海外の資金を動員して国内の国有企業を続々と資本的支配的に収めつつある南徳集団（中文簡体：南德集団）はもとを正せば1980年2月13日，四川省万県市（同上：四川省万县市）に設立された一民間企業，江北商取引委任サービス（同上：江北貿易信托服務部）から発展したものである。この企業は，1979年，監獄から釈放された元死刑囚，牟其中が都会地に住む2人の主婦，1人の農民，1人のインテリ青年と1人の医者，計6人で始めた国内の他地域に対する販売促進を業とする事業であるが，アッという間に北京とニューヨークに事業統括本部を置く，大企業集団に成長したのである。

この企業集団が基本的に中国系企業であるか，米国系企業であるか不明な点があり，その資産の全容は必ずしも明らかではないが，それが巨大なものであることだけははっきりしている。

中国大陸では牟の事業展開を賛美する評論が見られるようであるが，彼の行動には隠された部分があるというのが，海外の観察者が持つ，率直な印象であろう。

いったい，いかに能力があり，いかに時勢に恵まれたとしても，中国の奥地に住む一介の無資産の元死刑囚が，僅々，14～5年の間に，米・中・ロを股

にかけた宇宙産業のスター，数十の大中の中国国有企業の共同経営者になることが考えられるであろうか？　この成功物語は1枚めくれば，彼の成功に大きな利益を感じる中国内部と外国の大きな手の握手が現れてくるのではないかと思う方が自然の推理ではなかろうか？　いずれにしても，牟其中のような事業が，中国大陸の民間企業の尋常の手段による経営の延長上に存在するとは思われない。それは国内外の異常な政治・経済的組み合わせの下で可能な多国籍企業化ではないかと思う。そのような意味で，それは投機的・射倖的性格を持つ多国籍企業とみて差し支えないであろう。

(3) 大陸的多国籍化の特徴

　以上，我々は限られた情報を基に1980年代以降の大陸中国の対外投資と多国籍企業の発展について述べた。ここでとりあえず，上の観察から浮かび上がってきた大陸企業の多国籍化の特徴について暫定的結論を引き出したい。

　まず，第1に明らかなことは，多国籍化の先頭を切っているのは巨大国有企業グループであるということである。ここで大陸の「3大多国籍企業」を思い起こして頂きたい。

　しかしながら，この国有企業グループにも自給自足的計画化時代の経済管理エリートの流れを汲んでいるであろうBOCのようなものもあれば，この時代に育成された高度技術集団を引き継いでいるSINOCHEMもある。あるいは，中国共産党のトップが海外中国系資本家の人的つながりを利用し，ギブ・アンド・テイクの形で事業展開を図っているSITICのようなものもある。つまり，多国籍化した国有企業グループの社会的性格は多様なのである。この多様な国有企業グループが大陸中国の最も有力な多国籍企業であり，その世界市場への統合の最も強力な推進者になっているということが，中国企業の多国籍化を見て最初に気づく特徴である[14]。

　次に，いわゆる郷鎮企業のような地方的中小企業の営業活動の国際化にともなう対外投資の拡大を取り上げよう。ここでの問題はこれらの地方企業が，国有企業に比し，あらゆる経営資源において劣っているということである。したがって，国民経済の中で比重を増しつつある地方企業の対外投資の増大は，地

方経済全体を外国の巨大な多国籍企業に従属させる可能性なしとしないのである。そして，やがては中国経済全体を，従属と停滞へ導く危険性を含んでいるのである。つまり，中小企業の多国籍化は国民経済的に否定的結果をもたらしかねず，今後，そのような結果につながる現象が頻繁に現れてくるかもしれないのである[15]。

そして，第3に，南徳集団に見られるように，大陸では突然変異に比すべき企業集団の登場が可能であり，多国籍企業化の偶発性も大陸中国の特徴と言えそうである[16]。

さて，今までの叙述を基に，大陸の多国籍化の特徴を述べてきたが，最後に2つ，大陸の多国籍化の観察において注意を要する事項を指摘しておきたい。

その1は大陸の多国籍化における見えざる部分の存在である。

1990年代半ば以降，北京政府は国際収支表を発表するようになったが，それによると年間約1,000億ドル，邦貨換算1兆円余が毎年使途不明である。大陸の経済規模を考えると，その額は，単なる統計上の誤差もしくは不整合としては大き過ぎるように思う。政府に申告することなく，かなり多額の外貨が海外へ流れているのではなかろうか？　仮にそうだとしたら，それはいかなる資金であろうか？　この問題は，大陸企業の多国籍化の今後を予想するため，是非とも解明しておく必要があるように思う。

その2は1997年7月の香港の大陸復帰後の北京・台北関連が大陸企業の多国籍化に及ぼす影響である。

現在，大陸で進められている国有企業の株式会社化は，大陸経済の核心部分への香港資本参加の可能性を開いた。同じことは，将来，台湾資本に対しても可能となるはずであるから，北京・台北関係がどうなるかは，単なる政治問題を超え，実体経済の発展に大きく影響していくに違いない。ところが，この関係がどうなるかが現状では全く分からないのである。

以上，要するに大陸的多国籍化の特徴について，一応述べてはみたものの，不明な点，不確実な点も多く，確定的な見通しを得るには，中国をめぐる今後の内外情勢の慎重な評価を必要とすることを付言しておきたい。

むすび

　我々は，この小論において，なるべく具体的に大陸中国の海外投資活動の紹介を行った。

　我々が冒頭で掲げた理論的関心の角度からみて，果たしてこれまでの叙述が役に立つかどうか明らかではないが，少なくとも大陸の海外投資が，単なる競争制限や，高技術取引だけで説明できないことだけは明らかになったと思う。

　要するに，中国はかなり特殊である。それは土地面積や人口が大きいだけではない。経済的文化の均一性の外観に隠れている人民の意図の異質性において，そして強大な海外中国系社会の存在において，他国にない特殊性を持っているのである。現在，進行しつつある中国の海外投資の解明は，この特殊性を解明して始めて可能となるのではなかろうか？　この小論が，そのために，少しでも役立てば，それで十分である[17]。

【注】

1) John H. Dunning: The Investment Cycle and Third World Multinationals, Kushi M. Khan (ed.) Multinationals of the South (New actors in the international economy), London and Hamburg, 1986, Francis Pinter and German Overseas Institute, pp.15～47.

　　エドワード陳（Edward K. Y. Chen）によれば，ダニングはこの論文に先立ち，1981年，クマール・マクレオド共著の書物（K. Kumar and M. G. McLeod (eds.): Multinationals from Developing Countries, Lexington, D. C. Heath）の中で発展途上国の対外投資の理論的根拠について論じているそうである。

　　J. H. Dunning: Explaining Outward Direct Investment of Developing Countries in Support of the Eclectic Theory of International Producion.

2) Friedrich Wu: Setpping Out the Door (Chinese companies are upping their investments abroad), The China Business Rview, November-December 1993, pp.14～19. なお，この論文の14ページに，本文の数字が紹介されている。

3) 康栄平・その他『中国企業の多国籍経営（実例の研究と理論の探求）』1996年。

　　（中文簡体：康栄平等著，中国企業的跨国経営—案例研究・理論探索，北京，1996年，経済科学出版社）。

　　本文の数字は，康・その他の書物の46ページに与えられている。

4) 本文の推計数字を若干の英語文献に散在する数字と比べてみた。比較的，我々の数字と整合性があったのは，アメリカ合衆国のCIAが発表した1985～1990年の累計，約44億ドルという推計であった。

U. S. Congress, Joint Economic Committee: China's Economic Dilemma in the 1990s, 1992. p.762, 参照のこと。
5) 朝日新聞, 1997 (平成 9) 年10月31日, 朝刊。
6) Wuの前掲論文, 15ページ。
7) 同上。
8) 以下の中国大陸の多国籍企業に関する記述は主として前掲のWu論文と康の書物に拠っている。その他, 補助的に利用した書物は次の2冊である。
商徳文編『中国企業の海外投資の実務』1994年。
中文簡体：
　商德文主编，中国企业海外投资实务，北京，1994年，经济日报出版社。
徐逢賢・その他『世界へ向って歩む中国の郷鎮企業』1996年。
中文簡体：
　徐逢贤等著，走向世界的中国乡镇企业，北京，1996年，中国青年出版社。
9) 北京政府の全面的支持を受けた, この新しい多国籍企業の創設を, 前掲, 康・その他の書物の140～141ページは, 次のように述べている。
　1987年12月19日，国务院正式批准了对外经贸部和国家体改委《关于把中国化工进出口总公司做为国际化经营承包试点的请示报告》，并以正式文件下发。……。1988年1月1日，国际化经营的新方案在中化公司正式开始执行。从此，中化公司的跨国经营进入了一个新阶段。
　なお, 自給自足的経済計画時代の外国貿易専門企業で, SINOCHEM類似の海外事業の展開を図ったものに, 華潤, 五鉱 (中文簡体：华润, 五矿) の2つの企業集団がある。
10) inositol　過コレステロール症に対する医薬品である。
11) 海外技術の導入先としては, 主として米国が選ばれている。大陸企業の, 技術導入のための研究・開発施設や工場はもっぱら合衆国に集中している。この点に関する状況判断について大陸企業は, 驚くほど台湾や韓国の大企業と似ているようである。なお国有企業の後身ではないが, 国家的援助によって蓄積した科学・技術上の能力に基づく事業展開に成功したものに, 1984年, 中国科学院の後援で発足した企業グループ, 連想 (中文簡体：联想) がある。同グループは, 研究・開発, 生産, 販売の全過程の多国籍化に成功している。その主たる営業分野はパソコンPCの生産である。性格的には国有企業の多国籍化に非常に似ていると思う。
12) (8) を見よ。
13) China Daily, May 9, 1997.
　この新聞は中国日報の英語版で, 中国大陸で出版されている北京政府系の日刊紙である。なお, 注(3)の康・その他の書物は郷鎮企業の営業活動国際化の成功例として, 東方集団 (中文簡体：东方集团。営業分野は建築, 船舶運送, 食品, 貿易, 金融, 出版, 不動産である), 江西果喜 (同上：江西果喜实业 (集团) 公司。主力商品は木彫

りの手工芸品である），山東萊州プラスチック（同上：**山东莱州荣华塑料**有限公司。主力商品は袋物である），常熟市虞山鎮ポリプロピレン（同上：**常熟市虞山镇丙纶厂**。タイで糸特（中文簡体：**丝特公司**）の名で合弁工場を設立し成功している），江陰龍馬（同上：**江阴龙马机械工程有限公司**。東南アジアにプラスチックとゴムの製造工場網を展開して成功を博している）の5つを掲げている。

その他，四川国際経済協力（中文簡体：四川**国际经济合作**公司）のウガンダでのバニラ植物園の経営，常州金獅自転車（同上：**常州金狮自行车集团**）のブラジルにおける合弁工場，広州白雲農工商（同上：**广州白云农工商联合**公司）のアルゼンチンにおける合弁製薬工場，中国農村信託投資（同上：中国**农村信托投资**公司）のボリビアにおける魚粉工場の事例が伝えられている。これら中国企業の中にも地方的企業が含まれているのではないかと思う。

14) 大陸の3大多国籍企業の規模について概括的観念を得るには，その在外資産の総額を香港，台湾の多国籍企業のそれと比較すればよいだろう。

国際連合が1995年に発表した，1993年末の発展途上国の50の大多国籍企業のうち，香港と台湾に帰属する企業は，前者，後者，ともに7であるが，そのうち在外資産が明らかになったのは，ともに5である。

 香港の多国籍企業：和記**黄埔**（在外資産，27.43億USドル），新世界發展（同上，6.24億USドル），中信泰富（同上，3.66億USドル），香港上海大酒店（同上，3.39億USドル），永安國際（同上，2.75億USドル）。

 台湾の多国籍企業：大同（在外資産，7.03億USドル），宏碁（同上，4.67億USドル），臺灣**塑胶**（同上，3.27億USドル），中華石油（同上，3.27億USドル），聲寶電器（同上，0.38億USドル）。

そのほか，在外資産の金額は不明であるが，その販売額から途上国の50大企業の中に選ばれたものに香港の怡和控股，城市酒店の2企業，台湾の中國鋼鐵，亞洲水泥の2企業がある。

以上の香港，台湾の大多国籍企業の在外資産の総額を，BOCの953億USドル，CITICの45億USドル，SINOCHEMの約10億USドルと比べられたい。大略，同じ時期（1993年と，1991，1992，1994年）の，資産総額の値から，中国本土の多国籍企業の規模の大きさが十分，想像できるのではないかと思う。

なお，上掲の国連資料は前掲，康栄平・その他の著書の28～29ページから取られた。注(3)を見られたい。

15) 広東健力宝（中文簡体：**广东健力宝集团有限公司**）は広東健力宝飲料（中文簡体：**广东健力宝饮料厂**）が中国銀行グループの企業や香港，マカヲの企業と合同で設立したものであり，1990年代半ば70余の企業を包括し，中国大陸内の主要都市，米国，豪州，スイス，香港，シンガポール等10余の国・地区で業務を展開している飲料・製罐・ビニール製造・服飾・体育用品・包装・不動産・印刷・旅行業・ホテル等にわた

る大企業集団であり，しばしば，中国のコカコーラと呼ばれている。この企業集団は，もともと，広東省の県級の中小国有企業，三水酒造（中文簡体：三水酒厂。千数百坪の2列の平屋建の醸造所で，約100人の職人を使用し，米，粟，キャッサバからアルコール飲料を製造していた）から発展したものである。

　この種の企業は，郷鎮企業ではないが，国の全面的支援の対象となっていなかったという意味で，地方的性格の強い企業と呼べるだろう。

16）我々は本文で南徳集団の実態がよく分からないと述べたが，西側の資本市場を利用し本土の優良国有企業の事実上の買収を行おうとしているこの企業集団の動向は，中国社会主義の運命を予想する上で，慎重な観察を必要とするように思われる。

　この買収計画は，1995年5月，同集団の大陸側の経営中心が「765工事」（中文：765工程）として定式化した，国有企業との協力方式に従って行われており，国有企業の『三転一化』（中文簡体：三转一化）を目標としている。ここで，三転とは国有企業を外国企業との合併に変えること，経営陣を政府による任命から専門的経営者に変えること，国有企業の死んだ資産を市場経済化で価値を生み出す生きた資産に変えることを意味し，一化とは，利用資本，製品販売先，利用される科学・技術を国際化することを意味している。

　この集団は国内でも，広報活動を積極的に展開しており，広報誌（旬刊），南徳視界（中文簡体：南徳視界）が発行されている。

　本節の文章が最初に活字となってから2年2か月後の2000（平成12）年5月31日の朝日新聞の記事は，同新聞の上海支局電として，5月30日，湖北省武漢市中級人民法院（地裁にあたる）が，南徳集団総裁，牟其中(59歳)を約7500万ドル詐取の理由で，金融詐欺罪の罪名で無期懲役に処したと伝えた。詐取の内容は，1995年，輸入契約を偽造し銀行から信用状を入手し，それを用いて人民幣の米ドルへの換金を図ったことである。

17）製造業における30余りの華人系香港企業の海外直接投資についてエドワード陳（Edward K. Y. Chen）が，1979年と1982年に行った面接調査が香港企業の活動の分析に関する先駆的業績ではないかと思う。

　この調査はD. C. Heathから出版された，クマール・マクレオド共編の書物（K. Kumar and M. G. McLeod (eds.): Multinationals form Developing Countries, 1981）と，John Wiley & Sonsから出版されたサンジャヤラル編の書物（Sanjayalall(ed.): The New Multinationals (The spread of Third World enterprises, 1983）の一章として発表された。

　このような業績があるとはいうものの，一般的には，在外華僑もしくは華人，欧米人がユダヤ人からの類推で中国人の四散（Chinese Diaspora）と呼ぶ中国大陸からの移民とその子孫の経済関係については不明な点が多い。

　近時の多国籍的企業活動について言えば，英国統治下の香港政庁は香港企業の対外投資に関する数字を一切発表していないし，台湾の民国政府の発表数字は台湾企業が

政府から取り付けた政府承認投資額に限られているし，また，シンガポール政府がシンガポール企業の海外投資に関して発表する数字は，これら企業の海外子会社の普通株への払い込み金と同じくその海外支店への貸付残に限られている。

したがって，人種的，文化的に中国に起源を持つ中華人民共和国以外の中国系企業の国際的資本移動は，あるいは資料が欠落していたり，あるいはその国際比較が困難であるため，実態把握が容易ではない。

さらに，これら企業の国際活動は技術的優位に依拠するものが少なく，販売力や資金調達力に依存するところが大きいので，1980年代以降，急速に発展しつつある地方的資本市場の動きによって左右されるという特徴を持つことになる。このことが，この種の中国系企業の活動の把握を，一層，困難なものにしている。

ただ，1988年末の不完全な資料によって判断する限り，台湾やシンガポール企業の海外直接投資は，香港の3分の1以下であり，既にこの時点で中国大陸の数字が香港のそれに近付いているのと大きな対照をなしている（Journal of Asian Business, 1994年，No.4，21～24ページの表を見よ）。

本文で示したように，中国大陸の対外投資の社会・経済的背景は一様ではないが，その資金規模において，その科学・技術的能力において，そしてまた，その在外華僑との複雑な人的結合において，中国大陸の動向が，華僑世界の経済的役割とその将来を決定し得るおそらく最大の力となることに疑問の余地はないであろう。

中国大陸の海外投資が，ダニング的構想の枠組みに入り切れないとすれば，それは中華人民共和国の社会的・経済的・技術的達成物が，世界市場への統合過程で，その受益者をめぐり，華僑世界を含む中国内外の社会的衝突を生み出しているという，一種特別の社会的背景があるからだと理解しても，よいように思うのである。

資料：社会主義移行前夜の中・ロ両国における外国資本

1990年代初頭の米・ソ冷戦の解消と，ソ連の解体，その後に続く新時代の到来は，旧社会主義諸国の資本主義世界への統合を推し進めている。

ソ連の解体に先立つこと，約10年前，既に資本主義世界への統合を始めた中国大陸と旧ソ連が，今後，どのように資本主義世界へ統合されていくかは，世界経済の将来を考える上で，非常に，重要である。

この統合において，中国大陸と旧ソ連圏とりわけロシアへ新しく投下される，西側諸国の資本が，いかなる性格を持つかを理解することは，この問題に正しく答えるた

めの一前提と見なしてよいであろう。

この小論は，現在の対中・対ロ投資研究の一助として，これら両国の社会主義への移行に先行する時期，具体的にいえば，ロシアの場合は1910年代初期，中国の場合は1930年前後，受け入れていた，外国資本の評価を試みようとするものである。

(1) ロシアにおける外国資本

この問題に関しては，旧ソ連時代に優れた研究が発表されている。それは，1973年，レニングラード，現在のサンクト・ペテルスブルグで刊行されたL.E.シェペレフの書物，『ロシアにおける株式会社』である[1]。

Л. Е. Шепелев：Акционерные компании в России, Ленинград, 1973, Издательство《Наука》, Ленинградское отделение.

同書の231ページの記述によると，1910年の初め，ロシアにおける外国の株式会社の数は162，その資本は，3億6,100万ルーブルであった。

この本の著者によると，この数字は1901年に比べると，会社数にして26％，資本額において10％の減少であったとのことである。

当時の換算比率は，1英ポンドが9.45金ルーブルにあたるから，3億6,100万ルーブルは，約3,820万ポンドに相当する。

その後，第1次世界大戦の勃発まで，西欧諸国の対ロ投資は急成長し，1914年初めの数字で，外資系株式会社は230社，資本総額は5億8,730万ルーブル，上記の英ポンドへの換算で，約6,215万ポンドとなる（前掲，シェペレフ書，234ページ）。

この外資系株式会社の産業別分布は，表2-3の通りである。

表2-3　ロシアにおける外国資本株式会社の産業分布（1914年初）

	繊維加工	食品加工	畜産加工	製材	製紙・印刷・出版	化学	金属の採掘・加工	機械製作
社数 社	15	3	1	6	―	13	37	17
同上 ％	6.5	1.3	0.4	2.6		5.7	16.1	7.4
資本額	40.5	1.8	0.4	2.6		9.3	138.4	100.7
同上 ％	6.9	0.3	0.1	0.4		1.6	23.6	17.1
	金属加工	鉱石の採掘・加工	鉱産物の加工	商業と仲介業	住宅整備	汽船運航	運送・倉庫と委託貸付	保険	計
	12	58	12	4	45	―	5	2	230
	5.2	25.2	5.2	1.7	19.6		2.2	0.9	100.0
	11.9	178.5	13.2	1.6	78.8		9.5	―	587.3
	2.0	30.4	2.2	0.3	13.4		1.6		100.0

出所：Л. Е. Шепелев：Акционерные компании в России, Ленинград, 1973, Изво 《Наука》, Лениградское отделение, с. 234.
備考：鉄道への投資は含まれていない。

上の記述から，第1次世界大戦前夜のロシアにおける外国資本は，英貨換算，約6,000万ポンド以上，株式会社の社数の51.7％，資本の58.0％が鉱業と金属加工に集中していることから明らかなように，資本の重点は，ロシアの鉱業資源の利用にあったといえるであろう[2]。

(2) 中国における外国資本

戦前の中国経済の調査・研究に関して，わが国では旧満鉄調査部の業績が神話的に語り継がれている。確か，戦後，欧米の若い研究者が，これらの業績の英訳に時間を割いて，中国経済研究の豊富化に努力したことに疑問の余地はないが，公平に見て，国際的視野の広さ，資料収集の執拗さ，そして具体的把握において，我々は英米の学者に劣っていたのではないかという疑念を拭い去ることはできない。さて，ここで問題となっている1930年前後の諸外国の対中投資についていえば，当時，ミシガン大学の教授であったC.F.リーマー（C. F. Remer）の業績が最も信頼できる労作ではないかと思う。

『中国に対する外国投資』，1933年。
　　Foreign Investments in China, New York, 1933, The MacMillan Company.

同書の86ページは，英・米・ロ・日4か国の対中・民間事業投資の数字を一表にして掲げているが，それによると，運輸を除く対中投資の総額は，17億40万米ドルである。英ポンドと米ドルの換算率を1：5と置けば，3億4,008万ポンドとなる。

しかしながら，前出のシェペレフのロシアに関する数字と，このリーマーの数字を，直接比較することはできない。なぜならば，ロシアの数字は，ロ国の法律によって法人化された会社の資本金を示すもので，民間人のロシア国内におけるすべての投資活動を含んでいるものではない。これに対して，中国の場合は，後述の理由で，もっぱら中国の法律の及ばない租界において法人化された企業と，主として租界に拠点を置いたそれ以外の外国人の事業投資を含むものである。したがって，前者は後者に比し取り上げる範囲が狭いことに注意しなければならない。

さて，このリーマーの表に基づいて，対中・民間投資の産業別分布を掲げることにしよう。

上の記述から，1930年前後の中国における外国の民間資本は，3～4億ポンドくらい，その活動の重点は，輸出入業務，製造業，不動産，金融に置かれていたといえるであろう。

表2-4　中国における外国民間事業投資の産業分布（1931年）

	公益事業	鉱業	製造業	金融	不動産	輸出入業	その他	合計
資本額*	99.0	109.0	372.3	214.7	316.3	483.7	105.4	1,700.4
%	5.8	6.4	21.9	12.6	18.6	28.4	6.2	100.0

出所：C. F. Remer: Foreign Investments in China, New York, 1933. The MacMilian Company, p.86.
備考：鉄道への投資は含まれていない。

(3) 両国における外国企業

それでは，いったい，そのころ，両国内で，どのような外国会社が活動していたか？　次いで，この問題に答えよう。

ロ国の場合。

古い記録であるが，1913年，英国で発行されたハワード・P・ケナード編集の『ロシア年鑑（1913年）』は，その597～635ページで，ロシア国内において営業を許可された外国会社の一覧表を掲げている。

　　Howard P. Kennard (compiled and edited): the Russian Yearbook for 1913, 1913.

同書の中から，以下，ロシア国内で利用されている資本が，250万ルーブルを超える会社名を掲げる。

● 一般繊維会社
　Compagnie générale des industries textiles
　本店所在地　ルベー Roubaix（仏）
　設立年月日　1888年7月2日

● コストロマ・リンネル－綿布製造株式会社
　Société anonyme des manufactures de lin et de coton de Kostroma
　本店所在地　ブリュッセル（白）
　設立年月日　1899年12月17日

● 仏・ロ綿布株式会社
　Société cotonnière russo-francaise société anonyme
　本店所在地　パリ（仏）
　設立年月日　1898年12月18日

- ツェンシトホフ繊維株式会社

  Société textile "La Czenstochovienne", société anonyme

  本店所在地　ルベーRoubaix（仏）

  設立年月日　1900年5月26日

- コーカサス銅株式会社

  Caucasus Copper Company, Limited

  本店所在地　ロンドン（英）

  設立年月日　1901年6月1日

- カヒカル金鉱株式会社

  Société anonyme des mines d'or du Kachkar

  本店所在地　パリ（仏）

  設立年月日　1897年6月20日

- ネルチンスク金株式会社

  Nerchinsk Gold Company, Limited

  本店所在地　ロンドン（英）

  設立年月日　1902年6月22日

- オルスク金鉱株式会社

  Orsk Goldfields, Limited

  本店所在地　ロンドン（英）

  設立年月日　1906年12月30日

- プラチナ産業株式会社

  Compagnie industrielle du platine, société anonyme

  本店所在地　パリ（仏）

  設立年月日　1899年3月19日

- スパスキー銅山株式会社

  Spassky Copper Mine, Limited

  本店所在地　ロンドン（英）

  設立年月日　1907年2月28日

- トロイツク金山株式会社

  Troitzk Goldfields, Limited

  本店所在地　ロンドン（英）

設立年月日　1907年2月28日

● ロシア高炉鍛鉄製鋼会社
Société genéralé des hauts fourneaux forges et aciéries en Russie
本店所在地　パリ（仏）
設立年月日　1898年5月29日

● ドムブロワ鍛鉄製鋼株式会社
Société anonyme des forges et aciéries de Huta Bankowa à Dombrowa
本店所在地　パリ（仏）
設立年月日　1907年8月1日

● カマ鍛鉄製鋼株式会社
Société anonyme des forges et aciéries de la Kama
本店所在地　リヨンLyons（仏）
設立年月日　1884年6月15日

● クリボイ・ログ鉄鉱石株式会社
Société anonyme des minerais de fer de Krivoi-Rog
本店所在地　パリ（仏）
設立年月日　1881年5月15日

● マリウポル・ロシアの保護者株式会社
Providence russe à Mariupol, Société anonyme
本店所在地　ブリュッセル（白）
設立年月日　1898年5月1日

● ロシア・ウェスチングハウス電器会社
Société électrique Westinghouse de Russie
本店所在地　パリ（仏）
設立年月日　1906年10月18日

● ロシア・インターナショナル・ハーベスター会社
International Harvester Company in Russia
本店所在地　ポートランドPortland（米）
設立年月日　1910年7月29日

● ニコラエフ造船・機械製作・鋳造株式会社

Société anonyme des chantiers navals, ateliers et fonderies de Nicolaieff
本店所在地　ブリュッセル（白）
設立年月日　1896年6月14日

● サンクト・ペテルスブルグ仏・ロ工場・旧ベアド工場株式会社
Société anonyme des usines franco-russes, anciennes usines de Baird à St. Petersburg
本店所在地　パリ（仏）
設立年月日　1881年5月22日

● 仏・ロ・ベレストン・クリンカ石炭株式会社
Société anonyme franco-russe des houillères Bèreston-Krinka
本店所在地　パリ（仏）
設立年月日　1893年1月1日

● "ビエレラ" 鉱工株式会社
"Biélära" Société anonyme minière et industrielle
本店所在地　ブリュッセル（白）
設立年月日　1896年6月28日

● 新ロシア株式会社
New Russia Company, Limited
本店所在地　ロンドン（英）
設立年月日　1874年10月16日

● "レナルド伯爵" 鉱業会社
Gewerkschaft "Graf Renard"
本店所在地　ミスロウィッツ Mislowitz
設立年月日　1885年10月5日

● ロシア炭鉱株式会社
Russian Collieries Company, Limited
本店所在地　ロンドン（英）
設立年月日　1899年11月12日

● ルーチェンコ鉱工会社
Société minière et industrielle de Routchenko
本店所在地　ブリュッセル（白）
設立年月日　1898年3月27日

- ロシア鉱業冶金同盟株式会社
  Union minière et metallurgique de Russie, société anonyme
  本店所在地　パリ（仏）
  設立年月日　1911年7月2日

- チェラズ鉱山株式会社
  Société anonyme des Mines de Czeladz
  本店所在地　パリ（仏）
  設立年月日　1880年4月13日

- 鉱工株式会社
  Société minière et industrielle anonyme
  本店所在地　パリ（仏）
  設立年月日　1875年5月23日

- バクー・ロシア石油株式会社
  Baku Russian Petroleum Company, Ltd.
  本店所在地　ロンドン（英）
  設立年月日　1898年7月10日

- 欧州石油株式会社
  The European Petroleum Company, Limited
  本店所在地　ロンドン（英）
  設立年月日　1899年6月18日

- 英・ロ・マクシモフ株式会社
  The Anglo-Russian Maximoff Company, Limited
  本店所在地　ロンドン（英）
  設立年月日　1900年7月3日

- チャトマ石油株式会社
  Chatma Oil Field Company, Limited
  本店所在地　ロンドン（英）
  設立年月日　1903年2月15日

- スピス石油株式会社
  The Spies Petroleum Company, Limited
  本店所在地　ロンドン（英）

設立年月日　1901年2月1日

● 南口岩塩・石炭会社
　Société des sels gemmes et houilles de la Russie méridionale
　本店所在地　パリ（仏）
　設立年月日　1884年2月17日

● ワルソー電気会社
　Compagnie d'electricité de Varsovie
　本店所在地　パリ（仏）
　設立年月日　1903年12月13日

● オデッサ電気株式会社
　Société anonyme d'electricité d'Odessa
　本店所在地　ブリュッセル（白）
　設立年月日　1910日11月7日

● サンクト・ペテルスブルグ電気照明株式会社
　Eclairage électrique de St. Petersburg, société anonyme
　本店所在地　ブリュッセル（白）
　設立年月日　1898年5月8日

● 中央電気会社
　Compagnie centrale d'electricité
　本店所在地　パリ（仏）
　設立年月日　1896年10月19日

● オデッサ鉄道馬車・電車株式会社
　Société anonyme des tramways d'Odessa
　本店所在地　ブリュッセル（白）
　設立年月日　1855年3月29日

● サラトフ鉄道馬車・電車・電気照明ベルギー株式会社
　Compagnie belge pour les tramways et l'éclairage électrique de Saratoff, société anonyme
　本店所在地　ブリュッセル（白）
　設立年月日　1906年10月18日

● 鉄道馬車・電車・電気応用一般会社
　Société générale de tramways et d'applications d'electricité

本店所在地　リエージュLiège（白）
設立年月日　1898年6月19日

● パレス・ホテル（サンクト・ペテルスブルグ）株式会社
The Palace Hotel (St. Petersburg), Limited
本店所在地　ロンドン（英）
設立年月日　1908年4月11日

● スベンクス・ダンスク・リスカ電話
Svensk-Dansk Ryska telefonactie bolaget
本店所在地　ストックホルム（スェーデン）
設立年月日　1901年7月6日

● 欧州国際寝台車・急行列車株式会社
Compagnie Internationale des Wagon-Lits et des Grands Express Europeens, société anonyme
本店所在地　パリ（仏）
設立年月日　1891年11月5日

以上の会社は，すべてロシア国内に代理人を持っており，そして，最後の2社を除き，その資本は全額ロシア国内で利用されていた。

中国の場合。
さて，次は1930年前後，中国国内で活動していた外国企業であるが，その中の代表的なものを知るには，1942（昭和17）年，中央公論社から出版された『支那問題辞典』が極めて便利である。同辞典の「イギリスと支那」（岡崎三郎著）と，「外国の対支投資」（宇佐美誠次郎著）の叙述に基づき，以下，その紹介に努めたい。なお，旧満州を除き，中国で活動していた外国企業の大なるものは，ほとんど英系企業であったから，事実上，英系企業を中心とした紹介となる。

● 怡和洋行
Jardine Matheson and Co.
　もともと，英本国のMatheson & Co.と印度のJardine Skinner and Co.と関係のあった企業で，1832年，広東に貿易会社として設立され，貿易業を中心とする在華英系企業のコングロマリトの頂点に立った企業である。
　中国における外国銀行の雄であった滙豊銀行と密接な連携関係を維持していた。

- 滙豊銀行
  Hongkong and Shanghai Banking Corporation
  1864年，香港政府の下に設立された英系銀行で，その支店は，北京，天津，青島，芝罘，上海，漢口，福州，厦門に及び，1920～1930年，中国の最大の外国銀行であると同時に，中国における最大の銀行でもあった。
  1935年以降は英国政府の政策代行機関の観を呈したと言われている。

- 太古洋行
  Butterfield and Swire
  上述の怡和洋行と似たような経緯で発展した英系の古い企業で，怡和洋行と対抗する英系コングロメリトの頂点に立っていた。傘下企業の中では，1872年設立の太古輪船公司（China Navigation Co.）が，特に有名であり，同公司がグループ企業の発展に果たした役割も大きかった。

- 英美烟公司
  British American Tobacco Co.
  この企業は，単に煙草を扱うだけでなく，広く各種の商品を扱う総合商社であり，その経済力は巨大であったと言われる。
  この企業と似た商社的企業に，石油を使った美孚火油公司（Standard Vacuum Oil Co.）があった。

- 中英公司
  British and Chinese Corporation
  上述の，怡和洋行と滙豊銀行の共同出資によって設立された鉄道敷設と産業開発のための投資機関である。
  上の4企業と合わせて，5大企業と呼ばれ，中国における英系企業群の中核を形成していた。

英系企業の公益事業への進出も目覚ましく，この分野における比較的大きな企業としては，次のようなものがあった。

- 上海自来火公司
  Shanghai Gas Co.
- 上海自来水公司
  Shanghai Waterworks Co.

- 中国公共汽車公司
  China General Omnibus Co.

- 香港電灯有限公司
  Hongkong Electric Co.

- 英商電車公司
  Shaghai Electric Construction Co.

- 香港電車公司
  Hongkong Tramway Co.

- ピーク電車公司
  Peek Tramways Co.

その他，北京，鎮江，漢口，九竜，鼓浪嶼にも，英系の電気会社があった。

英国以外の事業投資としては，わが国の綿糸紡績業の進出が目立っていたが，大きな日系企業としては，次のようなものがあった。

- 大康紗廠（大日本紡績），富士紗廠（富士瓦斯紡績），内外綿紗廠。

滙豊以外の英系銀行では，麦加利（Chartered Bank of India, Australia & China），有利（Mercantile Bank of India, Ltd.），沙遜（E. D. Sassoon Banking Corporation），大英（P. & O. Banking Corporation）等の諸銀行が，それぞれ業務の展開を図っていた。

英系以外の主な外銀は，次の通りである。

- 横浜正金銀行
  The Yokohama Specie Bank, Limited

- 台湾銀行
  The Bank of Taiwan, Limited

- 花旗銀行
  National City Bank of New York

- 東方滙理銀行

Banque de l'Indo-Chine

● 中法実業銀行
Banque Industrielle de Chine

● 華比銀行
Banque Belge Pour L'Etranger

● 徳華銀行
Deutsch-Asiatische Bank

● 華俄道勝，改名後，俄亜銀行
Russo-Asiatic Bank

(4) 従属経済と近代的法制

　社会主義移行前の中・ロ，2国の経済は，ともに先進資本主義国への従属という点において同じであるが，その従属の態様は大いに異なっていた。ここでは，外国企業に活動の舞台を与える上で重要な法的仕組みとなる近代的株式会社制度が，両国でどのように用いられていたかについて述べてみたい。

　奇妙な感じがするが，実は，ロシアにおける株式会社法制の起源は西欧に先んじていたのである。

　ロシアの文献によれば，この国に株式会社が生まれるのは，はるか18世紀のことであり，それが法律的制度となるのは，1782年，首都，ペテルスブルグで設立された造船会社の株主間に生じた争いに対し，1805年8月1日，皇帝，アレクサンドル1世が元老院（Сенат）へ送った勅命（указ）からであるという。英国における株式会社の法制化は，19世紀の半ばであるから，この点でロシアは英国より，約半世紀，先んじていたというのが，ロシアの歴史学者の言い分であった[3]。

　ともあれ，ロシアの株式会社制度は，その後，1820年代から1830年代へかけ，大幅に整備され，さらに，1870年代と1880年代の間に改革が試みられ，外国の株式会社は，一定の条件を満たせば，ロシア国内での営業活動が認められたのであった。

　これに対して，中国の場合は，いささか，様相を異にしていた。

　中国で株式会社に関する最初の法律ができたのは1903年のことであり，その後，1914年に修正され，国民党政権下の1929年12月26日，さらに，新しい会社法に置き換えられたのであった[4]。

　中国の株式会社制度は，このように，時期的に比較的新しい時代の産物であったが，問題は新しいということだけではなかった。

当時の中国における法の執行状況から見て，この法制が中国の裁判所の公平な判決によって運用される可能性はほとんどなく，中国法に対する外国企業の信頼は零に近いものであった。唯一の例外は日本企業くらいのものであったが，それも何回か苦い経験をすることによって，他の外国企業と同じ立場に変わったのである。

　こうして，中国における外国企業は，中国法の圏外にあり，先進諸国の法の支配下にある租界に立地し，その法律に依拠して活動することを好むようになったのである。

　この事実は，中・ロ，2国経済の先進国に対する従属にもかかわらず，ロ国の法制が中国に比し近代的大規模経営の組織化に，はるかに有利であったことを示唆するものであろう。

　例えば，前記の『支那問題辞典』の中の，名和統一の筆になる「資本主義の発達」の項目で引用されている1937年発表の資料によれば，労働者30人以上を使用する中国人経営の租界外の工場の資本金が，労働者30人以上を使用する全工場の資本金に占める割合は，生産手段関連4業種全体で14.9％，消費財関連5業種全体で47.8％になっている。

　これに対して，ロシアの場合は，リャシチェンコ『ソ連国民経済史』第2巻の数字によれば，1900年，鉱業・冶金におけるロシア人系株式会社の資本総額が，ロシア人系と外国の株式会社資本の総額に占める割合は52.7％，これに窯業と織物を加えた4業種における同種の割合は，61.4％になっている[5]。

　厳密な推論は困難であるが，中・ロ，両国のこれらの数字から，ロシアの方が中国より，自国企業が近代的産業分野において果たす役割が，はるかに大きかったと言えそうである。少なくとも，ロシアでは，自国の法的枠組みの中で，自国の大企業と並んで外国企業が活動しているのに，中国の場合は，国内の外国法の飛び地の中で，主として外国企業からなる近代的産業が活動していたといってよいと思う。

(5) 数値的評価

　先に，1と2において，中・ロの外国資本について，2つの数字を得た。

　1914年の初めのロシアの外国会社の資本総額，6,215万ポンドと，1930年前後の中国の外国民間事業投資総額，17億40万米ドルである。

　そこで，この金額を現在の価値に換算し直して，その経済的重要性を感覚的につかんでみたい。そのためには，当時と，第2次世界大戦後をつなぐ価格デフレータが必要となるのであるが，直感的明確さを尊重して，ロンドンにおける銑鉄相場と米国における秋播き小麦相場をデフレータに採用したい。

　このデフレータを用い，戦前のポンドとドルの換算を1ポンド＝5ドルと置けば，1955年のドル価格で，ロ国の外国会社の資本は17.28億ドルか，もしくは，8.08億ド

表2-5 長期デフレータ

銑鉄価格

	トン当り価格			同左．十進法	価格デフレータ
	ポンド	シリング	ペンス	ポンド	
1913年	2	18	5	2.92	1.00
1930年	3	7	0	3.35	1.15
1955年	16	4	7	16.23	5.56

小麦価格

	ブッシェル当り価格	価格デフレータ
	ドル	
1913年	0.84	1.00
1930年	0.76	0.90
1955年	2.18	2.60

出所：Josf Morvart: Význam a vývoj cen v mezinárodním obchodě（国際貿易における価格形成），1960, Prahaのロ訳本（1962年刊）の付録Ⅲと付録Ⅴから。

ルとなり，対中・民間事業投資は82.21億ドルか，もしくは，49.12億ドルとなる。

概算ではあるが，1955年から1995年の40年間に一次産品の世界価格が約2.5倍になっているから，1995年価格に直せば，ロシアの数字は，43.20億ドルか，20.20億ドル，中国の数字は，205.53億ドルか，122.80億ドルということになる[6]。両世界大戦間期のデフレータに銑鉄相場を取るか，小麦相場を取るかによって大きな違いが生まれることが，よく分かるのである。

さてそこで，これらの数字を，1995年の中・ロ，2国に対する外国の民間直接投資の値と比較してみよう。

両国政府の統計によると，1995年末の数字で，中国の場合，実行額ベース，1979～1995年の累計が約1,331.58億ドル，ロシアの場合，1992～1995年の累計が25億ドルを大きく超えていないと思われる[7]。

したがって，1995年現在，中国への，海外からの民間の事業投資が，社会主義革命前夜の水準をはるかに超過したことが，大略，確実である[8]のに対し，ロシアの場合，革命前夜の水準を回復するには，今後，相当の増加が必要であると言ってよさそうである[9]。

むすび

歴史的にみれば，19世紀から20世紀に至るパクス・ブリタニカの時代の中・ロ，両国の，世界経済の中心国，英国との経済関係は，それほど緊密なものであったとは思われない。例えば，1913年末についての不完全な推計によれば，世界の銀行ともいうべき英国の対外投資は，約40億ポンド，それは，大略，帝国の内と外に2等分さ

れていたが，帝国外では，その約8割がアメリカ大陸に対する投資であった。ロシアは対欧投資の約半分を占めていたが，英国の海外投資の約3％，中国は，対アジア・アフリカ投資の約5分の1で，1％強にすぎなかった。しかもこの数字は証券投資と鉄道借款を加えた数字であるから，両国に対する事業投資は，相対的には，微々たるものであったと言ってよいであろう[10]。

両世界大戦間の期間は，パクス・ブリタニカが崩壊し，第2次大戦後のパクス・アメリカナに至る，極めて不安定な中間期であったが，海外投資が低水準で推移する中で英国は対中投資を倍増しており，日本の対中投資の急激な増大も加わって，中国の国際投資の対象地域としての意義が高まった時期でもあった[11]。

われわれは，このような状況の中で，ロシアと中国が，資本主義世界経済から自国を断絶させ独自の開発戦略を採用する直前に，国際資本をどのように受け入れていたかを解明する手掛かりを探してみた。あくまで，手掛かりであって，それ以上のものではないが，我々はそこから両国における外国資本の活動が極めて対照的で，ロシアにあっては天然資源の開発に集中し，中国では貿易・流通分野を核とする近代的産業の全分野にまたがっていたこと，ロシアでは，国内の統一的法制の中で外国資本が活動していたのに対し，中国の場合は，近代的産業の発展に先進諸国の法的飛び地が必要であったこと，そして最後に，量的に，中国への事業投資がロシアの事業投資を上回っていたらしいことを見いだした。

ポスト冷戦の時代に，次第に明確な姿を取るであろう中・ロ，両国への外国資本投下の類型を社会主義以前の時代のそれと比較対照してみることは，両国の今後の経済発展の性格を認識するうえで重要な研究課題となるであろう。

【注】

1) なお，彼はこの書物に先立って，1959年，ソ連科学アカデミー・歴史学研究所レニングラード支部の労作，『ロシアにおける帝国主義の歴史から』（Из истории империализма в России）の中に，ロシアの株式会社の設立に関する研究を発表している。

この論文は，雑誌，『エコノミア』（横浜国立大学），No.47，1973（昭和48）年2月，93-143ページに，大崎平八郎氏によって，邦訳されている。

2) 19世紀末から20世紀初頭の金本位制下の為替平価は，英貨，1ポンド・スターリング当たり次の通りであった。

米：5ドル，日本：10円，独：20マルク，仏：25フラン，ロ：9.45ルーブル。

ただし，実際の為替相場が，この値と異なることは，いうまでもない。

本文で，シェペレフから引用した表は，ロシアの外資系株式会社の資本金として払

い込まれた外資を計上したものであるから，外国資本の事業投資が，これより，かなり大きな額になるであろうことは想像に難くない。P. I. リャシチェンコ『ソ連国民経済史』第 2 巻，378ページは，P. オリ（П. Оль）が，第 1 次世界大戦直後に行った推計を引用しているが，それによれば，1916～1917年現在の外資の対ロ事業投資は，前出の為替平価で換算すると，2.37億ポンド（うち，株式保有，1.85億ポンド，社債保有，0.27億ポンド，銀行への出資，0.25億ポンド）である。外資系株式会社の資本金の3～4倍程度の外資がロシアに投じられていたという主張は，特に，違和感を感じさせるほどのものではない。

  П. И. Лященко：История народного хозяйства СССР, т. II, Москва, 1956, Государственное издательство политической литературы.

3）シェペレフの著書の17～22ページを参照されたい。

4）リーマーの著書の，104～106ページを参照されたい。

5）『支那問題辞典』，386ページ，および，『ソ連国民経済史』第 2 巻，115ページを参照されたい。

6）U. S. GDPデフレータは，6.60という非常に大きな値である。

7）国家統計局編：中国統計年鑑（1996），1996の597ページとГоскомстат России：Российский статистический ежегодник（1996），1996の466ページ。

8）中国の場合，外国民間直接投資の半分以上は，海外の中国系人の投資と見てよい。一応，それを除いて考えてみたが，中国系人投資の実態については，慎重な検討が必要であろう。

9）革命前夜のロシアにおける外国民間事業投資が注の（2）で述べたように，本文の数字の 3 ～ 4 倍に達することを考えると，国際資本の対ロ投資は，革命前と比較して非常に低い水準にあると言えるであろう。

10）1960年，旧ソ連の外交官養成機関と言われた国際関係専科大学（Институт международных отношений）の出版部から公刊された，Iu. I. ビンチェルの著書，『帝国主義時代の英国の海外投資』に負うところ，大きい。

  Ю. И. Винцер：Английские капиталовложения за границей в период импелиализма, Москва, 1960.

  なお，1913～1914年頃の，英国の国際投資の総額は，大略，世界輸出の総額と等しく，世界全体の国際投資の，約半分を占めていた。

11）そのほか，ドイツ，ラテン・アメリカ，英帝国の一部が，重要な国際投資受け入れ国もしくは地域であった。

第3章
経済開発の戦略

1. ポスト冷戦時代の後進国の経済開発方式

はじめに

　それは一種のドラマであった。

　発展途上国の経済開発の解明に投じられた戦後数十年にわたる努力が無駄骨であったと宣言されてから[1]わずか数年後に、西側世界の公的途上国援助機関は、断定的に途上国経済の成功可能な唯一の開発戦略と呼ばれる戦略を提起し、それに合わせて、すべての先進諸国の対途上国経済外交の調整を推進するに至ったのである。

　彼らの用語を借りれば、こうである。

　西側先進諸国の議会制民主主義が、究極的に、最も経済発展に好都合な社会体制である。

　この体制は、私有財産、自由市場、そして市場参加者の間の競争という経済的裏付けを得て、初めて実現可能となる。したがって、歴史的に証明された唯一の成功可能な経済開発戦略は、理想化された自由市場に理想化された議会制民主主義を接ぎ木した制度を理想に近い形で実現することをおいて、ほかにあり得ないのである。

　もっと具体的に言えば、先進諸国の資本に門戸を開放し、これら諸国を中心

にして作り上げられた世界市場との交流を自由にする外資導入と輸出重視の経済開発戦略が最善の政策である。

このような主張は、1980年代半ば以降、西側世界の公的機関が支持し、ジャーナリズムが唱和し、そして経済学者が解説を加えてきた政策の骨格である。

この小論は、発展途上国の開発に関する、このような世紀末の状況を念頭に置きながら、開発戦略に、それ以外の選択肢があり得ること、そして、成功の可能性が高い選択肢は公的国際機関の戦略とは必ずしも一致しないことを論じようとするものである。

(1) 歴史的画期としての冷戦の終結

1990年代初頭の冷戦の終結と、それに続くソ連の崩壊は、疑いもなく、資本主義の要塞としてのアメリカ合衆国と、共産主義のリーダーとしてのソ連の国家的対決を基軸にして展開してきた、第2次世界大戦後の時代を画す事件であろう。

しかしながら、世界の文明と、経済の最近数百年の歴史を振り返ると、果たして冷戦終結の持つ意味を第2次世界大戦後の戦後史の枠内で捉えることが許されるのであろうかという疑問を抑えることができない。

今日、冷戦の勝利者として生き残った合衆国の指導する世界体制は、19世紀後半、英国を中心に形成された統一的世界資本主義体制の継承者にほかならない。

この、時として、Pax Britanica（英国の力によって維持される諸国間の平和）と呼ばれる世界体制は、13世紀前半、新興蒙古によって破壊され、蒙古の没落に伴って空白となった東・西文明圏の間の橋渡しを新しく構築しようとしたアラビア人とヨーロッパ人の競争、後者の中での、主として陸上を通じる経路と、主として海上を経由する経路の闘争の最終的帰結として成立したものであった。

つまり、こうである。

文明世界の形成期、西方の地中海沿岸と東方の中国大陸は、ともに当時の先進的経済地帯であり、この両者は、中央アジアを通る陸路と、印度洋を渡る海

路によって結び付けられ，その沿路に大小の仲介的文明国家を生み出したのであった。

当時の中国の特産品であった生糸にちなんで陸のシルク・ロード，海のシルク・ロードとも呼ばれるに至ったこの通商路は，沿路の国々に利益をもたらしただけでなく，文明の恵沢を広く伝播していく，一個の世界史的役割を演じたのである。

ところが，新興蒙古がこの仲介諸国を絶滅した後，それに代わる恒常的な通商路を構築し得ないことが明らかとなったとき，この通商路の再建のチャンピオンとして登場したのがアラビア人とヨーロッパ人であった。

アラビア人とヨーロッパ人の間の競争は，ヨーロッパ人の勝利となり，ヨーロッパ人の中では，17世紀以降，新大陸アメリカの占拠と東西通商路の独占が重なり合う形で，主に海路を取った西欧諸国と，主として陸路を取ったロシアの入り交じる激烈な争いとなったのである[2]。

19世紀前半，中国貿易における海路の勝利が確定し，主として陸路に依存したロシアの中国貿易のスタイルは，急激な変化を遂げた。現在のカリフォルニア地方にまで及んだロシアの領土も，放棄のやむなきに至ったのである。

こうして，19世紀後半，英国を中心に形成される統一的世界経済体制の国際通商路の地理的枠組みが，大略，完成するのである。

第2次世界大戦後の冷戦の勝利者として生き残ったアメリカ合衆国が，英国的世界体制の継承者であったことを想起すると，冷戦の終結を，過去700年にわたる世界的通商路をめぐる闘争の帰結として，あるいは，近代帝国主義の世界的勝利の確定として捉え，このような観点から新しい時代に対する分析的視角を構築しようとするのは，極めて自然のなりゆきではなかろうかと思う。

冷戦の終結が，近代帝国主義の世界支配の完成を意味するならば，次に来るポスト冷戦の時代は，この世界支配の成熟と没落の時代となるのではなかろうか？　少なくとも，それは歴史を知る者にとって，抗しがたい推理ではないかと思う。

非西欧的文化的伝統を持つわが国が，このポスト冷戦の時代を生き残るには，現実的かつ効果的な発展途上国政策を持つことが不可欠だと思われるが，この

種の政策の構想に多少とも役立てるため，発展途上国の今後の開発戦略の可能性を検討してみたい[3]。

(2) ポスト冷戦時代の開発戦略

冷戦時代，西側諸国で論議を呼んだ発展途上国の開発戦略は，大きく分けて，輸入代替的工業化と輸出指向的工業化の2つであった。

前者は，国内市場の保護と育成に重点を置き，後者は，外国市場特に先進国市場への参入に重点を置くものであった。

両者は，資本主義的先進諸国の長期的経済成長の可能性を暗黙裡に仮定し，これら諸国の強大な経済力の支配に陥らずに，自らの工業化を図るか，あるいは，この強大な経済力の余沢にあずかりながら工業化を進めるかという政策上の選択肢を示すものであって，20世紀後半の世界経済の現実認識に大きな違いはなかったと言ってよいだろうと思う。

これに対して，もう1つ別の発展途上国の開発戦略を考える立場があり得る。

つまり，東西冷戦に勝ち残った諸国の経済的基盤は脆弱で，これら諸国経済の行き詰まりとその再編成は避けられず，発展途上国は，この新しい世界のダイナミズムに即応した，開発戦略を構想すべきであるという立場がそれである。

以下，我々はこのように考えるに至った論拠について述べてみたい。

東西冷戦後における西側同盟の勝利に至る過去700年間の，諸国間の闘争を考察してみると，その勝敗を分けてきた最大の要因は海上力と武力の優位であった。いったい，今日，この要因が，どうなっているかを検討してみよう。

海上力の変遷を考える際，英国において海運の西方移動説（the Westline Theory）と呼ばれているものが参考になるだろう。

この説は，例えば，中国がかつて優れた海運国であり宋代，羅針盤を発明し，それを欧州へ伝えるほど先進的航海術を獲得していたことに触れておらず，欧州中心の不完全な考察のように思われないでもないが，一応，この説の内容を紹介しておこう。

イギリスの海運経済学者，マーチン・ストップフォード（Martin Stopford）によれば，歴史上，世界海運の中心は，4つの局面を経て西へ西へと移動している[4]。

第1の局面は地中海・印度洋時代であり，第2の局面は北大西洋時代であり，第3の局面は太平洋時代，そして最後の第4局面が，支那海時代である。フェニキア時代（Phoenician era），ギリシア時代（Greek era），紀元前1世紀のローマ，11世紀に始まるベニス，15世紀のハンザ同盟（Hanseatic League）等が第1局面の主要な担い手であり，17世紀半ばのオランダの隆盛，1735年の英国海運の対蘭競争における優位の確立，1880〜1950年の間の北米東海岸の興隆が，第2局面の主要な内容であり，1950年代以降30年間の日本の興隆と第1次石油危機から10年有余にわたる韓国の発展が，第3，第4の局面を特徴づける内容となっている。

　ここで重要なことは，海運業の中心が移動するにつれて，それを追うように，海上力も新しい海運業の中心へ移動していくということである。そのような意味で，今日，世界の海上力の中心は極東諸国へ確実に移動しつつあると言えるのである。

　参考までに，表3-1に最近時における海運業の産業基盤を示す商船建造トン数の地域的配分に関する数字を掲げておくことにしよう。

　表から明らかなように，今日，世界中の商船は事実上，ほとんどすべてが極東地方で建造されていると言ってもよいのである。

　さて，次は西側諸国の武力であるが，東西冷戦の過程で，武力の物的基礎となる武器の生産構造が変わったことに注意を払うべきであろう。

　かいつまんで言えば，武器体系の技術的高度化が進むにつれて，その中に占める軍民共用の高技術製品の比重が増大し，外見的な軍事大国といえどもその武器生産において，海外の製造業者の供給に，大きく依存せざるを得ないような状況が生まれているのである。

　この点は，すでに冷戦期の中頃から，米国で防衛産業の弱体化の不安として論議されてきたのであるが，1992年3月発表された商務省産業資源管理局（Department of Commerce, Office of Industrial Resource Administration）の，合衆国海軍の3つの代表的武器体系の供給構造に関する調査は，軍事超大国，米国の武器生産の海外依存の現状を米国内外の関係者に知らす上で大きな役割を果

第3章 経済開発の戦略　105

表3-1　商船建造トン数（1977－1995年）　　　　　　　千総トン

	1977年	1980年	1985年	1990年	1995年
極　　東	12,576 (46％)	6,856 (52％)	12,567 (69％)	11,242 (70％)	16,898 (75％)
日　　本 韓　　国 中　国（大陸） 台　　湾 シンガポール	11,708 562 110 196	6,094 522 不詳 240	9,503 2,620 166 278	6,663 3,441 404 685 49	9,263 6,264 784 488 99
西　　欧	11,230 (41％)	3,336 (25％)	3,316 (18％)	2,945 (18％)	3,875 (17％)
東　　欧	1,760 (6％)	1,347 (10％)	1,226 (7％)	1,300 (8％)	1,291 (6％)
そ の 他	1,965 (7％)	1,562 (12％)	1,047 (6％)	566 (4％)	404 (2％)

備考：（　）は，世界全体に占める％を示す。ただし，単位未満四捨五入。
出所：Lloyd's Reigister of Shipping Annual Summaries. Martin Stopford, Maritime Economics, 2-nd edition, London and New York, Routledge, 1997, p.457 から引用した。

たしたのである[5]。

　この調査は，1988年の時点における，高速・抗放射線空対地ミサイル（the high-speed, antiradiation, air-to-surface missile：HARM），マーク48ADCAP改良型魚雷（the Mark-48 ADCAP (advanced capabilities) torpedo）とバーディン潜水艇交信システム（the Verdin submarine communications system）の，幹事および主要部分システム契約業者（first-tier suppliers）と，その1次（second tire），2次（third tier），3次（fourth tier）の下請供給業者を確認しようとするものであった。

　この調査によると，件数についてみると，下請供給業者は二重計算を除いて，国内，6747，外国，327である。供給されたドル価格でみると，武器体系の種類と下請調達の段階によって，内外企業からの買い付けは大きく変化するが，いずれにしても日本企業は，武器体系のすべてにおいて，主要な2次下請供給業者である。総額についてみると，外国からの供給は前掲の空対地ミサイルで，わずか4.7％，同じく交信システムでは，40％近くになる[6]。

　しかし，問題は単なるこれらの数字ではなく，米国の武器体系の重要部分が外国の供給業者に依存する場合がかなり見られ，世界貿易における米国の産業技術的優位が失われるにつれて，この依存もまた増大する可能性があると考え

表3-2 アムラン・ミサイルの外国調達の主要部品

品　名	調達先	調達理由	調達先変更に依る延引
推進部分			
レーダー・ドーム用マグネサイト	メキシコ	唯一の産地	確定不能
FTEと蓄電池	日本	費用	不詳
半導体積載用新素材陶器	日本	国内に生産者なし	確定不能
混成回路	アジアと欧州	費用	6カ月
ガリューム・砒素化合物	日本	国内に生産者なし	1年以上
始動モーター	英国	費用	延引なし
ロケット・モーター部分			
化学燃料（IPDI）	ドイツ	環境局の規制	短期
流動形機械	ドイツ	費用	1年以下

出所：Erland H. Heginbotham et al.: Dependence of U. S. Defense Systems on Foreign Technologies, Alexandria, Virginia, CDec. 1990, Institute for Defense Analyses, p.23. Japn Economic Institute の1992年8月28日の出版物から引用した。

られることである。

　この点は，1990年，防衛研究所（Institute for Defense Analysis）によって発表された，比較的最新の技術を利用しているアムラン・ミサイル（the AMRAAM missile）の主要部分の対外依存に関する調査からも明らかである。

　以上の叙述から分かるように，冷戦後，世界の超軍事大国として生き残ったアメリカ合衆国の武器生産の産業基盤は決して他国に依存しない超絶した存在ではない。加うるに，今日の産業技術から見ると，武器の製作思想が共通している場合，一国の技術水準が，かなり，遅れていても，短期間における最先端兵器製作能力の獲得は，それほど困難なことではない[7]。そうだとするならば，近代帝国主義の遺産の継承者であるアメリカ合衆国が，今後，冷戦終結時の武力の優位を維持していくためには相当の努力を必要とすることは避けられないのである。

　このように考えてくると，約700年にわたる民族間の歴史的抗争の結果，ようやくにして確立された東西冷戦後の先進資本主義国の世界支配は，極めて脆弱な産業基盤に立つものであり，これら諸国の圧倒的優位の継承を前提として

発展途上国の経済開発の将来を考えることは，大なる錯誤である可能性が大きいのである。

すでに，冷戦時代の初めから，東西双方から種々の開発戦略が提唱されてきた。

冷戦の初期においては，東はマルクス主義，西はケインズ経済学の影響を受け，公権力の経済的役割の重視と，目標としての貧困の絶滅が，東西の開発戦略をつなぐ共通項と考えられたのであった。

ところが，冷戦の進行とともに東側の経済的劣勢が明らかになるに従い，西側諸国の提唱する開発戦略は，大きく，転換し，西側諸国の経済アカデミズムを吹き荒れた反ケインズ主義の影響を受けるようになった。この影響は，公的開発計画の不毛性，私的企業家の創意を生かし得る市場機構整備の重要性と経済開発と貧困絶滅の間の大きな溝の存在の指摘の3点に要約できるのではないかと思う。

第2次世界大戦終結後間もない冷戦初期，急速な進歩を遂げつつあった数理経済学と計量経済学の手法を用い，基本的社会・経済統計の欠如と格闘しつつ，誕生したばかりの途上国の計量モデルを作成し，これら新興諸国の公的開発計画を助けようとした西側諸国の若き経済学者の大群は，いつの間にか，雲散霧消し，それに代わって現れたのが，資本主義経済の搾取から免れるため先進国の市場から離れて開発の可能性を探ろうとする人々と，資本主義の経済合理性を強調し，途上国経済の先進国市場への包摂に開発成功の希望を託そうとする人々であった。この両者の中間に属する主張も存在し得たのであろうが，西側諸国のアカデミズムと国際ジャーナリズムは，この種の，一種の2極分解の様相を呈するに至ったのである。

前者は，ラテン・アメリカ諸国の知識階級との連帯が明白であり，後者は，国際化した先進諸国の大企業と人的・思想的につながっていた。

前者は，世界市場からの隔離を進めようとしたため，従来，外国からの輸入に依存していた製品を国内で供給する産業を発展させる必要に直面せざるを得ず，後者の場合は，従来，世界市場へ供給していた製品とか，そこから調達してきた製品の輸出入を，さらに発展させていく必要に迫られることは，理の当

然であろう。こうして産業政策としては，前者は，輸入を国内で供給しようとする輸入代替的産業奨励策，後者は，輸出産業を可能な限り発展させようとする輸出産業奨励策を主張することとなる。また，産業政策の実行に際し，資本主義の世界的中心からの隔離を図ろうとする前者が，外資導入や自国資本の海外移動に厳しい制限を課そうとするのに対して，後者は，資本の一体的運営を図ろうとする立場から，発展途上国をめぐる資本の輸出入を，なるべく自由にしようとするのである。つまり，前者は，自国資本，自国技術と自国産業に依拠する経済開発戦略，後者は，世界市場を最大限度に利用する経済開発戦略を提唱したのである。

東西冷戦の進行の中で，1980年代半ば以降，先進資本主義国政府の国際的コンセンサスとなったのは後者の主張であり，冷戦終結後，この主張は，国際通貨基金IMFの融資活動を通じ，流動性不足に陥った途上国の経済開発政策に大きな影響力を発揮するに至った。しかしながら，この主張が論理的一貫性を持つためには，市場に，世界の産業情報が集中し，各国の経済発展に好都合な選択が，それにふさわしい評価と報酬を保証される必要があるが，市場をこのように機能させる制度改革は，ほとんど何も試みられなかった。つまり，先進諸国政府は，市場を適正に機能させることなしに，市場活動の自由放任を実現しようと努力してきたのである。

加うるに，東西冷戦終結後の先進諸国の産業的軍事基盤の脆弱性を考えると，これら諸国の軍事的干渉政策の失敗によって，現存する市場の枠組み自体が崩壊することさえ，ないとは言えないのである。

このように考えてくると，冷戦後の発展途上国の開発戦略をIMFの規格に当てはめて考えることは危険であり，その戦略の成功を担保するためには，それがどのような目標を掲げていようとも，今後の世界経済の変動に対応し得る，柔軟なものでなければならないと言えるであろう。そのような意味で，今後の発展途上国の開発戦略は，上述の自力型と世界市場利用型の，種々の特性を様々に組み合わせたものとなるのではないかと思う。こうして，21世紀になるとIMFの途上国開発戦略から，新しい多様な開発戦略への移行が始まると予想してよさそうである。

発展途上国の今後の経済開発戦略を考える上で，幕末・明治以降，第2次世界大戦後の高度経済成長に至る，わが国の経済発展の経験が，多少の示唆を与えるのではないかと思う。もちろん，この時期の経済発展については，マルクス主義者を含め，様々な解釈があるが，ここでは，戦後，わが国の国際経済学界が発足した頃の議論の1つを紹介してみたい。

　当時一橋大学の教授であった赤松要は，輸入に依存した新製品の普及から，当該製品の国内販売の拡大に伴う新産業の創出を経て，新産業の成熟とその輸出の拡大過程を，産業を替えて継起する，一国工業化の連続的過程として捉え，その論理を，彼自身の言葉で述べたのである。

　彼がこの過程に与えた「雁行的形態」と言う呼び方は，その後，近代産業の継起，先進国産業の後進国への導入を描写する言葉として，内外を問わず，多くの人々によって用いられるに至った。

　しかし，現在の文脈において重要な点は，彼が輸入代替産業から輸出への発展を，一国産業技術の全般的革新と，国内市場の拡大によって説明していたことである。わが国に近代的産業が次々に創設されていった歴史的事実を，わが国の産業政策の産業発展に応じた進化，別言すれば，経済開発戦略の産業成熟の従属変数としての継続的修正によって説明しようとしたことである[8]。

　赤松のこの指摘は，発展途上国の開発戦略の将来を予測する上で極めて示唆的である。つまり，経済開発が成功するためには，自国の産業・技術的基盤の強化と，国民全体の所得・生活水準の改善を結合し得る政策を，その時々に，歴史的状況に応じて展開していく必要があり，わが国の事例から分かるように，いくつかの幸運を国民的合意に結実させて初めて，このような政策の策定と実行が可能になるであろうと思われるのである。いずれにしても，ポスト冷戦の発展途上国の開発戦略にIMFの政策に限らず，何らかの既成のモデルを押し付けても，現実の経済発展は，およそ，現在我々が予想するものとは異なる可能性があるのである。

　以上において，我々は，東西冷戦の終結を一個の歴史的時代の終結としてだけでなく，この時代を動かした物的基盤の空洞化と，解体の開始と見て，発展途上国の将来は，かつて起こり得たことと全く異なる展望の下で考察する必要

があると論じ，これら諸国の開発戦略の流動と進化を予想しなければならないと主張した。

おそらく，1997年のアジアの金融危機が，この流動と進化の新たな道標となると思うのであるが，1999年秋の時点において，我々には，その意義を論じる用意はない。主として近隣諸国を念頭に置きながら，開発戦略に影響するであろういくつかの要因を取り上げ，その将来を考える際の参考に供したい。

(3) 開発戦略の躓きの石
　イ．輸送革命
　必ずしも一般の経済学者の注意を引いていないが，20世紀後半に起こった輸送手段の驚異的改良の結果，海上輸送費用に激変が生じ地理的特性が持つ経済的意味が変化し，生産力の世界的配置の再編成が必要になった。この点を考慮しない開発計画は失敗に終わる可能性が大きい。

　1960年代半ば，ロシア・ソビエトの専門家が，ソ連邦内の産業配置の参考に供するため，種類別輸送手段の予想コストの比較研究を行っている。貨幣的評価の意味が失われているので，比例数を用いて，10億トン・キロメーター当たりの輸送費を，当時の標準的技術水準に基づいて推計すれば次の通りである。

　運送手段の初期投資の必要は，鉄道を1.00とすれば，海上運送，0.97，河川運送，1.99，自動車，0 (公共道路)，パイプ・ライン，0.52である。

　年間経費は，同じく鉄道を1.00として，海上運送，0.69，河川運送，0.94，自動車，1.25，パイプ・ライン，0.04となる[9]。

　鉄道に比べて，海上運送とパイプ・ラインの経済性が示されているが，この数字は，誤解を生じやすい。あくまで，これは10億トン・キロメーターの貨物輸送の平均で，実際にかかる輸送費は，貨物の輸送個口単位 (parcel size) によって大きく変わる。海上運送に関する最近の資料に基づいて，この点を示しているものに，英国の海運経済学者，ストップフォードの資料があるので，それを紹介しておこう。

　彼によれば，海上運送の利益を享受できるのは，輸送個口単位，15トン強以上の貨物であり，この種の貨物は，セメント，砂糖，穀物，石炭，鉄鉱石，

原油等に限られる。これ以下の個口単位の貨物，例えば，鉄，麹(こうじ)大麦，化学品，葡萄酒，電気製品，機械類になると，費用はうなぎ上りに増大し，機械類のごときは，セメントの何十倍の費用を支払わねばならぬと言う[10]。

この数字から判断すると，輸出用穀物の栽培，製鉄，石油採取と，その1次加工は，沿海地区への立地が，無条件に有利である。

それ以外の産業，例えば電気製品や機械類の生産については，それほど地理的条件を考えなくてよいことになる。

この点は，今後の近隣諸国の経済開発に多くの示唆を与えていると思う。

例えば，豊富な鉄鉱，石油資源でも，長距離の陸上輸送を必要とする場合には，その開発に慎重でなければならない。ユーラシア大陸を西へ走れば走るほど，内陸となるので，輸送が価格競争の負担とならない，知識集約的高度技術産業の育成を図ることが重要になると言えるのである。

ただ，海上運送について言えば，ソ連邦時代のロシアが，衛星技術と気象学を砕氷技術と結合させて北極海西半分の通年航海を達成させたことから分かるように，その利用は，かなり流動的である。この関連において，ソ連邦解体後，無駄な開発の見本のように言われている，シベリアの資源開発も，部分的には合理性を持たなかったわけでもない。

ロ．自生的地域経済圏

東西冷戦終結前後から，国の枠からはずれた地域的経済圏について語られるようになった。わが国の近隣地帯においても，数多くの，この種の経済圏の名前が知られている。

1993年前後，北から順番に次の名前が上っていた。

　ⅰ．東北経済協力（North-East Economic Cooperation）。環日本海経済協力（Japan Sea Rim Economic Cooperation）とも呼ばれ，ロ領極東，南北朝鮮と日本を含む経済協力圏。

　ⅱ．黄海経済協力（Yellow-Sea Economic Cooperation）。中国大陸北部沿岸，南北朝鮮と日本の経済協力圏。

　ⅲ．南中国経済協力（South China Economic Cooperation）。中国大陸中・南部

沿岸，香港と台湾の経済協力圏。
iv. トンキン・メコン経済協力（Tongkin-Mekong Economic Cooperation）。中国大陸南部，ベトナム北部とラオスの経済協力圏。
v. 南中国の三角（South China Triangle）。中国大陸南部沿岸，香港と台湾の経済協力圏。
vi. 南インドシナ経済協力（Southern Indochina Economic Cooperation）。タイ，カンボジア，ベトナム南部の経済協力圏。
vii. スバナポム（Souvana Phonm）。中国大陸南部内陸部，ビルマ，タイ，インドシナ三国の経済協力圏。
viii. 北の三角（Northern Triangle）。タイ南端，マレーシア半島西岸の北端，インドネシアのスマトラ島の北岸の一部の経済協力圏。
ix. 成長の三角（Growth Triangle）。マレーシア領ジョホールJohore，シンガポール，インドネシア領のリアウ諸島（the Riau Islands）の経済協力圏。

インドネシアでは，シジョリ（SIJORI）と呼ばれる。

そのほか，x. アセアン東部成長（East Asean Growth）と呼ばれる，ブルネイ，北ボルネオ，フィリピン群島南部，セレベス島北部から，ニュー・ギニアに至る地域経済圏がある。

これらの地域経済圏は，関係国の承認を得たものでも，同一地域としての経済的実体を備えたものは，ほとんどない。

それは，既存の国民国家の法制的枠組みの外で隣接地域間の特例的経済交流を促進する意図をもって提案されたものに過ぎず，これが，将来，統一的市場圏として，生産的分業の推進に役立ち得るかどうかは，今日，依然として明らかではない。その中には，関係国政府が恐れているように，麻薬取引（drug trade）や密貿易（smuggling）に役立つだけで，正常な国際関係の下で存在を許されないものも相当含まれているのではないかと思う。

かつて，わが国の対途上国援助が急速に増大した時期に，国際的地域経済圏の育成を旗印に，開発援助ODA供与権限の一部を地方公共団体に移せという運動が進められたことは，人々の記憶に新しい。この事例で明らかなように，地域経済圏が地方政府の行政権限の拡大，補助金支給財源増加の口実として利

用され，結果的に国際的地域経済圏の成長に役立たないことも，十分，あり得るのである。なぜならば，地方政府が進める経済協力が，国法の下で関係国企業の自由な参入と競争によって進められる経済協力に比し，合理的な国際分業の形成に貢献し得るところ，はるかにすくないことが考えられるからである。

どのような形態であろうとも，経済開発において，政治権力の経済活動への参与は避けられない。問題は，この参与が，政治的利権の道具となるのを防ぎ，個人や企業の経済活動を効率的な分業関係の形成へつなぐことである。言い換えれば，経済問題の政治化による弊害を避け，経済活動の合理性の実現を図ることである。

サムエル・ブリタン（Samuel Brittan）は，1977年，ロバート・スキデルスキー（Robert Skidelsky）編集の小冊子『ケインズ時代の終焉（ケインズ的政治経済学の解体に関する論文集）』に寄せた論文の中で，J.シュムペーター（J. Schumpeter）に従って，議会制民主主義と経済的合理性の間の矛盾について述べ，ケインズ型の政策が所期の目的を達成するためには，少なくとも3個の社会的前提の充足が必要であると論じた[11]。

それは，①政治によって決定できる分野の限定（the limitation of the area of effectively political decision-making），②訓練の行き届いた官僚制度の存在（the existence of a well-trained bureaucracy）と，③政治的自制の実行（the exercise of political self-restraint）である。

ブリタンは特に，3番目の政治的自制の重要性を指摘している。彼はこの自制を，寛容と民主的自己規制tolerance and democratic self-controlと読み換え，英国の場合，社会の個別的階層の利害を超えた事件の発生や，政治における中世貴族の倫理観の継承が，その一時的な実現に役立ったと述べている。

この指摘は，経済的合理性を持つ国境をまたぐ地域経済圏の形成について多くの示唆を与えている。地方振興の旗に隠れた特殊利害の政治的代弁の制限，国際協力にともなう経済的可能性に関する情報の提供，そして地方的利害を国民的利害に還元し，国民的利害を国家間の共通の利害に限定できる，地方政治家の活動が，生産的な地方経済圏の形成に必要であると言えるのではなかろうかと思う。

ハ．領土紛争の解決

　経済開発にともない，国家間の紛争が起こり，そのため経済開発における国際協力が困難になるという因果関係が存在している。この種の因果関係から生まれる行き詰まりを打開する手段を持たなければ，国際協力による経済開発が不可能となることを指摘しておきたい。

　わが国が近隣諸国との間に抱えている領土紛争には，北から数えて，日露間のいわゆる北方領土の帰属問題，日韓間の日本名，竹島，韓国名，独島の帰属問題，日中間と日本台湾間の西南諸島の日本名，尖閣，中国・台湾名，釣魚島の帰属問題がある。これらの領土紛争は，第2次世界大戦後，締結されたサンフランシスコ平和条約の有効性の承認を前提として，なおかつ，争われている問題である。このうち北方領土はソ連海軍の太平洋への出入り口に位置しているという軍事戦略上の重要性から，冷戦時代，日ソ間の外交的争点の最大のものとなった[12]。日本名，竹島は，漁業利権，日本名，尖閣は，石油利権の関係で，冷戦終結後，むしろ，その重要性を増大させつつあると言ってよい。

　そのほか，わが国の近隣では，本来，わが国の国人が発見，開拓した島嶼を含むスプラトリー諸島（Spratly Islands），大略，日本名，新南群島と呼ばれるものと一致する島々[13]が，わが国を除く隣接諸国の間で争われている。争っている国は，中国，台湾，ベトナム，フィリピン，マレーシアとインドネシアである。わが国が局外者にとどまっているのは，わが国がサンフランシスコ平和条約で，明文を持ってこれら諸島に対する領有権を放棄しているからである。スプラトリー諸島は，漁業資源と海底の鉱物資源によって巨大な開発利益を約束しており，このことが領土紛争の背景にあることは疑を容れない。そのほか，北ボルネオ，その他，将来，領土的帰属が問題となりうる地域が存在している。

　領土紛争については，1982年の英・アルゼンチン戦争に先立ち，英国の石油地理学者，コーリン・フィプス（Colin Phipps）が係争地周辺の石油資源の開発利益の配分に関する協定による平和的解決の重要性を説いている[14]が，開発にともなう地理的独占の利益を制限し，領土的支配の経済的利益の相対化を図っていけば，領土紛争が国際的資源開発の支障となることを，かなりの程度防げるのではないかと思う。

少なくとも，経済的要因によって生じる領土紛争を，経済的に解決していく方法を考案することが，国境を越えて進められる経済開発に必要となるであろう。

むすび

　東西冷戦後の発展途上国の経済開発方式の展望に当たって，我々は，まず東西冷戦の終結を蒙古による東西通商路の破壊から始まった，約700年にわたる西力東漸の終わりとみるのがよいのではなかろうかと問い，続いて，仮にそう考えた場合，西の歴史的優位の基礎であった海上力と軍事力において，今日，西を代表する国々の産業基盤は脆弱であり，これらの国々による世界支配の体制の永続は不可能であろうと論じた。

　したがって，このような状況の下では東西冷戦の末期に先進資本主義国の支配的輿論となった国際通貨基金 IMF の支持する開発戦略が後進諸国の支持を受けることは困難であり，今後，目まぐるしい開発戦略の変転が生まれるであろうと予想した。この起こり得べき変転を考える際，19世紀後半以降の，わが国の経験が参考になるだろうと思い，明治以降のわが国の産業政策の理論化の試みの1つである赤松要の議論を紹介した後，様々な開発戦略を国の産業基盤を強めるようその時々に転換していくことが，新しい時代における発展途上国の経済開発成功の条件となるだろう[15]と結論した。

　そして最後に，20世紀末の時点で，特に国際関係の視点から見て，経済開発を成功させるためには，少なくとも，第2次大戦後の輸送手段の革命が世界的産業配置に及ぼしている影響の考慮，西欧・合衆国型の民主政体の世界的普及に伴い，発展途上国に生まれつつある政治の寄生的性格の除去，発展途上国の開発が生み出す国家間紛争を解決する方法の確立が，重要な意味を持つであろうと論じた。

　この小論の趣旨は以上の要約に尽くされるが，我々が，世紀の変わり目に，この種の議論をすることの意味について若干の蛇足を付け加え，この小論の意図するところを示したい。

　現在，わが国を含む東・東南アジア諸国の経済政策は混乱していると思う。
　韓国では，1998年2月の金大中政権の発足以降，経済政策の基調は自由主

義的市場経済の賛美と変わり，財閥解体と企業単位の競争が追求されている。

　中国の場合，1980年代以降の対外開放政策によって，地方工業の国民経済的意義が増大し，所得の分配関係も大きく変動したため，産業資金の需給機構が麻痺するに至っている。にもかかわらず，それを克服する制度作りは完成にほど遠く，合意されている政策は，その影響が社会不安をもたらさない範囲で，対外開放政策を継続し，企業間競争による生産性の向上を図ることくらいである。

　一貫性のある政策なしに，自由主義的経済政策を次々と導入していく可能性も残っている。

　わが国においては，1991年春以降の長期不況の中で，戦前，戦後の経済政策の枠組みが疑問に付され，理想的自由市場を基準とする政策が力を得てきている。

　しかしながら，第2次世界大戦後，アメリカ経済をモデルにして経済発展に成功した国は，少なくとも東・東南アジアには1国もない。むしろ，事実は正反対で，米国の自由企業モデルに忠実なフィリピンは，戦後，この地域での経済開発に失敗した，例外とも言える国の1つとなっている。米国型の市場経済をモデルとする政策が受け入れられていった場合，東・東南アジア全域が第2のフィリピンとなる危険性があるのである。

　東西冷戦の終結が歴史の大きな転換点となるかもしれない今日，冷戦後の政策選択に誤りなきを期するためには，イデオロギーの明解さや国際政治の力関係から離れた，歴史の批判に耐え得る骨太の論理の提示が必要である。

　単純かつ守旧の発想で，この小論が発展途上国の開発計画のあり方を問うたのも，実は，多くの異端の試みが，この種の論理の解明に役立つに違いないと思ったからである。

【注】

1）ここでは，開発経済学の転換の契機となったハーシュマン（A. L. Hirschman）とラル（Deepak Lal）の著名な論文を念頭に置いている。

　　A.L.Hirschman:The Rise and Decline of Development Economics, 1982.

　　Deepak Lal:The Poverty of "Development Economics", 1983.

　詳細は，拙稿，開発経済学ノート。1996（平成8）年，九州産業大学『エコノミクス』第1巻第3・4号，1997年3月，115～117ページを見られたい。

2） 新興蒙古による古代通商路の破壊の世界史的意義は，米国の歴史教育では，重視されているが，わが国の場合，この点に触れることなく，欧州人の地理上の発見だけが強調されている。ここで，地理上の発見というのは，1492年のコロンブスのアメリカ大陸の発見とか，1498年のヴァスコ・ダ・ガマのアフリカ大陸南端を経由する印度航路の発見のような，新知識の獲得を指している。

また，わが国では，国際国家の観を呈したロシアの主として陸路による通商路の開拓に関する知識は，ほとんど与えられていない。例えば，わが国で露領カリフォルニアの存在を知る人は，極めてすくない。

3） 東西の冷戦が終わる頃から米国の政治・経済界の指導層の一部に"keep Japan out"（日本を外せ）と言う主張があると伝えられたことがあるが，我々はこの種の対日感情が国際政治と経済において持つ意義の大きさに関心を寄せている。

おそらくそれは，ここで取り上げる発展途上国の開発戦略に，わが国がどのように関わるかに，かなりの程度，依存すると言えるであろう。

4） Martin Stopford: Maritime Economics, Second Edition, London and New York, 1997, Routledge, pp.254～255.

5） Department of Commerce, Office of Industrial Resource Administration: National Security Assessment of the Domectic and Foreign Subcontractor Base. A Study of Three U. S. Navy Weapon Systems, Washington D. C., U. S., March 1992.

なお，調査対象となった3つの武器体系は，アメリカ海軍の武器体系と技術（Navy systems and technologies）を代表するよう，選ばれたそうである。

6） 武器体系の調達価額に占める外国供給の比重を高める要因ともなるものに，最新技術を利用する武器ほどエレクトロニクス製品の費用が増加するという事情がある。この分野では，性能も価格も，外国製品が米国製品より競争力があるからである。

武器の調達価格に関する概念を与える個別的事例としては，例えば，アムラン・ミサイル（AMRAAM missile）の場合，エレクトロニクス部品が誘導部分を中心に，調達価格の約77％を占めていると報告されている。

7） 一般に，技術の革新と普及に関する研究において，新技術はそれが可能となったという事実さえ確認されれば，極めて，短期間かつ低費用で競争相手によって模倣されるものであると言われている。

似たような事情が武器生産の分野でも存在するらしい。この点に関し，非常に示唆的なのは，1980年代半ば，米国政府の原子力・武器管理・兵器管理軍縮局（US Arms Control and Disarmament Agency for Nuclear and Weapons Control）の長官補佐（Assistant Director）のルイス・A・ダン（Lewis A. Dunn）が，マイクロ・エレクトロニクス・コンピューター技術社（Microelectronics and Computer Technology Corporation）の社長である，海軍提督，ボビー・R・インマン（Bobby R. Inman）と行ったインタビュー記事である。なお，インマンは，社長就任前に，CIAの副長官（Deputy Director of the Central

Intelligence Agency）と国家安全局長官（Director of the National Security Agency）を歴任している。

彼は，武器の製作思想が類似している場合，先進国と同じ武器を作るのは，かなり容易であり，1971年現在，ソ連の武器生産技術は，米国に比べ約10年遅れていたが，1976年に，その遅れは約5年，1981年には，何と，約2年に縮まったと述べている。

このインタビューは，米国政府の出版物『世界の軍事支出と武器移転。1985年』（World Military Expenditure and Arms Transfer. 1985) 1985年8月の25～29ページに掲載されている。

8) わが国の国際経済学会は，1950（昭和25）年，設立された。その設立に東京大学の矢内原忠雄，一橋大学の赤松要と大阪市立大学の名和統一の果たした役割は大きかった。多様な背景を持つ学者が参加したが，この学会を戦前・戦時の植民政策研究者の結集体と見る人も多かった。

矢内原には台湾統治に関する研究があり，名和には日本の紡績業に関する研究があった。名和は，戦後の一時期，労働価値説の手法を借り，国際価格の形成原理を明らかにしようとしたが，興味深いのは，名和の理論が，その後，オランダ病（the Dutch Disease）と呼ばれるに至った現象の説明ともなっていたことであった。

オランダ病というのは，輸出産業の突出した発展が為替相場を引き上げ，全般的物価騰貴をもたらし，国民生活を困難にする現象を指している。

本文で述べた赤松の議論は，彼の戦時中の著書『経済新秩序の形成原理』（1944年）の1章，続いて，戦後同じ構想を継承した「わが国産業発展の雁行形態（機械器具工業について）」『一橋論叢』（一橋大学），第36巻第5号（1956年11月）の発表の後，広範な同僚経済学者の注意を引くようになった。

9) I. M. マギレフキン『世界経済と国際関係における海洋航行（現代の機能的・空間的諸問題）』（露文），モスクワ，1992年，ナウカ社，9ページ

И. М. Могилевкин: Морское судоходство в мировой зкономике и международных отношениях (Современные функциональные и пространственные проблемы), Москва, 1992, c. 9.

本文の数字は1965年，モスクワで出版された，V. G. バカーエフ『海洋商船隊の利用』（В. Г. Бакаев: Эксплуатация морского флота）30ページの引用である。

10) マーチン・ストップフォード（Martin Stopford）の前掲書の25～26ページから。

彼は，ここで海洋運輸費用関数（the shipping cost function）を図表化して，これらの事実を述べている。

11) Robert Skidelsky (ed.): The End of the Keynesian Era, London and Basingstoke, 1977, the Macmillan Press Ltd.

ブリタン論文は同書の41～49ページにあり，原題名は "Can Democracy Manage an Economy?" となっている。問題の文言については同書の46～47ページを参照されたい。

12) 冷戦期から今日に至るまでの，いわゆる北方領土問題に関するわが国の政府とジャーナリズムの態度には理解できないところが多い。
　日ロ条約の協定事項を記す現存する蘭学者の邦訳原稿や，同条約の日ロ以外の言語で書かれた文言を検討する必要は，指摘されてから相当の年月が経っているが，わが国の政府とジャーナリズムが多少とも真剣にそのような努力をしたとは思われない。
　私はかつてこの問題をソ連東欧学会第11回大会（1982年，北海道大学）で論じたことがある。
　「日ソ領土問題愚見（非専門家の立場から）」，『ソ連・東欧学会年報，1982年』72〜79ページ所収，参照のこと。
13) これらの島嶼は，1915（大正4）年，平田末治が発見し，その後，1929（昭和4）年春，世界不況による採算悪化で引き揚げるまで，日本人が燐鉱石の採集と漁労のため占拠しており，わが国でも，日本の領土と見なされていた。
14) 1977年7月，英国労働党のシンク・タンク，フェビアン協会（Fabian Society）の小冊子として出版された。
　Colin Phipps: What Future for the Falklands? Fabian Tract 450.
15) 我々は，わが国の歴史的経験がポスト冷戦時代の発展途上国の開発戦略の考察に有益であろうと論じたが，そのことは，決して，その他の国の経験が無意味であることを意味しない。むしろ逆に，わが国の経験から学ぶためには，英・米・独，あるいは中・ロの現代史の知識が必要であると言えそうである。こうして，開発戦略の研究は，比較経済史的視角からの考察なしには，現実妥当的な結論を引き出し得ないと思う。
　以下，気づくままに，歴史的事実を無視した議論について，若干の事例を紹介しておきたい。
　第1に最近20年の中国の変貌に幻惑されて，経済開発に関し沿海地帯は，内陸地帯より有利であるとする主張がある。
　しかしながら，中・ロ両国の現代史は，そのような一般化を許していない。
　中国の場合，近代工業は旧条約港（ex-treaty port）である上海，天津，青島から始まり，中華人民共和国成立後に，大原，西安，武漢，成都，蘭州，昆明のような内陸地帯へ移動し，1960年代半ばから1970年代末にかけて，各軍区の自給体制を強化する過程で，四川，雲南，陝西，甘粛，河南，湖北，湖南の各省の役割が増大している。その後，1980年代半ばから，内陸企業の沿海地区企業との連携が増大し，沿海地区に設置される内陸企業の事務所の数が激増する。その間，中国産業の生産性は着実に増大しているから，沿海地帯から内陸地帯への産業中心の移動が，いたずらに，政治に強制された非経済的なものであったとは考えられない。
　ロシアの近代的紡績業は，バルチック海に面する帝政時代の首都，聖ペテルスブルグ（レニングラード）から始まるが，帝政時代の紡績・織物業の中心となったのは，ロシアのランカシャーと呼ばれた，内陸のモスクワ地方である。帝政時代のロシアで，

最も企業家精神に富んだ事業家が活動したのは西シベリアであるが，社会主義時代の工業化とソ連邦解体後の産業転換において成功しているのも，この西シベリアの地である。19世紀後半以降，世界で最も近代工業の成長率が高かった国の1つであるロシアにおける産業立地の内陸化傾向が，本来，非生産的なものであったとする主張は，簡単には，承服し難い。

　第2に，市場が近代的経営方式の国際移転において最も有力な媒介者となるという意見が見られる。

　しかしながら，19世紀半ば，中国商人の方がわが国の商人より，新来の欧米人を相手とする市場操作において，はるかに，明敏であった。つまり，近代的経営方式の導入に失敗した国の方が，それに成功した国より，国際的商取引の巧者だったのである。

　歴史的事実は，経済発展における，市場を超えた社会的要因の存在を予想させるのである。

　貿易と投資の自由化に頼る経済開発の相対性を，具体的に，検討しなければならない。

　第3に，経済開発における自然資源の役割が低いと主張する議論が多い。

　「資源の呪い」（resource-curse）という言葉に端的に示されているように，自然資源の豊富な国が，放漫な経済運営と科学・技術の軽視に陥りやすく，結果的に，経済開発に失敗する場合がすくなくないと言われている。

　確か，今日，自然資源の賦存状況や気候の変化の持つ経済的重要性は低下しているかも分からないが，特定の歴史的時期における自然的条件，例えば，鉄，石炭，石油のような地下資源や，水と関わりの深い生態系の経済的役割は，否定できない重要性を持ってきたから，自然的条件の経済的可能性を具体的に評価する慎重さが求められると思う。

2．マルクス主義と近代経済学*

はじめに

　ソ連の崩壊は，そのまま，計画経済的思考やそれを支えたマルクス経済学の

　＊　この節は，主として，『中央公論』1967年（昭和42）年5月号掲載の拙稿「マルクス経済学の魅力」に若干の修正と補充を施したものである。
　　なお『中央公論』掲載の拙稿は，当時，東京大学教授であった玉野井芳郎氏の新著出版記念シンポジウムにおける著者の報告である。

死滅を意味するものではなかった。

　ここでは，マルクス経済学と欧米学界の主流派経済学を，政策指向的な経済理論の立場から取り上げてみたい。

(1) マルクス経済学の多様性

　1960年代の時点で，マルクス経済学について，1つの評価が西側諸国の学界で成立していた。それは，マルクス経済学が科学的妥当性を主張し得るのは，封建制度から資本主義経済への移行期の分析であり，資本主義経済の発展の分析に関しては，致命的な誤りを犯しているというものであった。

　果たして，マルクスの原始蓄積論や農業革命論が，封建制から資本主義への移行期の歴史的説明として十分であるかどうかは明らかではないが，マルクスとその後継者が主張した資本主義の経済法則のいくつかは，疑問の余地なく，資本主義経済の発展の過程で，現実に妥当しないことを露呈していったのである。その代表的なものとして，資本主義の発展とともに労働者階級が絶対的にも相対的にも貧困となるという窮乏化法則，資本主義経済下の周期的経済恐慌が回を重ねるたびに深刻さを増し，やがて，資本主義体制自体の崩壊を引き起こすという周期的経済恐慌の法則を挙げることができるであろう。

　したがって，冷戦時代の西側アカデミーのマルクス経済学評は，相当程度，的を射ていたと言えるのである。

　わが国にマルクス経済学が導入され，経済学者の間に広く普及するのは，1920年代から1930年代初めに至る戦間期であるが，この時期は，ちょうど第1次世界大戦以後の日本経済の急速な発展期に当たり，明治時代に見られた前近代的要素が，わが国の経済発展の制度的支障となった時代である。ここから，次のような疑問が生じる。

　わが国におけるマルクス経済学の普及は，この学説が封建制から資本主義への移行に関し，魅力的説明を提供し得たことによるもので，わが国の経済の近代化の進展の中で，やがてその影響力は失われるのではないかという疑問が，即ち，それである。

　マルクス主義が社会科学の研究者を引き付けたのは，一時的，過渡的現象で

あって，学説自体，学問的に検討しなければならない内容はないと考えるべきであろうか？　しかし，この疑問は，的はずれである。

マルクス主義の主張は21世紀を迎えた今日でも，なおかつ検討に価する内容を持っている。

それは，次の2つに要約できるであろう。

その1は，経済社会を1個の歴史的過程として，その他の社会分野と合わせて説明しなければならないという主張である。

マルクス主義は，こうして，社会の法則性を歴史的現実の純粋な姿として把握しようとする。いわゆる「論理」と「歴史」の対応と，その限界という問題意識である。

経済理論は，一元的体制把握の武器とならねばならないのである。

もう1つは，多くの人によって様々に説明されているが，経済理論は，本質的に社会問題解決に役立たねばならないという主張である。

マルクス主義者にとり，社会問題は，結局，勤労者の生活改善と，資本の支配からの解放である。

この2つの主張は，社会科学を学ぶ者に対するマルクス主義のメッセージである。

マルクス経済学が，このメッセージに答えたかどうかは，一応別として，その理論構造が，このメッセージに答えるよう組み立てられたことは明らかであろう。

ところが，マルクス主義のこのメッセージは，1930年代後半，ほかならぬマルクス主義を国是とする社会主義ロシアの経済的成功の中で，マルクス経済学の主たる内容を規定するものではなくなったのである。

我々が，当時，ソ連の経済学に見たのは，歴史的事実を書き並べ，それをマルクス，エンゲルスの著作の引用によって説明する，あるいはソ連共産党の決定をレーニン，スターリンの引用に基づいて正当化する，いわば政府・共産党の公的立場の権威付けに過ぎなかった。思考ではなく断定，説得ではなく伝達の文章であった。

こうして，1930年代を境にして，マルクス経済学から，マルクス主義が持

っていた魅力が次第に失われていったのである。

　とはいうものの，ソ連の経済学も1つではなく，多くの資本主義的先進国でも，社会主義ロシアの思想状況から距離を置いたマルクス派経済学が存在していた。特に，わが国の場合，ソ連との文化的接触が限定されていたため，戦間期から第2次大戦直後のマルクス主義的指向を持った経済学的研究に対するソビエト経済学の影響は大きなものではなかった。

　ともあれ，マルクス経済学は，内容的に見れば1つでなく，ソ連の崩壊後は，それが本来持っていた問題意識に基づいて，大きく流動していく可能性を秘めていたのである。

(2) 近代経済学の発展

　欧米のアカデミーの主流派経済学は，わが国では近代経済学と呼ばれてきた。

　第2次世界大戦後の近代経済学の顕著な特徴の1つは操作主義，つまり，その理論構成と経済統計との密接な結合であった。また，規範的性格を持った分野の発展も見逃せない。つまり，ある目的を与え，それに最適な方法を選び出す研究分野の拡大である。分かりやすい事例としては，産業関連論と線形計画を思い浮かべればよい。

　近代経済学のこの発展は，実証的経済分析や経済政策立案の要請から生まれてきたものであって，単なるアカデミズムの産物ではない。

　ソ連のマルクス経済学が死に体となったことは上に述べたが，奇妙なことに，ソ連は近代経済学の吸収に極めて意欲的であった。

　我々は，かつて，産業連関論導入前後の事情を，毎日『エコノミスト』1977年11月8日号，35-41ページに紹介したことがある。

　ソ連で，産業連関論をいちはやく，1950年代半ばに導入する役割を演じたのは，政府のトップ・クラスの統計官僚である。

　線形計画の導入も，大略，同じ時期に行われたが，線形計画の場合は，ソ連の数学者の類似の業績があったので，その研究成果の宣伝と，英米の研究の紹介が並行して行われた。

　我々は，この間の事情を，『経済評論』1960年11月号，124〜135ページ所載

の「学界展望.計画理論と価値理論」によって,かなり早い時期に紹介した。

なぜ社会主義のロシアは,いちはやく,近代経済学の摂取に乗り出したのであろうか? おそらくそれは,当時の近代経済学の主流がケインズ学派であり,国家の経済的役割の強化と国の総需要の管理を目指していたことと無関係ではないと思う。ソ連の経済官僚は,自国の計画経済と西側の統制経済の間に一定の親近性を認め,後者に役立つ理論は,前者にとっても有用であると信じたればこそ,このような対応を見せたと考えて大過なかろうかと思う。しかしながら,ソビエトのマルクス経済学は,近代経済学を自己の体系の中に吸収できるだけの活力を持っていなかった。

その活力とは,具体的には何を意味するか? 私は約35年前,次のように述べた。

> 近代経済学が部分的ながら,ある程度,現実適合的な条件を設定し,それに見合う範囲で議論を展開し,その推理が間違っていないというのであれば,必要に応じ,どしどしそれを利用していっこうさしつかえないと私自身は思います。
>
> もちろんそれにはマルクス経済学の側で解決しておかねばならない問題があることは否めません。まず用語法の問題。学説の相違は問題接近の差を生み出し独特の概念をつくりだします。だから異なった学説の間で正確に等しい内容をもつ学術語を期待することは本来不可能です。
>
> にもかかわらず,ほぼ一方の学説におけるある概念が他方のどれに相当するかは十分いえることだし,そうすることによって異なる学派の研究動向をいちはやく理解し,つねに肯定的とはかぎりませんがそれを評価することができるはずです。こうして近代経済学の概念をマルクス経済学の用語によって説明しておくことが必要になるでしょう。
>
> またいうまでもなく異なる学派の研究に注意を払うということは,それから学ぶべき何物かがあることを前提いたします。そうでなければおよそ注意自体無意味なことですし,そのようなばあい無視することが最善の政策となるからです。ところが相手側に学ぶべき何物かがあるとすれば相手の研究成果を批判的に検討し自分自身の学説の従来の考えを部分的に修正,改善する可能性がつねに残っていることになります。
>
> これは当然のことです。つまり現在の我々の文脈でいえば近代経済学の操作的,規範的理論と対決し,それを自主的に吸収しうる分析装置にほかならぬマルクス学説自体が部分的に組み替えられねばならぬということになるでしょう。(『中央公論』1967年5月号,427ページ)

すなわち,そのときの言葉を借りれば,近代経済学を「自主的に吸収しうる

分析装置にほかならぬマルクス学説自体」を「部分的に組み替え」る意思と能力こそ，上述の「活力」の具体的内容であった。

ソ連の数理経済学の大膨張が始まるのは，1960年代半ば以降であるが，その社会的役割は，多分にソビエト官僚制の中での個人的経歴の改善であって，経済理論の革新や経済政策の有効性の向上には，見るべきものがなかった。いわば，厖大な浪費によって，近代経済学の新分野の学術的植民地を作ったようなものであった。

(3) 経済理論とイデオロギー

アメリカの著名な社会学者，タルコット・パーソンズ (Parsons, Talcot) は『社会的行動の構造』(The Structure of Social Action, 1937) の第1巻で，近代経済学の建設者の1人であるマーシャル (Marshall, Alfred) について面白い議論を展開している (同書の第4章)。

我々の言葉で言えば，次のようになるであろう。

マーシャルは近代経済学が取り扱う効用を所与と考えることなく，現実の経済制度の下での，断えざる動機付けによって，人々の行動原理の中に組み込まれた観念の反映であると見なしていたのである。

したがって，彼は，近代経済学，当時の用語によれば，効用経済学 (utility economics) の現実的妥当性を判断するには，商工業における制度の運営と人々に対する動機付けの実情を絶えず明らかにしていく必要があると考えたのである。

パーソンズのマーシャル論の精髄は，前掲書の134-135ページの中に，極めて明確な表現を与えられている。

大正，昭和の両時代にかけて，わが国の近代経済学の普及に大きな役割を演じた一橋大学や神戸大学の教師の間では，マーシャルの評価は非常に高かった。経済学者としては，同じく，近代経済学の創始者と見なされていたワルラス (Walras, L.) やメンガー (Menger, C.) より上であるという評価であった。当時，彼らは，マーシャルの部分的均衡論の方が，ワルラスの一般均衡論よりすぐれていると説明することが多かったが，パーソンズがマーシャルの書物を検討し

て得た上の議論を参考にすると，経済学者としてのマーシャルの偉大さは別のところから生まれていたのではないかと考えざるを得ない。

すなわち，近代経済学の力が社会の歴史的制約性の認識に依存していることを理解し，それを明確に理論研究の前提としていたことが彼の経済学の魅力を生み出したのではないかと思うのである。

ここから言えることは，実践的に優れた近代経済学は，社会の歴史性の認識と無縁でないのであり，その理論構造の選択のときには，個別的命題の評価に際して現存社会に関する一定の先入主から出発しているということである。

ここで，もし人間の歴史や社会に関する証明されない判断をイデオロギーと呼ぶことが許されるならば，マルクス経済学はもちろん，近代経済学も，何らかのイデオロギーを必要としているのである。

経済学史の観察から我々が帰結し得ることは，経済学の理論性を高め，その実践的力量を強めるためには，むしろ明確なイデオロギーを持たねばならぬということである。

問題はイデオロギーの有無ではない。重要なことは，それが論理的整合性を持ちながら，現実に適合し，しかも独善と排他に走らないことである。第2次世界大戦後，ほどない頃，一橋大学の教授であった杉本栄一がマルクス経済学と近代経済学の「切磋琢磨」の必要を提案したことは，今では，完全に忘れられているが，切磋琢磨とはいかずとも，証明されない判断に基づく種々の経済学が，互いに思想的寛容を示すことは，この学問が将来にわたって生命力を維持する上で，絶対に必要であると言えるだろうと思う。

前掲の『中央公論』の論文で，ヒックス（Hicks, J. r.）の産業組織論に関する指摘に触れながら，私は，次のように述べた。

　　………ほかならぬ近代経済学の陣営においてすら，内部的整合だけ要求され経験的証明も棄却も不可能であるが，現実理論にきわめて有効な理論モデルの存在が承認されている………。この考えをさらに延長し，経験的に必ずしも測定可能でない量ばかりか質をも導入し，包括的，動態的な歴史の整合的発展像をつくりあげたばあい，それが我々の現実理解に少しも役立たないとは，ヒックスを承認するほどの近代経済学者であればよもやご主張なさらないことでしょう。
　　私が社会科学に世界観が必要だといったのは，じつはこのような歴史像が必要だと

いう意味でございます。我々の狭い経験でも壮大な計量モデルより，さきにふれた産業組織論の初歩のほうがはるかに深い示唆を与えるばあいがございます。同じことがどうしてもっと強く歴史像についていえないのでしょうか。もちろんその像の正否を経験的資料によって確定することはむずかしい。

なぜなら社会科学が問題とする体制は数百年という期間存続し，そこで定立される命題は10年ないし20年程度で真理であるか否かが判明できるようなものではないからです。にもかかわらず我々が狭い範囲で妥当する経済的因果関係から他の分野と有機的に結びつく経済の全体像に達しようとすれば，どうしても私がいま申し上げた歴史像のお世話にならざるをえないのであります。けっきょく社会科学は社会を総体として把握しようとするかぎり世界観から絶対に自由になりえないのであります。もちろん社会の統一的把握など本来不可能だという立場もありうるでしょう。そのばあい私が申し上げた歴史像の必要はありません。しかしこの立場でさえ証明ぬきの世界観だといえぬことはないでしょう。もっと悪いことにそこでは隣接科学との協力が無意味となり，研究者は自己の専門領域の知識が実生活上どの程度の意義をもつかについて盲目となりがちです。社会科学の個別的知識が社会生活の改善にどのように利用しうるか，またしえないかが見失われやすいのです。こうして知識を社会のため利用しようとする実践的立場にたつかぎり，何らかの世界観，論理の筋道がとおり，過去の歴史的事実を基本的な点で巧みに説明するが必ずしも最終的に証明されてない仮説が必要になってくると思うのです。(『中央公論』，前掲，428ページ)

当時，私はパーソンズのマーシャル論の存在を知らなかった。今，その知識を得て2つの経済学の共存が可能なだけでなく，必要である理由を理解できたのである。

むすび

この節の意図は，経済開発戦略という実践的な課題に，2つの経済学はどのように関わるのかを明らかにすることであった。

以上の論旨から導き出される結論は，単純極まるもので，社会科学は，人間の文化に関する観念に基礎付けられているのであるから，絶対に正しい理論はない。仮にあったとしても，神ならぬ人間に見分けられるはずがない。そうだとしたら，人々の支持を得ている学説の中から，開発戦略に役立ちそうなものがあれば，どこからでも頂戴してくればよい。ただ，全体的整合性を維持するため，自己の学説の立脚点を明確にして，役立ちそうな命題を適当に修正して

取り入れ，よく言えば学説の発展，ありていに言えば学説の改造を図るべきである。それができないような学説は，社会科学としての生命力を失ったものであるから，単なるカルトの信条として，実践的経済政策の外に置けばよいのである。そこで，実践的経済理論と宗教的信条の境界をどこに引くのかという微妙な問題が生じてくるのであるが，1960年代以降，近代経済学におけるケインズ的正統の崩壊にともなって生まれた議論には，意外に，宗教的信条に似たものが多いように思う。

　例えば，英米の学界を風靡したマネタリズムの経済学でも，見かけ上の理論性にもかかわらず，自然失業率という仮想の鉄則に依拠した市場信仰に過ぎないと断ずることも不可能ではない。

　経済開発戦略の分野に関して述べれば，解決しようとしている問題は具体的であるから，2つの経済学の中の宗教的部分を捨てることは容易だろうと思う。

　マルクス主義と近代経済学の実りある共存の可能性を信じたい。

第4章
転換期の開発計画

1. 転換期の経済開発計画

はじめに

　経済計画が市場に代わる現実的経済体制と考えられたのは，第1次世界大戦後のドイツにおいてであるが，第2次世界大戦前の両大戦間期の危機の時代に，当時の先進諸国は，すべて，何らかの国家計画を経済政策の有機的構成部分として取り入れたと言ってよい。

　これらの先進諸国は，大部分，市場を温存しながら計画の導入を図ったのであるが，それと対極的な政策をとったのがロシアであった。共産党による政権奪取後，ロシアは基本的に市場を廃絶し，計画的経済管理を，1930年代初めから1980年代末に至る約60年間実行したのである。

　第2次世界大戦後，経済計画のロシア的変種は，新しく政治的独立を獲得した旧植民地諸国の関心の的となるのであるが，東西冷戦の過程で西側先進諸国の経済的優位が揺るぎないものとなるにつれて，旧植民地諸国の関心は次第に薄れその政策は自国と西側諸国の市場経済の接合を図る方向へ移行する。

　1990年代初めの東西冷戦の終結と社会主義ソ連の解体は，政府の経済活動への関与を最低限にとどめ，それを最終需要の貨幣的調整に限定するのが，最も効率的な経済政策であるという主張を国際機関と先進諸国の支配的見解とす

るに至った。こうして，世界的規模における開発指向的な国家的政策，あるいは国家的経済開発計画の解体が始まる。

しかしながら，1998年夏の時点において，ソ連の経済計画がかつて冷戦時代のロシアの経済発展の手段として不十分なものであったのと同様，否，それ以上に，この新しい世界的正統の地位を獲得した経済政策が，経済発展の今日的手段として不適切なものであることが，ますます，多くの人の目に明らかとなりつつある[1]。

東西冷戦後の世界経済はどこへ向かって変化ししつつあるのか，今日，それを見定めることは困難であるとしても，経済発展と国民福祉のための国家的政策が，かつての社会主義的経済計画によっても，自由市場創出的な総需要管理によっても作り出されないことは明らかであろう。

開発指向的経済政策の骨格はどうあるべきか，国家的政策手段としての開発計画は必要なのか，必要だとすれば，それはどのようなものであるべきであろうか？ この種の問題に対する解答を準備する際役立つ，判断の素材を提供するのが，この小論の目標である。

我々は，近隣アジアの発展途上国の運命を念頭に置きながら，議論を進めたい。

(1) 近隣アジア諸国の開発計画

第2次大戦後，わが国の近隣開発途上国，具体的にいえば，東・東南アジア諸国は，実に多くの経済開発計画を作成している。その中には，国内政治の急変によって国内では禁書同様となり，欧州の図書館においてしか閲覧できない計画もある。ここではとりあえず，これらの計画の大雑把な紹介から始めよう。

1997年夏，タイから始まった東・東南アジアの経済危機で深刻な傷手を受けた国の危機発生前までの計画は下の通りである。

〈タイ〉

1961年以降，継続的に開発計画を作成しており，1997年は年間7％の成長目標を掲げた第8次開発計画（1997～2001）の始まる年であった。

それまでの計画は第1次（1961～1966．6か年），第2次（1967～1971），第3

次（1972〜1976），第4次（1977〜1981），第5次（1981.10月〜1986.9月），第6次（1987〜1991），第7次（1992〜1996）である。

その間，1960年代半ば，東北開発計画，1980年代前半には東北農業開発や東部臨海工業地帯開発のための中期計画を発表している。

〈インドネシア〉

1965年の軍事政権成立以降の経済開発の基調は，大略一貫しており，1997年はレペリタ6（RepelitaⅥ）と呼ばれる1994年4月に始まる開発5か年計画の進行の途次にあった。この計画は，3,000億ドル以上の投資を予定しており，そのうち，企業投資に1,770億ドルが割り当てられていた[2]。

軍事政権下のそれ以前の計画は，復興・安定計画（1966〜1968），第1次5か年計画（1969/70〜1973/74），レペリタ2（1974/75〜1978/79），レペリタ3（1979/80〜1983/84），レペリタ4（1984/85〜1988/89），レペリタ5（1989/90〜1993/94）であった。レペリタ4以降の計画は，民間企業活動の重視に変わったと言われている。

〈南朝鮮＝韓国〉

この国が経済危機に直面する1997年は，ちょうど，GNP年間7.5％の成長率を掲げた第7次5か年計画（1992〜1996）が終わった年の翌年にあたる。

韓国は1961年の軍事クーデターの成功後，1996年まで継続的に5か年計画を作成してきた。それらの計画は，以下の通りである。

第1次（1962〜1966．計画GNP成長率7.1％，実績8.3％），第2次（1967〜1971．計画成長率7.0％，途中で10.5％，実績10.0％），第3次（1972〜1976．計画成長率8.6％，実績11.2％），第4次（1977〜1981．計画成長率9.2％，実績5.8％），第5次（1982〜1986．計画成長率7.5％，実績7.9％），第6次（1987〜1991．計画成長率8.2％，実績10.0％）

以上の3国は，危機克服のため，貨幣的調整を優先する国際通貨基金の融資を受け入れており，近い将来，国家的開発計画を作成するかどうか明らかではない。仮に作成するとしても，それは従来の計画とかなり異なった性格のものとなるであろう。

1997〜1998年現在，経済状況が極めて困難である点において上の3国と共

通している国にフィリピンがある。

ただ，第2次世界大戦後の経済政策は上の3国とはかなり異なっているが，参考までに，この国について述べておこう。

〈フィリピン〉

フィリピンの開発計画の継続的作成は1972年秋，時の大統領，マルコス（Ferdinand E. Marcos）が戒厳令を発布し，一種の独裁政権に変質してから，1986年，いわゆる民衆革命によって崩壊するまでの期間であり，その計画は下の通りである。

1972〜1975年の4か年開発計画，1974〜1977年の4か年開発計画，1978〜1982年の5か年開発計画（同計画には1978〜1987年の長期計画が含まれていた），1984〜1987年の開発計画。

もちろんマルコス政権以前にも，経済計画と名づけるものがあったが，それは政府に対する勧告にすぎず，この計画と並行して作成された，国の財政計画が事実上の政府の計画であったと言われている[3]。

上に紹介した開発計画は，下の計画モデルの一種と考えると非常に理解しやすい。

すなわち，これらの計画は，軍事的独裁政権が国内治安と資源を売り物に外国資本の誘致を図る公的提案目録の一種である。

したがって，そこでは，外国政府や企業の好意的反応によって初めて実現可能なプロジェクトが計画の主要部分となっているから，この計画と連携する国家予算の大きな部分を占める資本的経費（capital budgeting）は，外部からの資金確保の後，初めて支出できるのである。ここでは，予算は暫定的数字に過ぎず，単一会計年度の中で，何回となく，実支出に関し財政当局との間の交渉が必要となる，いわゆる「予算計上の繰り返し」（repetitve budgeting）を必要とするのである。

この「繰り返し」は，軍事政権が外資導入にともなう経済的利益を国内において配分する過程でもあるから，中央政府と地方政府の間に，あるいはまた，権限ある経済官庁と関連企業との間に，そのつど，経済的恩恵の供与と政治的支持の取り付けをめぐる「予算の水増請求とその削減」（paddings and cut）の

形を取った取引が行われるのは，極めて，当然のなりゆきである。

こうして，近代財政論が発展途上国の予算過程の特徴としてきた，巨額のcapital budgeting，単一予算年度内のrepetitive budgetingと予算請求におけるpaddings and cutは，実は，軍事独裁政権の外資依存の開発計画に固有の性格から生まれたものであると言ってよいであろう[4]。

そのほか，近隣諸国の中で国家的開発計画を策定している主要な国もしくは地域として，中国，台湾，マレーシアがある。

そのうち，中国と台湾は，表面的には軍事独裁政権と見なすこともできないわけではないが，開発計画が，ほとんど全く外資導入に依存していたかどうかは明らかでない。

マレーシアについては，その計画が外資導入に依存していたことは，かなり確実であるが，その政権を軍事独裁政権とするには，かなり留保が必要であろう。

したがって，ここでは結論を急がず，これらの国の開発計画の単なる紹介にとどめたい。

〈中国〉

中国に現実に存在した計画は，第1次5か年計画（1953〜1957），第4次5か年計画（1971〜1975），第6次5か年計画（1981〜1985），第7次5か年計画（1986〜1990），第8次5か年計画（1991〜1995）であり，第9次5か年計画（1996〜2000）に入った時点で，アジアの経済危機に直面している。

西側諸国の中国研究者は1958〜1960年の間に，この国の経済計画と経済統制の制度が崩壊したため，第2次5か年計画（1958〜1962），1963〜1965年の調整期の後の第3次5か年計画は事実上存在しておらず，第5次5か年計画に当たる1976〜1980年には，1976〜1985年の国民経済発展10か年計画が1979年6月，計画半ばで，放棄されているため，この期間の5か年計画は不完全なものだったと考えている[5]。

したがって，この国の国家的開発計画は，革命直後の第1次5か年計画を除けば，1980年代以降のことである。

〈台湾の場合〉

　国民党政権が台湾へ移ってから1976年まで,6回の4か年計画が継続的に作成されたが,その最後に当たる第6次4か年計画(1973～1976)発足の1973年,国民党政権は10大建設計画を発表し,経済開発への積極的姿勢を明確にした[6]。

　その後,情報産業を台湾産業の技術的核として育成することを目指すようになり,台湾経済開発6か年計画(1976～1981),情報産業開発10か年計画(1980～1989),国家建設6か年計画(1992～1997)が発表されている。

〈マレーシアの場合〉

　この国は1966年以降,中断することなく5か年を単位とする国家的開発計画を作成してきたが,第7回目の計画(1996～2000)が始まった時点で,経済危機に直面している。

　第1次計画(1966～1970),第2次計画(1971～1975),第3次計画(1976～1980),第4次計画(1981～1985),第5次計画(1986～1990),第6次計画(1991～1995)[7]。

　政策的にみれば,1969年のマレー系住民による人種暴動と,1980年代半ばの1次産品の国際価格の急落を契機にして,開発政策の基調が変わっているから,表面的に感じられるほど,計画の一貫性があるわけではない。

　以上で取り上げた国以外に,近隣諸国として,北朝鮮＝朝鮮民主主義人民共和国,ベトナム,シンガポールがあるが,前2者については内容的に不明な点が多く,最後のシンガポールの場合は内容は明らかであるが,それが開発計画と言えるかどうか疑問が残るようである[8]。

　冷戦から冷戦直後の時代に,アジアの奇跡と呼ばれたほどの高度成長を示した近隣諸国の開発政策の道具であった国家的開発計画に,どのようなものがあったかを,新聞・雑誌類の断片的報道をつなぎ合わせながら,紹介してみた。

　1997年夏から始まった,これらアジア諸国の経済危機の原因については,種々の観点から取り上げることが可能であろうが,我々がここで論じようとする課題の文脈から言えば,ポスト冷戦期になって急テンポで進められた,政府の仲介と調整を経ない先進諸国の投資が,冷戦期と異なる新しい開発金融を必

要としているにもかかわらず，それが作り出されなかった点に，この危機の最大の原因を見いだすべきではないかと思う。

このような判断の正否は，一応別として，アジアの経済危機が冷戦時代の経済開発の構造に終止符を打ち，これら諸国に新しい経済開発政策の必要を認識させるのは時間の問題ではないかと思う。そしておそらくは，この新しい政策の検討の中で，国家的開発計画もかなり変わるのではなかろうかと思う。この危機を通じて，新しいアジアの時代が生まれ出る可能性は大きいというべきであろう。

1998年の時点で，その将来展望を描くことは困難であるが，新しいアジア開発時代の持つ可能性を，20世紀の国家的開発，特に社会主義国の経済計画の経験の中から垣間見る試みも価値があるのではないかと思う。

(2) 社会主義的開発モデルの再検討

冷戦時代，西側諸国の学術研究の一分野として現れた比較経済体制論 (comparative economic systems) は社会主義経済，具体的にはソ連を，指令経済 (command economy) とし，それを市場経済 (market economy) の対極に位置付けるのが通例であった。

しかしながら，社会主義経済が行政的に管理されていたとしても，それが市場もしくは市場代替物をその内部に組み込もうとしていたことを理解しないと，社会主義経済の理解を大きく誤ることとなるだろう。

ソ連について言えば，1930年代の目覚ましい工業化と第2次世界大戦後の経済復興の成功の後に，行政的開発管理の限界を痛切に感じるようになり，その克服の手段として，何らかの需給調節機能の導入を真剣に考えていたのである。

極めて早い時期に生産財に関する市場創設の必要を主張する人々が現れていたが，1965年の経済管理制度の改革後，力を得たのは，計算上の市場類似物を利用し行政的計画の合理化を図ることであった。具体的に言えば，ソ連経済について多部門・多地域の最適計画モデルを作成し，最適計画計算の過程で得られた陰の価格 (shadow price) を用い，行政的経済計画の作成に役立てようとしたのである。

この作業は巨大な人的・物的資源を投じ，20年以上の歳月にわたって続けられ，この作業を担当した研究所の専門家たちは，西側諸国の一部で尊敬の念を込めてソ連経済学の「革新者」（innovator）と呼ばれたのである。
　私はかつて，この作業モデルの構造を，ソ連の計画委員会モデルとの対比において紹介したことがある。それから20年近く経ているが，わが国ではあまり知られていないようであるから，その構造を簡単化された形で説明しておこう[9]。
　このモデルは計画の出発年と目標年を取り上げ，目標年における需給均衡を考え，計画期間における投資の産業・地域配分が適切であったかどうか確かめようとするものである。
　具体的に言うと，
　　イ．計画期間の国全体の投資財
　　ロ．生産，運送，その他
に一定の制限があることを前提した後，目標年における運輸サービスを含む，すべての生産物と移住を考慮した労働力の地域的需給の均衡を可能とする計画の中から，主観的に設定された消費財の地域的配分割合に基づいて，最大の消費財を供給し得る投資の産業・地域間配分を考えようとするものである。

　以下，このモデルの形式的説明を行うが，数式の終わったところから読み続けられても，論旨の理解上，困ることはない。
　さて，実際の計算において重要な仮定は，
　　イ．新しい運送手段やその路線の開設に必要な，いわゆるインフラ投資を考慮の外に置いていることである。したがって計画期間の国全体の投資財は，非運輸部門用に限られている。
　その他，
　　ロ．労働力は外生とする。
　　ハ．特定地域で利用される生産方法は1個とする。
　　ニ．各種の運輸サービスを単一の仮説的サービスに還元し，運輸コストを各種サービスのコストの平均とする。

ホ．地域間の運輸のルートを 1 個にし，輸送費は，すべて発送地に負担させる．

という単純化を行っている．

　　地区の数，$1\cdots\cdots m$．
　　生産物の種類，$1\cdots\cdots n$．ただし，$1\cdots\cdots k$ は消費財．$k+1\cdots\cdots n$ は投資財．
　　パラメタ（資源）：
　　$\bar{I_i}$　　計画期間，国全体について計算された投資財，i の供給．
　　$\bar{L}^r$　　第 r 地区の労働力の供給．
　　Q_i^r　　第 r 地区の計画の出発点に存在していた設備によって目標年に生産可能な第 i 生産物の上限．

次に，生産の技術的構造に由来するパラメタに移る．

パラメタ（生産・運輸）：
　　a_{ij}^r　　第 r 地区の計画の出発点に存在した設備の費用係数．
　　$\varDelta a_{ij}^r$　　第 r 地区で計画期間中に設営された設備の費用係数．
　　k_{ij}^r　　第 r 地区で計画期間中に設営された設備の建設費を示す資本係数．
　　l_i^r　　第 r 地区の計画の出発点に存在した設備の労働係数．
　　$\varDelta l_i^r$　　第 r 地区で計画期間中に設営された設備の労働係数．
　　t_i^r　　第 r 地区の運輸サービスの費用係数．
　　l^r　　第 r 地区の運輸サービスの労働係数．
　　T_i^{rr}　　第 r 地区の内部で，第 i 生産物 1 単位の運送に必要な運輸サービス．
　　T_i^{rs}　　第 r 地区から第 s 地区へ第 i 生産物 1 単位を運送するに必要な運輸サービス．

最後に，国の政策目的と密接に関わり合う住民の厚生につながるパラメタがある．

パラメタ（厚生）：
$\bar{c}_i^r$　　第 r 地区の第 i 生産物の固定的最終消費。
c_i^r　　国の全消費財の中で，第 r 地区における第 i 生産物の消費割合。

未知数となる内生変数の記号は下の通りである。ただし，それらは，すべて，目標年に関する数字である。

内生変数：
x_i^r　　第 r 地区の計画の出発点に存在した設備で生産される第 i 生産物の量。
Δx_i^r　　第 r 地区で計画期間中に設営された設備で生産される第 i 生産物の量。
T^r　　第 r 地区の運輸サービスの供給。
X_i^{rr}　　第 r 地区内で運送される第 i 生産物。
X_i^{rs}　　第 r 地区から第 s 地区へ運送される第 i 生産物。ただし，輸送は，すべて，隣接地区間に分解される。
Z　　国民経済的厚生の指標。

以上，内生変数は，$m \times n \times 2 + m + (m + 隣接地域の境界の数) \times n + 1$ となる。

なお，このモデルは計画期間の中間を飛ばし，目標年の需給均衡だけを問題にするので，期間中の投資と目標年の投資の間に一定の仮定をしなければならない。モデルの設計者は，計画期間中，それぞれの地区内の投資は滑らかに一定の比率で増大するものと仮定して，目標年における投資の必要量と計画期間中の設備の設営の割合を想定している。それを，ここでは，記号 Δk_{ij}^r で示すことにする。また，内生変数 Δx_i^r にも，上，下限があると考えているので，それを，$\Delta \bar{x}_i^r$, $\Delta \underline{x}_i^r$ で示すことにしよう。d_{ij} をクロネッカーのデルタ，つまり，i ≠ j なら 0，i = j なら 1 となる変数とする。

すると，次の標準的線形計画問題を作ることが可能となる。

$$\sum_{r,j} k_{ij}^r \cdot \Delta x_j^r \leq \bar{I}_i, \quad i = k+1, \cdots\cdots n. \tag{1}$$

$$\begin{aligned} x_i^r + \Delta x_i^r + \sum_{s \in N} X_i^{sr} \geq &\sum_j a_{ij}^r \cdot x_j^r + \sum_j \Delta a_{ij}^r \cdot \\ &\Delta x_j^r + \sum_j \Delta k_{ij}^r \cdot \Delta x_j^r + t_i^r \cdot T^r + \\ &\sum_{s \in N} X_i^{rs} + \bar{c}_i^r + c_i^r \cdot Z \end{aligned} \tag{2}$$

あるいは，上式(2)を整理して，

$$\begin{aligned} \sum_j (d_{ij} - a_{ij}^r) x_j^r + \sum_j (d_{ij} - \Delta a_{ij}^r - \Delta k_{ij}^r) \cdot \Delta x_j^r \\ - t_i^r T^r - \sum_{s \in N} X_i^{rs} + \sum_{s \in N} X_i^{sr} - c_i^r \cdot Z \geq \bar{c}_i^r \end{aligned} \tag{2'}$$

$i = 1 \cdots n, \quad r = 1 \cdots m.$

(ただし，Nはr地区の隣接地区の集合を示す)

となり，制約条件，(1)，(2′)が得られる。

さらに，$T^r \geq \sum_i T_i^{rr} X_i^{rr} + \sum_{i, s \in N} T_i^{rs} X_i^{rs}$ に，$X_i^{rr} = x_i^r + \Delta x_i^r + \sum_{s \in N} X_i^{sr} - \sum_{s \in N} X_i^{rs}$ を代入して得られる制約式，

$$\begin{aligned} T^r - \sum_i T_i^{rr} \cdot x_i^r - \sum_i T_i^{rr} \cdot \Delta x_i^r \\ - \sum_{i, s \in N} (T_i^{rs} - T_i^{rr}) X_i^{rs} \\ - \sum_{i, s \in N} T_i^{rr} \cdot X_i^{sr} \geq 0 \end{aligned} \tag{3}$$

$r = 1 \cdots m.$

と，下記の制約式

$$\sum_i l_i^r x_i^r + \sum_i \Delta l_i^r \Delta x_i^r + l^r T^r \leq \bar{L}_r$$

$r = 1 \cdots\cdots m. \tag{4}$

$$\Delta \bar{x}_i^r \geq \Delta x_i^r \geq \Delta \underline{x}_i^r \quad i = 1 \cdots\cdots n \tag{5}$$

$$x_i^r \leq Q_i^r \quad i = 1 \cdots\cdots n \tag{6}$$

$$x_i^r, \Delta x_i^r, X_i^{rs}, T^r \geq 0$$

$r, s = 1 \cdots\cdots m, \quad i = 1 \cdots\cdots n. \tag{7}$

の下で，目的関数，Zの最大化を図れば，各地区の産業に配分されるべき投資の最適値，$k_{ij}^r \cdot \Delta x_i^r$ が決定されることとなるのである。

$$Z = max \tag{8}$$

以上がソ連で最適部門・地域連関モデル，略称 *OMMM*[10] の数理構造を，単純化された形で示したものである。このモデルは1960年代以降，ソ連の行政

的経済管理の改善を図る方法の中で，次第に有力となり，おそらく最も有望視されていたのではないかと思う。

その特徴は先に述べたように，最適計画案の発見過程で，この計画の陰の価格を計算し，それによって生産のボトル・ネックや新投資の優先度を明らかにしようとする点にあった。

例えば，一例を挙げれば，すでに1973年の時点で，この作業の推進者の1人であるA. G. グランベルグは，ソ連内の10の経済地区について，14の産業の製品の国民的陰の価格を計算している。数字は，いちいち挙げないが，当該産業の生産物，100万ルーブルを増産しようとした場合，与えられた最終消費財の組み合わせからなるバスケットで計った費用が，いったい何万ルーブルになるかを計算し，それを一表として掲げているのである[11]。

それによれば，欧ロの西部地区とロシア領極東を比較した場合，機械については，前者が後者より6％程度割高になるが，農作物については逆に，後者が，前者より約14％割高となる等，種々の地域の各産業の生産物の陰の価格の相対的比較ができるようになっている。おそらくこの種の価格は，行政的財務計画の基礎となる計画価格と別個に，かなり広範囲に計算されたのではないかと思う。

さて，こうして資本主義世界市場から切り離され，自国経済の非市場的開発を試みようとするとき，どうしても，そこに市場に代わる社会的生産物評価の経済的方法を作り出さねばならないこと，換言すれば，非市場的開発といえども一種の市場を必要とすることが明らかとなったとしても，ソ連の最適国民経済モデルの開発が果たして正しい選択であったのか，社会主義国家の威信をかけて行われたこの開発が，国民経済管理効率の向上をもたらし得たのか，という問題が残る。

1982年，ソ連で出版されたソビエト数理経済学界の代表者によって編集された書物は，その序文で，上掲の計画モデルについて次のように述べている。

> 「このシステムの個々の要素は，十分，完全に，方法的かつ実験的に詳細な検討を経ているが，システム内のモデル間の整合問題は，現在，理論的に研究されているにすぎない」[12]。

つまり，計画機関のデータ・ベースの一部となり，現実の経済計画作成業務の改善に利用されているものの，国家計画全体の合理性を保障するまでの完成度を持っていないということである。

1961年のソ連共産党綱領は，20年後，すなわち，1981年までに，数理的方法と先進的計算手段に基づく近代的計画法を完成させると宣言していたのであるから，少なくとも，ソ連の計画業務がソビエト国家と共産党の期待に応えることができなかったことだけは明らかであろう。

スターリン時代のロシア，毛沢東時代の中国は，自らの経済開発の計画化を実物的方法に依拠して実現した。国民経済の構造が比較的単純な場合，それでよかったのであろう。

ところが，生産技術が高度化し，国民経済の構造が次第に複雑さを増していくと，国民経済の計画的管理には，市場の復活か，あるいは，それに代わる社会的評価の経済的方法を作り出さねばならない。1970年代末の中国のように，ポスト毛の経済政策を資本主義世界市場への全面的包摂に委ねることに肯んじなかった社会主義ロシアは，一種の計画計算によって作り出された，擬似的市場を発展させる以外に方法がなかったのである。

今後，資本主義世界市場との間に緊張した相互関係を維持しながら経済開発を図らねばならないであろう近隣アジアの発展途上国にとって，国家目的に適合する社会的評価を探求した社会主義ロシアの経験の持つ意味は大きい。

(3) 発展途上国の経済変化

1990年代初頭の東西冷戦の終結にともない，世界経済の構造が大きく変化し，その中で，先進資本主義国と発展途上国の関係も根本的再調整が必要となるであろうと思われるが，この点を現在の公的西側世界の将来展望とはかなり異なる見通しの下に論じてみたい。

(1)で述べたように，冷戦期発展途上国経済発展の支配的特徴は，親西側の軍事的独裁政権が途上国の国内治安の確保と引き換えに，権力の仲介的配分を経由する，外国資本の導入を図ることであった。ここから，この独裁政権の経済戦略，開発計画，そして，その実現手段となる国家予算の特異な性格が生ま

れたのである。

　しかしながら，この経済開発は，非常に非効率的なものであった。

　なによりもまず，軍事政権であるから，経済的判断は，しばしば二義的となり，本来，経済的判断に基づくべき投資の中に，軍事政権維持の経費を数多く含めることが避けられなかったのである。資本予算と呼ばれる経費の肥大化が，端的にこのことを示している。

　ここから，国際機関の関係者が「開発基金供与の背理」（paradox of development funding）と呼んだ，奇妙な現象が生まれてくる。

　すなわち，発展途上国の経済開発のための資本予算が増大すればするほど，未完成工事に要する費用も急速に増大し，資本建設の効率が低下していくという現象が，これである。この種の効率の低下は，資本建設が次々と地方的支持基盤の維持を目的として計画され，それに相当程度の政治的費用が含まれたことから生まれたのではないかと思う。

　長期にわたる冷戦は西側諸国の経済力を疲弊させ，特に，その末期になると，親西側軍事政権維持の費用が大きな負担となってくる。こうして，西側諸国の対途上国援助は実質的に頭打ちとなり，公的援助目的も，経済開発そのものから，自らの手で経済開発を実行できる制度作りへと変わるのである。

　1980年代半ばにおけるOECDの開発援助委員会（DAC．通称，ダック）の政策転換は，この変化の象徴的かつ劇的な確認であった。

　ポスト冷戦時代に，この政策転換が，西側諸国の軍事政権利用政策からの訣別，国家を媒介とする対途上国対策の見直しへ導くであろうことを理解することが重要である。

　開発投資が国家でなく市場を経由して行われるような制度の構築が，次第に先進諸国の対途上国政策の明確な特徴となったのである。

　軍事独裁，開発計画，資本予算重視財政を組み合わせた開発構造の崩壊が始まったのである。

　国家に代わる開発投資の受け皿は企業以外にはない。こうして，途上国企業と協力して行われる直接投資とか，途上国企業の発行する有価証券の購入が，経済開発の主要な政策用具として登場してくるのである。

冷戦終結前後から，発展途上国において嵐のような成長ぶりを見せた有価証券市場，いわゆる新興市場(emerging market)が，このような時代の要請を背景に生まれたことはいうまでもない。

さて，ここで新しい途上国の経済開発の原型と，おそらくこれから生まれるであろう開発計画の特徴について考えたいのであるが，直接，それに答えるのでなく，1997年夏のアジアの経済危機に関する，当時の議論の批評を通じ，この問題を考える上での重要な論点の所在を確認したい[13]。

まず，第1に，この危機の発生と同時に，わが国の専門家が真っ先に主張したことは，これら近隣諸国においては長期資本市場が発展していないから，勢い海外からの資金の供給が短期貸付の形を取らざるを得ず，今回のような危機的状況が発生したのであるという議論であった。

これは全くの愚論である。国際的金融機関が長期貸付を与えず，貸付更新の是非を絶えず再検討できる短期貸付しか応諾しなかったのは，対象国のマクロ経済的指標の動向に不安を抱いたからであって，ここで問われるべきことは，なぜ，当該途上国が自国の金融能力に対する不信が強まる中でマクロ経済的是正措置を取らなかったかという問題である。

当該国に対する巨額の短期貸付の存在を指摘し，それが危機の原因であると主張するのは，論理的思考能力の欠如以外の何物でもない。

第2に，1年を超す長期的危機から脱出するには，近隣諸国の信用制度を欧米並みに改革する必要があるという議論が，わが国のジャーナリズムや学界で力を得たように思われる。特に，近代的銀行部門における開示制度の改善を主張した人は多い。

しかし，今や世界の主要な貯蓄供給国となり，世界の金融市場との間に太いパイプを構築するに至ったわが国の信用制度に当てはまる議論を，そっくり，そのまま近隣諸国へ持ち込むのは出発点から間違っている。

企業の開示制度にしても，米国が現在の制度を整えるに至るのは，両大戦間期に有価証券が多くの人の財産保有の形態となり，政府が大衆的資産の保護措置を講じなければならなくなった結果である。それは1個の社会制度で，それを求める強力な社会的圧力なしには，その実現は期待できない。

いったい発展途上国の誰が，どのような情報を求め，その情報をどのような手段で取得しようとしているのであろうか？　まず，その辺から議論を出発させなければならないであろう。

今日，おそらく近隣諸国の企業の内容は，その国の専門的金融業者や競争相手の間ではかなり広く知られており，今さら開示でもないのではなかろうか？　これらの国には，まだ，広範な開示を求める非専門的大衆投資家層は形成されておらず，必要なのは開示というより，金融取引の安全を守る制度であるといえるかもしれない。

もしも，現在企業情報の開示を必要とする人々があるとするならば，それは，外国からこれら諸国への開発投資を，有価証券の買い入れとか有価証券担保の貸付によって行おうとする国際的金融業者であると考えねばならない。つまり，冷戦の終結とともに加速度的に拡張した，対途上国投資の証券化（securitization）の分野において，利益を追求する人々であろう。

しかし，彼らの投資について言えば，すでに1994年末のメキシコの通貨危機の後に明らかになったように，その対途上国投資は産業研究抜きの集団的投機と化し[14]ており，この種の開示要求は「途上国の証券市場が，先進国が業績予想困難なベンチャー以外の企業について持っている市場と同じなら，我々は決して損をしないはずである」という言い訳代わりに使われていると解釈できないわけではない。

紙上の金儲け（paper entreprenourship）を経済制度に合わせて成功させることは可能でも，前者の都合に合わせて後者の変革を図ることは困難であると知るべきである。

最後に触れておきたいのは，アジアの経済危機に対し，わが国が取るべき態度に関する内外の議論である。

1998年，1年間を通じ，金融大国であるわが国が，近隣諸国の危機脱出に指導性を発揮すべきであるという声が高かった。特に近隣諸国の政治家と実業家が声高に主張しており，国内でも，政治家の間にこれに呼応しようとする人が見られた。

しかしながら，実態を多少とも知っている人々にとって，実は，これほど誤

解を招きやすい主張はないのである。

　タイで金融不安が爆発する相当前から，国際金融市場が，この国の経済政策に危険信号を与え続けてきたことは前のページで述べた。そして，この国に供与されていた短期貸付が海外へ回収されるきっかけとなったのは，実は，ほかならぬタイ自身の国内資金の海外逃避であり，それを先物為替契約による外貨準備操作によって隠蔽したタイ通貨当局のスタンスが，海外の金融機関に知られた結果であった。

　本来なら，内外の経済均衡の維持と，国の利益を考えるべき国家的政策が国内の投機家の利益に左右されるという，この信じがたい現実が危機の差しあたっての原因であったことを我々は深刻に受け止めねばならない。

　わが国にとって必要なことは，近隣諸国の経済的安定であって，これら諸国の国家的指導層の救済ではない。この点を明確にせずに行われる援助は，近隣諸国における健全な経済政策の定着を妨げるものであると言わねばならない。

　以上，アジアにおける経済危機との関連で述べた我々の議論は，発展途上国の経済開発の将来を考える際，どのような含意を持つのであろうか？

　まず，冷戦末期から進んでいた独裁政権を経由しない対途上国投資が安全な受け皿をまだ作り出していないという事実は，否定すべくもない。

　しかも，公的な国際機関が，新しい時代にふさわしい制度を構築し得る能力を持っているかどうかも疑わしい。

　タイの金融危機に際し，国家的支払停止ではなく，巨額融資の応諾から始め，割高になっていた為替相場の是正を後回しにして，資本逃避に乗りおくれた人々を救済し，信じられないほどの高金利によって経済を破壊した国際通貨基金の対応が，果たして賢明な措置であったのか，大いに疑問があるというべきであろう。

　以上から，次のことが明らかとなる。

　経済開発を成功させるためには，市場が送ってくるシグナルに応じた適切なマクロ的経済政策の選択を行うこと，産業の長期的発展について明確な展望を持ち実体経済に無知な市場活動の影響を断ち切ること，内外の市場のルールを無視した利潤追求に対し厳格な社会的制裁を課すことが必要である。そして，

途上国は，これを公的国際機関に依存することなく，自ら実行し得る能力を持たなければならない。

要するに有能かつ責任能力ある自立的経済官僚制が必要になるのである[15]。

それは，ときには，途上国の市場を世界市場と連携させながら一定の公的規制を加える場合もあろうし，ときには，その市場の一部を世界市場から分離させる場合もあろうし，あるいはまた，国内の未成熟な市場を行政的な資源配分に置き換える場合さえ起こり得るであろう。いずれにしても，発展途上国の必要に基づいて自国経済と先進諸国経済との適切な相互関係を構築しようとするであろう。

このポスト冷戦の新しい効率的国家の形成に，社会主義ロシアの成功と失敗の経験が有益な教訓を与えるであろうことに，疑問の余地はないだろうと思う。

むすび

ポスト冷戦時代の発展途上国の開発計画を論じた，この小論において，我々はまず，第2次世界大戦後の近隣諸国の開発計画が基本的に冷戦時代の開発独裁的外資導入体制の一部であると主張し，続いて，社会主義ロシアの開発計画の合理化を目標とした市場類似の社会的評価の試みについて述べた。

そして最後に，我々は，1997～1998年のアジアの経済危機における近隣諸国の対応に関する内外の論評の分析を通じ，これら諸国が今後，経済開発に成功するためには，自らの国家的性格の質的転換を図らねばならないのではなかろうかと論じた。

こうして，アジア近隣諸国の経済開発は，歴史的変化の入口に立っており，将来，国家的開発計画が作られるとしても，それは，従来とはよほど違ったものになるのではなかろうかと思う。

これら諸国にとって，自国の対外依存の開発戦略の脆弱性と，社会主義ロシアの非市場的な開発戦略の一定の成功を，批判的に検討し，開発戦略と開発計画の有効性を高めることが，今日，重要になっているのではないかと思う。

【注】

1) 例えば，社会体制転換の前と後とのロシアの状況を比較すれば，この点は，ほとんど説明を要しない。

　共産党下の経済運営とIMFの助言を受け入れた新政権のそれは，マクロ的経済成長率，技術の開発，人民の生活水準の，あらゆる分野の比較において極めて対照的で，後者の拙劣さが際立っている。

　国家の民主化の基礎となる社会・経済情報の提供に関しては，情報収集と分配の機構そのものが崩壊に瀕したため，1995年の時点で，ロシアの地方都市では隣り合う都市で何が起きているかさえ分からないような状況が生まれている。

　冷戦後，世界的正統の地位を得たIMFの政策立案者は，ロシア経済を徹底的に破壊しただけでなく，ロシアの民主的再生の希望を，共産主義に数倍する無慈悲さで，抑圧しているのである。

　この種の経済政策と，それを支える思想が，21世紀へかけて世界的正統の地位を維持し続けられるとは，とても考えられない。

2) わが国のインドネシアに関する開発文献の中で，大統領，スカルノ時代の計画に全然触れていないものが多い。

　この時代は，当時の世界的開発思想の影響を受け，いくつかの経済計画が作成されている。最初の本格的計画は1956～1960年の開発5か年計画である。国家計画局（英文：State Planning Bureau）の作成したこの計画は，1956年秋から実行に移された。この計画の完了を受け，1960年12月3日，国民参与臨時大会は全会一致で8か年計画を採択した。この計画は，その中に農地改革の実施計画を含んでおり，5～6回の計画継続後に「公正で繁栄する社会主義社会」の建設を意図したものであったが，途中，軍事政権成立の結果，1966～1968年の復興・安定計画に取って代わられ，農地改革も，事実上，打ち切られた。

　スカルノ時代には，上の5か年計画前に，ジャワ本島の23の生産センターの中小工業の振興を目指した1951年緊急2か年計画（期間はその後延長され，1956年まで続いた），食糧自給計画（1952年作成），東ジャワ漁業計画（1954年作成），灌漑計画（1955年作成）が作成されている。

　この時代の計画は，独立直後の経済的混乱の克服を意図した点と，体系化されるにつれ，一種の社会主義的計画へ近付いた点において，その後の経済計画と質的に異なる特徴を持っていた。

3) フィリピンの最初の計画は1955～1959年を予定したが，予定が大幅に遅れ，1957～1961年の5か年計画となった。その後，1959年，1959～1961年の経済・社会発展3か年計画が作成され，続いて，1962～1966年の5か年計画，1966～1969年の4か年計画が作られた。これらの計画は政府に対する勧告であり，これと並行して，1957年から10年余りの間に4つの財政5か年計画が作成され，これが政府の財政支出を直接，規

制していた。

　米国統治時代にも国家的経済計画の作成が試みられている。その最初は1935年の国家経済委員会（National Economic Council）の作業であった。第2次世界大戦後の1947年に米国政府は2つの計画を作成している。1948年には世界銀行の指導により，1950年は米国政府の指導により，それぞれ計画を作成している。1950～1960年代のソ連文献でこれらの戦後計画は「ヒベン」，「ベイステル」，「クアデルノ」，「ユロ」の諸計画と報じられているが，詳細は不明である。

　なお，本文の記述を含め，フィリピン外の二次的情報に依拠したため，計画期間について，暦年と会計年の区別が明らかでない場合が多かった。

4) 発展途上国の国家予算の特徴を論じたものに米国の著名な財政学者，アーロン・ウィルダフスキー（Aaron Wildavsky）の著作がある。ただし，この著作の途上国に関連する部分はナオミ・ケイデン（Naomi Caiden）との共同研究に基づいている。

　Aaron Wildavsky: Budgeting. A Comparative Theory of Budgetary Processes, Revised Edition, New Brunswick, New Jersy, 1986, Transaction Inc.

　本文の記述は，同書の146～181ページに負っているが，軍事独裁政権の外資依存の開発戦略と関係づけた説明は，我々独自のものである。

　発展途上国財政の理解には，途上国政府の国家的性格と，途上国の資本市場の未成熟という二重の観点が必要であり，ポスト冷戦の時代になっても，国が資本市場を補完し，部分的にそれに代位することなしに，途上国の経済発展はあり得ない。

　私はかつて「途上国の開発に付随する『非市場的』市場機能の必要」について論じたことがある。

　1995年度西日本財政学会（1995年7月1日（土），九州大学）で行われた著者の報告，「途上国財政論の課題」がそれである。

5) なお，第4次5か年計画（1971～1975）は基本方針か，重要物資の生産目標程度のものだったと言われている。

6) 戦後，内戦に敗れた国民党政府が台湾へ移るのは1949年12月のことであるが，国民党政府が最初の4か年計画を発足させたのは，1953年であった。この計画はその後の計画と異なり，米国の援助の有効活用を柱に，台湾の自給力を強化する諸種の投資奨励策を盛るものであった。

　しかしながら，経済的自給を目指した輸入代替の政策は，1957年から始まった次の4か年計画で方向転換し，輸出増加のための投資・貯蓄奨励策が，計画の中心となった。

　台湾の政府文献は1976～1989年の期間を3つの計画期に分け，第7次（1976～1981），第8次（1982～1985），第9次（1986～1989）としているが，1990年以降については公的に第何次の語を冠するのか，どうか不明である。

7) マレーシアは，第6回目の計画の作成に先立って，10年を単位とする長期展望計画（Outline Perspective Plan）を2回作成している。

第 4 章 転換期の開発計画　　149

　　また，先行するマレー連邦時代（1957～1963）には2つの開発5か年計画（1956～1960と1961～1965）を作成している。
8）北朝鮮とベトナムについて，その存在が知られている計画は，前者の場合，3か年の復興計画（1954～1956），第1次7か年計画（1961～1967），第2次7か年計画（1978～1984）と第3次7か年計画（1987～1993）があり，後者の場合には，2つの3か年計画（1955～1957と1958～1960），第1次（1961～1965），第2次（1976～1980），第3次（1981～1985），第4次（1986～1990），第5次（1991～1995），第6次（1996～2000）の各5か年計画がある。
　　シンガポール政府が，1991年様々な分野の政策目標を集大成した戦略的経済計画（Stratigic Economic Plan）を発表した際，過去の計画は1960年の第1次計画，1980年の第2次計画と1985年の第3次計画の3つであり，これらの計画の経験に基づき，1991年計画は，中・長期にわたるシンガポール経済の発展の分析に必要な包括的情報基盤を提供したと述べている。そして，17の具体的政策課題を列挙している。
　　しかし，我々の知る限り，シンガポールは1965年のマレーシア連邦からの分離前後に2つの開発計画，すなわち1961～1964年開発計画（State of Singapore Development Plan. 1961-1964）と第2次開発計画（Second Development Plan. 1966-1970）を作成している。なぜ，シンガポール政府はこれらの開発計画を無視したのであろうか？
　　おそらく，シンガポール政府は，1991年の時点で，政府の役割を政策課題の確認とその課題に関連する情報提供に限定し，それを超える文献を政府の公的文献と認めようとしなかったためではないかと思う。我々が，シンガポールの計画が開発計画と言えるかどうか疑問であると述べたのは，このような1991年計画の，事実を無視した自由放任のイデオロギーに疑問を持ったからである。
9）拙稿，「ソ連における地域計画の数理モデルの展開」，『現代農業論』（的場徳造古稀記念論文集）御茶の水書房，1982，109～127ページを参照されたい。
　　この論文の要旨は，1980（昭和55）年，社会主義経済学会の全国大会で発表された。『社会主義経済学会会報』第18号，1981年10月1日，9～11ページに報告の内容が要約されている。
　　なお本文でシベリアの学術都市の研究所と述べたのは，ソ連科学アカデミー・シベリア支部の経済・工業生産組織研究所，Институт экономики и организации промышленного производства（略称，ИЭиОПП，СО АН СССР）のことである。
10）ロシア語の「最適」（оптимальная），「部門連関」（межотраслевая），「地域連関」（межрегиональная），「モデル」（модель）の各語の最初の文字，O, M, M, Mを組み合わせたものである。
11）A. G. グランベルグ『国民経済の地域的比例の最適化』，1973年，167ページ。
　　А, Г. Гранберг：Оптимизация территориальных пропорций народ-

ного хозяйства, Москва, 1973, Издательство《Экономика》.
12）N. P. フェドレンコ／E. F. バラーノフ編『国民経済の計画化のモデル体系』，1982年，8ページ．

　Н. П. Федоренко и Э. Ф. Баранов（ред.），Система моделей народнохозяйственного планирования, Москва, 1982, Издательство《Наука》.

　我々が，上掲の計画モデルについて面白いと思うのは，当初，最適な国家計画作りを目指したが，次第に計画案を作る過程で明らかとなる種々の生産物やサービスに対する評価の方が重要性を増し，行政的な計画に含まれるボトル・ネックの発見や，その克服方法の評価に役立つようになったと言われていることである．

　1980年代に入って，ソ連の経済学者，G. L. シャガーロフ（Г. Л. Шагалов）は，OMMM 類似のモデルに外国貿易を包含した経済計算を提案しているが，本文の記述と整合性を持つように説明すれば次のようになるだろう．

　新しく，複数の貿易相手国の存在を仮定する．そして，国内の第 r 地区から，第 t 国への，第 i 財の輸出を E_i^{rt}，同じく，輸入を M_i^{tr} で示し，これらの物資の，第 r 地区と貿易港の間の輸送料を，r 地区と貿易港の間に位置する第 S 地区について，それぞれ X_{ri}^{Et}，X_{ri}^{Mt} とする．

　第 t 国への第 i 財の輸出価格を $Peti$，第 t 国からの第 i 財の輸入価格を $Pmti$，第 t 国との間で維持しなければならない第 i 財の輸出と輸入の限界を，それぞれ，B_i^{Et}，B_i^{Mt} とし，第 t 国との間の貿易差額の目標を，St とする．モデル OMMM に，制約条件，

$$\sum_r E_i^{rt} \leq B_i^{Et}, \sum_r M_i^{tr} \leq B_i^{Mt},$$
$$\sum_r \sum_i (Peti E_i^{rt} - Pmti M_i^{tr}) = St$$

を付加し，本文の式，(2)，(3)，(4) に必要な修正を加えれば，シャガーロフの提案と実質的に大差のない結果が得られる．

　問題は，この種の計算がソ連およびコメコン時代の末期に実行されたかどうかであるが，この点について，確定的な証拠はない．ただ，この時期に，コメコン加盟諸国が合意した取引価格に種々の修正係数を適用して取引の国民経済的有用性を判断するため，協定の締結が困難になっているという報道が見られたので，おそらく似たような計算が行われていたのではないかと思う．

　シャガーロフ，『コメコン加盟諸国の経済協力の効率』1983年，189～202ページ．

　Эффективность экономического сотрудничества стран СЭВ, Москва, 1983, Издательство《Экономика》.

　モデル OMMM の作成に従事した研究所は，各国の政策的最適化を取り入れた OMMM の世界経済版を作成し，その方法と計算結果を，1983年，ロシア語で発表している．この世界経済版は，1988年，国連の世界経済モデル，ディナミコ（**DYNAMICO**）と合わせ，世界的最適化モデル（global optimization model）と経済的相互依存モデル（economic interaction model）として，小冊子にまとめられている．

United Nations, Department of International Economic and Social Affairs: Modelling of World Economic Development, New York, 1988, United Nations.
13) 1997〜1998年のアジアの経済的危機には隠された部分があるようで，危機発生の経緯を想像力を持って追跡する必要があろう。この部分を考える上で，チェース・マンハッタン銀行の主任エコノミスト兼調査部長(Chief Economist and Director of Research at Chase Manhattan Bank）ジョン・リプスキー（John Lipsky）の小論文は示唆的であった。
Asia's Crisis. A Market Perspective, "Finance and Development" (Published by IMF), June 1998, pp.10〜13.
14) この点を理解する上でIMFの専門家，イレーン・バクバーグ（Elaine Buckberg）の論文が極めて示唆的である。
International Investors and Asset Pricing in Emerging Markets, IMF Working Paper, WP/96/2. January 1996.
15) 冷戦期の米国の対外援助に関する社会学的研究に基づき，冷戦末期から進められたIMFによる発展途上国の制度改革の空想性を指摘し，途上国の発展段階に即した経済官僚制構築の必要を論じたものに，拙稿がある。
「経済開発の制度に関する一試論」，雑誌『エコノミクス』（九州産業大学），創刊号，1996年11月，37〜55ページ。

2．貿易と投資の計量

はじめに
　この小論は，経済大国の地位を確立するに至ったわが国が近隣諸国との経済関係の構築過程でいかなる政策を取るべきかについて，大雑把な評価を下す上で役立つ計量モデルの枠組みを考える材料として書かれたものである。
　計量経済学者というより政策学者を念頭に置いて簡単な数値計算の実行可能性を考えながら，議論を進めたいと思う。

(1) 経済分析における短期と長期
　為替相場の国民経済的機能に関するフレミング（J. M. Fleming）の画期的論文が発表されたのが1962年，その後，この主張を小国を仮定して追認しようとしたマンデル（R. A. Mundell）の主張が教科書的労作となったのが1968年であ

るが，それに先立つ1950年代は，ロールセン（S. Laursen），メツラー（L. A. Metzler）等ケインズ学派の主張が，アメリカの学界で有力であった。それは，要約すれば，伸縮的為替相場は国際的景気波動の伝播を絶ち切るであろうとするもので，第2次世界大戦後の国際通貨体制形成期の下では，先進諸国の経済的繁栄の余沢を受けようとする発展途上国は，大国との間に固定的為替相場を維持するのが賢明であることを示唆するものであった。

当時，我々が彼らの主張に対して与えた評価はかなり否定的なもので，国際的経済関連の産業的側面を考慮すれば，必ずしもそうとは言えないと考えたのである。

ごく普通の日本語で具体的に説明すれば，彼らの主張は，為替相場の伸縮性から生まれる交易条件の変化が実質所得の変動をもたらし，それが有効需要の漏出の程度を左右するから，好況は貿易相手国に不況要因を，逆に不況は相手国に好況要因を作り出すというものであった。これに対する我々の批評は，世界経済の現実においては，発展途上国の場合を含め，為替相場に媒介される交易条件の変化は，貿易当事国の投資と生産の構成に影響を与え，一国の好況が他国の好況を引き起こすことは十分可能であるとするものであった[1]。

ロールセン，メツラー等の議論は，1960年代に入り，主として米国に見られたケインズ的景気調整策が，しばしば国内金利と異なる関係を持つことに着目し，一国の調整策が，国内金利の引き下げを目指すのか，あるいは，それが結果的に，国内金利を引き上げているのかによって，好況の国際的波及のメカニズムは違うであろうという疑問に取って代わられるようになった。

この疑問に理論的解答を与えたのが，上に掲げたフレミングとマンデルの業績であった。

私は，かつて，フレミングの論文には一貫性があるが，マンデル論文の場合は定式化に問題があり，推論にも欠陥が見られ，わが国の学界の一部で考えられているように，彼らの主張を経済的小国に限定する根拠に乏しいことを指摘したことがある[2]。

ともあれ，この両人に共通する主張は，国内金利の引き下げによって景気回復を図る場合には，輸出の経済刺激的効果は大きいが，逆に，国内金利の上昇

をもたらすような景気回復策では，輸出の経済刺激効果は，極めて限定されたものになるであろうということであった。

通常，マンデル・フレミング理論として一括されているこの主張は，伝統的貿易理論の見地からすると，かなり問題のあるものであった。

従来，国際的金利差は，低金利国から高金利国への一時的資金移動をもたらすが，一定期間の後には，金利を稼いだこれらの資金は，金利ともども低金利国へ引き揚げられるため，高金利国の為替相場を低下させ，金利差による利益のかなりの部分が帳消しになると考えられてきたのであった。先物為替の理論と呼ばれてきたものが，この論理の数値的表現であった。つまり，国際的短期資本に関する限り，国際的金利差が，為替相場，交易条件，国際貿易に恒常的な影響を与えることは，あり得ないと考えられてきたのであって，今日，なおかつ，この種の論理の作用を否定するのは困難だと思う。

以上の簡単な記述から，戦後アメリカ・ケインズ学派の国際経済学の基本的欠陥がほのかに見えてくると思う。それは，一言で言えば，短期への関心であり，中・長期的因果関係の無視である[3]。

確かに，ロールセンやメツラーの考えたように，外国の製品が安くなれば，国産品から外国品への消費のシフトが起こるであろうし，フレミングやマンデルの主張が含意しているように，外国の金利が高くなれば，当面，遊んでいる金をそちらへ移そうという動きが出てもおかしくない。しかし，数年の後，人々がどのような行動をとるかは，あらためて独自の考察を必要とするのではなかろうか？　そして，そのとき最も起こりそうな行動こそが，国際経済の成長経路を左右する要因といえるのではなかろうかと思う。

(2) 輸出・入の決定因

戦後，1950年代の初めに，H. G. ジョンソン (H. G. Johnson) は，一国の輸出を規定する要因を，所得と価格の2つに分けた定式化を行った。当時，わが国で，ジョンソンの基本方程式と呼ばれたものであるが，その後の国際貿易の実態を考えてみると，輸出における技術的要因が重要性を増しているので，ジョンソンの方程式を拡張して，一国の輸出を所得，価格，技術の三面から捉えると，

次のような定式化が可能となるであろう。

まず，記号を定める。

Y：国内生産

Q：国内価格

Π：交易条件

τ：技術条件

X：輸出数量

添字 1 で自国，添字 2 で外国を表す。

今，為替相場 r を，受取 a/c 建（わが国の例で言えば，100円，何ドルという建て方）で示すと，Π は，$(rQ_1)/Q_2$ となる。

技術条件というのは，耳慣れない用語であるが，交易条件からの類推で，自国の平均的技術の国際価格と外国のそれとの比であると理解しておく。Π と別に τ を考えたのは，外国技術入手の経済的コストが，国際的商品の価格と異なる独自の要因として，国際貿易の動向を規定しているのではないかと思ったからである。

そこで，ジョンソン同様，輸出・入比率 T_1 を，時間 t で微分する。

ただし，

$$T_1 = \frac{rQ_1 X_1}{Q_2 X_2} = \frac{\Pi X_1}{X_2}$$

である。

$$\frac{dT_1}{dt} = \frac{1}{X_2^2}\left\{X_2\left(X_1\frac{d\Pi}{dt} + \Pi\frac{\partial X_1}{\partial \Pi}\frac{d\Pi}{dt}\right.\right.$$
$$\left. + \Pi\frac{\partial X_1}{\partial \tau}\frac{d\tau}{dt} + \Pi\frac{\partial X_1}{\partial Y_2}\frac{dY_2}{dt}\right)$$
$$\left. - \Pi X_1\left(\frac{\partial X_2}{\partial \Pi}\frac{d\Pi}{dt} + \frac{\partial X_2}{\partial \tau}\frac{d\tau}{dt} + \frac{\partial X_2}{\partial Y_1}\frac{dY_1}{dt}\right)\right\}$$

上式を弾力性への書き換えがしやすいように表現を変えると，

$$\frac{\Pi X_1}{X_2}\left\{\frac{1}{\Pi}\frac{d\Pi}{dt} + \frac{\Pi}{X_1}\frac{\partial X_1}{\partial \Pi} \cdot \frac{1}{\Pi}\frac{d\Pi}{dt}\right.$$
$$\left. + \frac{\tau}{X_1}\frac{\partial X_1}{\partial \tau} \cdot \frac{1}{\tau}\frac{d\tau}{dt}\right.$$

$$+ \frac{Y_2}{X_1}\frac{\partial X_1}{\partial Y_2} \cdot \frac{1}{Y_2}\frac{dY_2}{dt}$$

$$- \frac{\Pi}{X_2}\frac{\partial X_2}{\partial \Pi} \cdot \frac{1}{\Pi}\frac{d\Pi}{dt}$$

$$- \frac{\tau}{X_2}\frac{\partial X_2}{\partial \tau} \cdot \frac{1}{\tau}\frac{d\tau}{dt}$$

$$\left. - \frac{Y_1}{X_2}\frac{\partial X_2}{\partial Y_1} \cdot \frac{1}{Y_1}\frac{dY_1}{dt} \right\}$$

が得られる。

そこで，輸出率の変化率（弾力性）をr_{T_1}，交易条件と技術条件の変化率（弾力性）を，それぞれr_Π，r_τ，そして，経済成長率（弾力性）をgとして，

$$r_{T_1} = \frac{1}{T} \cdot \frac{dT_1}{dt}, \quad r_\Pi = \frac{1}{\Pi}\frac{d\Pi}{dt}, \quad r_\tau = \frac{1}{\tau}\frac{d\tau}{dt}$$

$$g = \frac{1}{Y}\frac{dY}{dt}$$

と定義し，輸入需要の価格弾力性と技術弾力性を，それぞれεと$\hat{\varepsilon}$，所得弾力性を$\hat{\hat{\varepsilon}}$で表せば，上式は，

$$r_{T_1} = (1-(\varepsilon_1+\varepsilon_2))r_\Pi - (\hat{\varepsilon}_1+\hat{\varepsilon}_2)r_\tau + \hat{\hat{\varepsilon}}_2 g_2 - \hat{\hat{\varepsilon}}_1 g_1$$

となる[4]。

ジョンソン自身，自式の経済的意義を意識していたかどうか分からないが，この式は，一国が外国資本の輸入国から輸出国へ転換していくスピードが，どのような要因によって規定されているかを示している。我々の拡張式に基づいて説明を加えれば，そのスピード（$r_{T_1}>0$）は，交易条件の引き下げ，技術革新による提供技術の低廉化と，貿易相手国における急速な経済成長（$r_\Pi>0$，$r_\tau<0$，$g_2>g_1$）に依存しており，具体的な貢献の度合いはそれぞれの分野の構造的パラメタ（ε，$\hat{\varepsilon}$，$\hat{\hat{\varepsilon}}$）によって決定されるのである。

理論としては，一応それでよいし，具体的現象は，この枠組みで説明できるのであろうが，一歩進んで，数値的大小の感覚を持ちながら，輸出・入の動向を見るためには，たとえ粗雑なものでも，この種の構造的パラメタについての推計値を持たねばならない。ところが，現実の経済は取り扱いにくい生き物で，

なかなか理論通りに動いてくれない。そのことは，多くの専門家が十分知っているだろうと思う。

ここでは，とりあえず現実が理論的因果の鎖に，一定の時間的遅れを持ちながら，からめとられていくものと仮定して，パラメタの推計の可能性をみてみたい。

先の拡張ジョンソン式のT_1に，理論値と現実値の2つがあると仮定し，現実値には，右肩にダッシュ(')を付して区別する。

添字で，時間の区別を示し，理論値と現実値の間に，次のような関係を想定する。

$$\frac{T'_{1,\,t}}{T'_{1,\,t-1}} = \left(\frac{T_{1,\,t}}{T'_{1,\,t-1}}\right)^{1-\lambda}$$

λは調整係数と呼ばれているもので，$0 \leqq \lambda \leqq 1$の範囲の外へ出ることはない。上式の対数を取り，理論値と現実値の区別を，同じように表すと，

$$\begin{aligned}
r_{T'_1,\,t} &= (1-\lambda)r_{T_1,\,t} + \lambda r_{T'_1,\,t-1} \\
&= (1-\lambda)(1-(\varepsilon_1+\varepsilon_2))r_{\varPi,\,t} \\
&\quad -(1-\lambda)(\hat{\varepsilon}_1+\hat{\varepsilon}_2)r_{\tau,\,t} \\
&\quad +(1-\lambda)(\hat{\hat{\varepsilon}}_2 g_{2,\,t} - \hat{\hat{\varepsilon}}_1 g_{1,\,t}) \\
&\quad +\lambda r_{T'_1,\,t-1} \\
&\quad +c
\end{aligned}$$

となる。

ただし，記号cは，理論式に依存しない$r_{T'_1}$の値の部分を，定数として示したものである。

そこで，$r_{\varPi}$, r_{τ}, g_1, g_2については，理論値と現実値の区別がないことに留意し，従属変数1個，独立変数5個からなる上式の統計的線形回帰によって独立変数の係数を推定すれば，こうして得られた5個の係数から，$\varepsilon_1+\varepsilon_2$, $\hat{\varepsilon}_1+\hat{\varepsilon}_2$の推定値を求めることができる。

ただ，問題はε_1とε_2, $\hat{\varepsilon}_1$と$\hat{\varepsilon}_2$の合計しか求められないので，ε_1, ε_2, $\hat{\varepsilon}_1$, $\hat{\varepsilon}_2$の推計値をどのようにして求めるかという問題が残る。

1つの解決方法として，自国と外国の代表的な輸入品を取り上げ，そのそれぞれについて，個別的輸入の価格弾力性と技術弾力性を求め，上の合計額 $\varepsilon_1+\varepsilon_2$ と $\hat{\varepsilon}_1+\hat{\varepsilon}_2$ を，両国の個別的弾力性の相対費に基づいて，按分比例によって分割し，ε_1，ε_2，$\hat{\varepsilon}_1$，$\hat{\varepsilon}_2$ の値を導出することも，考えてよいのではないかと思う。

(3) 国際的相互依存と産業連関

近隣諸国との経済関係を考えていく際，仮に粗雑なものであろうとも，歴史的時点を特定し，これら諸国の1つ，あるいは，いくつかとの貿易と投資に関するマクロ的数字を確定し，それがどのような産業的相互依存を生み出し得るかを知る必要があるだろう。特に，最後の産業的相互依存に関する知識は，わが国の周辺との交通基盤の評価にとっても必要である。このいわば，メソ的 (meso) 知識は，個別的経済主体の判断をマクロ経済的状況と媒介するうえで有益な役割を演じるのではないかと思う。

ここでは，わが国と経済力ある任意の隣国を表象しながら，このマクロ・メソ的図式描出の可能性を考えたい。

中・長期的な観点からみて出発点となる変数は，中・長期的時系列の分析によって確定される貯蓄ではなかろうか？　これに，外国との間の資金移動を加除すれば，その国が経済発展に投じる投資，したがって，経済活動の水準を予想することができる。この予想される経済活動から，生産と輸出・入のマクロ的・メソ的諸数字を，順次，導出していけば，特定の時点における例えば，日・中，あるいは，九州・山口地区と華中・上海地区との間の経済交流の可能性について整合性ある予測をすることが可能になるのではないかと思う。

(2)で論じた拡張されたジョンソンの方程式に依拠して，世界的資本市場における当該国の地位の推移を予測しながら，それと整合的な交易条件，技術較差，成長較差の，種々の組み合わせの可能性を探ることができる。

こうして得られた知識に基づいて，両国の総生産と相互の輸出・入総額を推定したらどうであろうか？

具体的計算が可能であることを示すのが，ここでの目的であるから，関数形

も，線形一次にして，推計の手順を示したい。

記号を次のように定める。

X：総生産

M：相手国からの輸入

B：相手国との間の資本移動

k：2国間の実質的交易条件

a：経常投資と総生産を結ぶパラメタ

b：2国間輸入と総生産を結ぶパラメタ

c：2国間輸入と実質的交易条件を結ぶパラメタ

S：国内貯蓄に相手国以外から受け入れた資本もしくは相手国以外への投資を加算もしくは控除した，当該年の投資資金

添字1，2で，国の区別を示す。1はわが国，2は隣国とする。

すると，次式が得られる。

$X_1 = a_1(S_1 - B)$

$X_2 = a_2(S_2 + B)$

$M_1 = b_1 X_1 + c_1 k$

$M_2 = b_2 X_2 - c_2 k$

$B = M_2 - M_1$

以上の式は5個の独立式であるから，実質的交易条件kを外生的に与えれば，5個の内生変数，X_1，X_2，M_1，M_2，Bの値を求めることが可能となる。実際の計算においては関数形に若干の工夫をする必要があるだろう。

こうして，わが国と隣国の総生産，わが国の隣国からの輸入，隣国のわが国からの輸入，わが国から隣国への資本輸出についての推計値が得られた後，これらの数値と整合的な2国間の地域的・産業的相互依存に関する推計値を求めることとなる。

経済学が地域的産業連関の分野で持っている分析用具は，産業連関論もしくは投入・産出分析であるが，その方法の，地域への適用に関し，いくつかの変種のあることは，一般の経済学者の間でさえ意外なほど知られていない。大きく分けて，それは地域間の商業的競争の態様を重視するもの，地域間の交通体

系の合理性の確保に重点を置くもの，そして，一国的分析構図を地域間分析に拡張するものに分類できるかと思う。私は，かつてそれらを，チェネリー型（チェネリー：Hollis B. Chenery），ブーデビュ型（ブーデビュ：J. R. Boudeville），アメリカ型（MITのKaren R. Polenskeの作業）と呼んで紹介したことがある[5]。ここでの目的から考えるとチェネリー型の採用が適当ではないかと思う。

チェネリー型は1950年代の初めH. B. チェネリーが展開を試みた地域分析の手法であって，各地の商業中心が入り乱れながら地方市場の獲得を争っている状況下における地域的産業構造の理論化を意図したものである。具体的には，それぞれの市場について，それぞれの製品に関する，競合する商業中心の市場占拠率を定めて，整合的な地域間産業連関表を作成しようとする点に特徴がある。

その構造を解明するため，山口・九州地区と上海地区が互いに市場を分け合っている状況を想定して，仮説的産業連関の数値的相互依存関係をみることにしよう。便宜上，産業は2種に限る。

記号を次のように定める。

$X_1 = \begin{pmatrix} x_{11} \\ x_{12} \end{pmatrix}$ ： 山口・九州地区の産業別売り上げ

$X_2 = \begin{pmatrix} x_{21} \\ x_{22} \end{pmatrix}$ ： 上海地区の産業別売り上げ

$A^1 = \begin{pmatrix} a^1_{11} & a^1_{12} \\ a^1_{21} & a^1_{22} \end{pmatrix}$ ： 山口・九州地区産業の投入係数

$A^2 = \begin{pmatrix} a^2_{11} & a^2_{12} \\ a^2_{21} & a^2_{22} \end{pmatrix}$ ： 上海地区産業の投入係数

$S^{11} = \begin{pmatrix} S^1_{11} & 0 \\ 0 & S^1_{12} \end{pmatrix}$ ：山口・九州市場における地場産業の占拠率

$S^{21} = \begin{pmatrix} S^2_{11} & 0 \\ 0 & S^2_{12} \end{pmatrix}$ ：山口・九州市場における上海産業の占拠率

$S^{12} = \begin{pmatrix} S^1_{21} & 0 \\ 0 & S^1_{22} \end{pmatrix}$ ：上海市場における山口・九州産業の占拠率

$S^{22}=\begin{pmatrix} S_{21}^2 & 0 \\ 0 & S_{22}^2 \end{pmatrix}$：上海市場における地場産業の占拠率

$Y_1=\begin{pmatrix} y_{11} \\ y_{12} \end{pmatrix}$：山口・九州地区の最終需要

$Y_2=\begin{pmatrix} y_{21} \\ y_{22} \end{pmatrix}$：上海地区の最終需要

そうすると，山口・九州地区の市場においては，上海製品を受け入れる中で，次のような需給均衡式が成立しなければならない。

$A^1(S^{11}X_1+S^{12}X_2)+Y_1=X_1$

同様な需給均衡式は，上海市場においても成立する。

$A^2(S^{21}X_1+S^{22}X_2)+Y_2=X_2$

上の両式の中で，A^1，A^2，S^{11}，S^{12}，S^{21}，S^{22} は定数値からなる2×2の行列であるから，2個のベクトル Y_1 と Y_2 を独立変数として，2個のベクトル，X_1 と X_2 の値を決定することができる。経済学的用語を用いれば，山口・九州地区と上海地区の最終需要が与えられれば，市場的統合の中で競争し合っている両地区の各種の市場の総売上高が決定されてくることになるのである。同時にそれは両市場における産業生産の均衡値を決定する過程でもある。

以上が，チェネリー的地域産業連関の骨格であるが，この構造を前提とした上で，わが国と隣国の間の仮説的マクロ的均衡値を地域的・産業的メソ的数値に細分する問題にとりかかることにしよう。

まず，マクロ的数字から，両国の各種の産業規模を推計し，それと両国間の貿易規模の何％が，例えば，山口・九州地区と上海地区の市場統合と競争に委ねられるかを確定する。そうすると，両地区の産業生産，

山口・九州：$S^{11}X_1+S^{12}X_2$

上海　　　：$S^{21}X_1+S^{22}X_2$

同じく，両地区の相手地区への輸出額，

山口・九州から上海へ：$(P, S^{12}X_2)$

上海から山口・九州へ：$(P, S^{21}X_1)$

ただし，Pは，国際取引価格のベクトル，記号（ ）は，ベクトルの内積を示す。

の値は，すでに，外生的に，与えられていることとなる。単位行列をEとすれば，市場占拠率の合計は1になるから，$S^{11} + S^{21} = E$，$S^{12} + S^{22} = E$となり，独立に変化し得るSの構成要素は4個となる。したがって，両地区の市場の均衡条件と両地区の生産額を所与として，市場の規模，X_1，X_2と市場占拠率S^{11}，S^{21}，S^{12}，S^{22}を，両地区における最終需要，Y_1，Y_2の関数として決定できる。上述の行列表示を通常の方程式に分解して考えれば，方程式の数は，両地区の需給均衡式で4個，両地区の産業生産式で4個，計8個であり，未知数は，両地区の市場規模Xに関して4個，両地区における独立の市場占拠率4個，合計して8個となるから，この推理の正当性は理解できる。

ただ，問題は，こうして求められたS^{12}，S^{21}，X_1，X_2が，両地区の相手地区への輸出額の外生値と整合的であるとは限らないことである。もし，整合的でなければ，それは両地区の市場規模とマクロ的に確認された相互貿易の可能性の間に矛盾が存在するということであろう。こうして，マクロ的均衡値のメソ的数値への細分化計算の出発点であった両地区における最終需要に，若干，手を加えて，非整合性の度合いを減らすため，新しい計算を繰り返すことが必要となるだろう。何回かの繰り返しによって，この非整合性を除去することに成功すれば，マクロ・モデルによる推計は，それを裏付ける産業的・地域的な整合的内容を持ち得ると考える根拠が与えられることになるのである。この繰り返し計算のループを図示すれば図4-1のようになるであろう。

この覚え書きの著者はかつて高価であった計算手段を利用する機会を与えられたことがなく，したがって，計量分析的諸作業を検討する知的刺激をあまり持たなかった者であるが，ここまで書いてくると，経済学における計量とは何かという疑問を感じざるを得ない。

我々の小論の文脈から言えば，計量自身が意義を持つのではなく，マクロとメソの間の矛盾のない映像を作り出し，全体としての認識の正しさを検証すると同時に映像構成の鍵となる数量的因果の鎖を見いだすことが，最も重要な目標となっているのではないかと思う。

図4-1

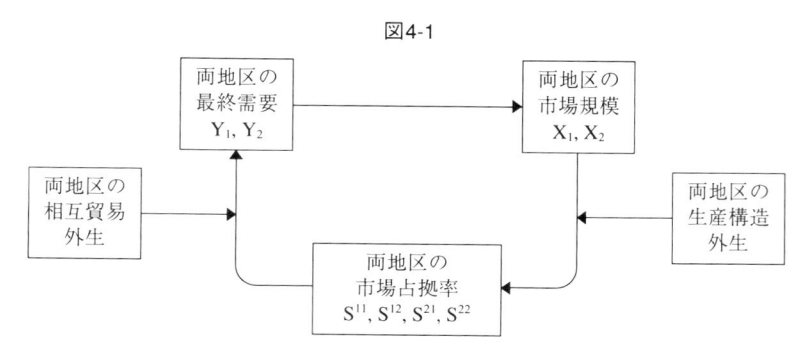

```
                    ┌──────────┐              ┌──────────┐
                    │ 両地区の  │─────────────▶│ 両地区の  │
                    │ 最終需要 │              │ 市場規模 │
                    │  Y₁, Y₂  │              │  X₁, X₂  │
                    └──────────┘              └──────────┘
                         ▲                          │
┌──────────┐             │                          │  ┌──────────┐
│ 両地区の │             │                          │  │ 両地区の │
│ 相互貿易 │─────────────┤                          ├──│ 生産構造 │
│  外生    │             │                          │  │  外生    │
└──────────┘             │                          │  └──────────┘
                         │    ┌──────────────┐     │
                         │    │   両地区の    │     │
                         └────│   市場占拠率  │◀────┘
                              │ S¹¹,S¹²,S²¹,S²² │
                              └──────────────┘
```

注：外生部分はマクロ・モデルに基づいて与えられる。

したがって，その試行錯誤の過程で個々の部分が個別的現実に近づくことが必要であるが，数量的モデルの現実的資料への当てはまりのよさに，この種の作業の質を高めていく，唯一，最高の基準を求めるのは，社会科学研究者の関心に応えることにはならないと思う。

当てはまりについて言えば，多額の資金を使った計量経済学者の予測は1970年代に社会的信用を失い，複雑な数学的手法を用いた大型計量モデルから，次第に単純な統計的手法への回帰が起こったが，この流れも結局，各分野の専門家を満足させるような成果を生み出すことなく，多くの計量経済学者は実体科学としての経済学あるいは広く社会科学から，自らを区別するような研究に専念するようになったのが，1980年代から，1990年代にかけての学界状況らしい。

こうして，私は，今日の計量経済学の利用について確信を持ち得ないのであるが，ここでは一応1950年代の計量経済学的知識に基づいて，本節のメソ的経済構造の統計的推定について重要だと思われる点に触れて，この節の叙述を終わりたい。

まず，第1に重要なのは，認定（identification）の問題であろう。

本節の出発点となる理論式は連立方程式だから，一般的にその連立方程式のパラメタが，統計的に推計可能かどうかを明らかにしなければならない。この問題はすでに1950年代に解答が出ている。それに従った理論式の定式化が必要であろう[6]。

次に重要だと思われるのは，推定されたパラメタのうち，異時的に変動しやすいものと，そうでないものとを区別することである。

これには単なる統計学の知識ではなく，取り扱っている研究対象に関する具体的知識が必要であろう。

統計的パラメタの推定方法の中に変動しやすいパラメタの回帰式だけを継続的に推定し，他の回帰式を推定の制約条件として利用するものがあるが，もちろん，この種の推定方法を採用しようとすれば，パラメタの異時的変動の大小に関する知識が必要である。

仮に，継続的に推定しなくても，パラメタの異時的変動に関する知識は，推定された構造式の評価にとって重要である。

そして，最後に，統計的回帰式によって，一部の変数の異時的変化の範囲を確定できれば，メソ的経済構造モデルの利用に際し便利ではなかろうかと思う。

むすび

さて，以上において，冷戦後，世界各地で進行している，国境を越えた地域的経済交流の数量的分析の可能性を念頭に置きながら，国際経済論の分析要具の選択的説明を行った。

まず，最初に，米国ケインズ学派の為替理論に対する疑問から始め，政策の現実的有効性を保障する分析的枠組みの構成には，この学派に特徴的な短期的需要変動中心の見方から解放される必要があるだろうと述べた。

続いて，一国が，世界的資本配分の中でどのような地位を占めるかを端的に示す，H. G. ジョンソンの経常国際収支変動の定式化に多少の補充を加え，今日の国際経済の現実に適合させることを試みた。

最後に，この拡張されたジョンソン式に基づくマクロ的経済量に関する推計を，2国間の地域的産業の相互関係に細分化する方法があり得るかどうかを考えてみた。

我々が得た結論は，国際経済の中・長期の動向を理解するための整合的なマクロとメソの分析枠組みの構築は可能であるということであった。

こうして，実際にこの枠組みを用いて，国境を越える経済交流を分析する課

題が生じてくるのであるが，この課題の達成には，単なる統計資料の収集や，その信頼性の吟味だけでは不十分であることを，指摘しておかねばならない。

　すでに，我々は，本文で世界的資本市場における一国の地位の推移を研究する必要について触れたが，国際的配分の対象となる資産の性格が，近年，大きく変わりつつあることに注意しなければならない。例えば，投資企業の競争力強化のために行われる海外投資，競争企業との連携と相互学習を目指す国境を越えた経営資源の移動[7]は，金利を統一的パラメタとする従来の資本市場とかなり違った動因によって進められるものであり，その需給機構もまた，かなり独自の内容を持つであろうことに疑問の余地はない。

　そして，このような資産の比重が大きくなれば，海外投資計量の方法も，当然，変わらなければならないであろう。

　このように考えてくると，国際経済の計量は，国際経済関連分野，特に経営学・商学分野の専門的知識の適切な利用によって，初めて，経済的現実の要請に応え得る結果を導き出すことができるのではないかと思う。

【注】

1 ）私は，神戸大学の入江猪太郎先生の示唆によって問題の所在を知り，約1年間の悪戦苦闘の結果，本文で述べたような結論に達し，1957（昭和32）年1月発行の『下関商経論集』第1巻第1号に「伸縮的為替相場と経済活動」の題名で論文を発表させて頂いたことがある。同論集，69～88ページ，所収。

　ちょうど時期的には，わが国の学界では，建元正弘氏や小島清氏の精力的な活動によって近代経済学の貿易理論が発展しようとした時期であり，また，英米の学界では，本文で触れたマンデル，フレミング理論の出現前に当たり，わが国の戦後の国際経済理論が生みの苦しみを経験していた時代ではなかったかと思う。ただ，21世紀を前にした現在の時点から考えると，小島清教授が，約40～50年の歳月を経て，恩師であった一橋大学の赤松要教授の非ケインズ的な「供給乗数論」を紹介しておられることからも分かるように，当時わが国の学界は英米の戦後派ケインズ経済学の吸収に余念がない中にも，現実感覚に裏打ちされた独自の評価基準を持とうとしており，若い私もその雰囲気につよく影響されたのかなと思えないでもない。

　なお，上記の論文は，1957年6月1～2日，東北大学で開かれた国際経済学会第15回全国大会の席上，発表の機会を与えられた。詳しくは，当時の学会誌を参照されたい。

2 ）国際経済学会関東部会の1986（昭和61）年12月13日の研究報告会で，「マクロ的変動

為替相場論の検討」という題目で行った報告の中で触れられた。この報告の趣旨は，変動為替相場論展開の現実的かつ理論的背景の説明に重点が置かれ，個々の学者の理論の細目の検討を行おうとしたものではなかったが，当時，一部の人が学会の公開の席で「マンデル・フレミング理論は小国理論」と主張して，はばからないことに，私なりに，疑問を呈したものであった。

　わが国の，おそらくは，かなりの数の近代経済学者の間に「マンデル・フレミング理論は小国理論」という観念が生まれたのは，1971（昭和46）年10月14日，ダイヤモンド社から出版された，渡辺太郎，箱木真澄，井川一宏共訳のR. A. マンデル『国際経済学』の普及に負うのではないかと思う。しかしながら，マンデルがこの書物で展開している小国論の主張はかなり特異なもので，世界経済の一般モデルとして展開すれば，マンデル・フレミング理論と称されるに至った因果関係は成立し得ないが，小国と仮定し，特定のパラメタを無視すれば主張してよかろうという程度のものである。

　同上，訳書の第1刷の297～322ページに，特に，その中の317ページの記述を参照されたい。この人には米加関係を思い浮かべながら，モデルを構想しているようなところがあって，上掲の一般モデル自体の一般性も，かなり疑わしい。確かに，マンデルは，変動為替制下における財政政策の需要管理機能の喪失という，経済界や学界の一部の有力な主張を代弁してはいるものの，それを理論的に証明していないことに注意せねばならない。

　マンデル・フレミング理論は，フレミングの論文を中心に，その後の内外資産の選択論の成果を考慮しながら，展開を図るべきではないかと思う。ちなみに，フレミング論文とは下記の論文を指している。

　J. Marcus Fleming: Domostic Financial Policies Under Fixed and Under Floating Exchange Rates, IMF Staff Papers (vol.9, no.3), 1962, pp.369～380.

　なお，最近の米英の教科書的書物の中には，マンデルとフレミングが，相手国の経済へ影響を及ぼし，さらに，それが跳ね返って自国へ影響するという跳ね返り効果repercussionを捨象している点を取り上げ，それが小国理論と見なされてきた具体的意味だと述べているものがある。率直に言って，私は，この種の議論によって小国理論を云々することは無意味だと思っている。

3）この点は非常に重要なポイントである。ケインズ学派の投資乗数論は早々と忘れ，ハロッド・ドーマーの成長理論に制度論的骨格を与えること，わが国の実情に即して言えば，短期的需要効果を強調する土建業対象の浪費政策から長期にわたる経済活力維持政策への転換を構想することが，21世紀を目前にしたわが国経済の今日的課題であると考えるに足る多くの理由がある。

4）ジョンソン式は上式から技術に関連する項目を省いたものである。

　私は1957（昭和32）年，当時，わが国の学界で注目の的であったジョンソンの主要論文を検討し，上式を含めて，彼の理論的主張の解説的評価を試みたことがある。

拙稿「経済成長，為替相場と貿易差額」『六甲台論集』（神戸大学），第3巻第4号，1957年がそれである。
5) 1993（平成5）年12月11〜12の両日，四国の松山で開催された中・四国商経済学第34回大会の第1日に，「地域産業連関表と産業構造」という題で報告された。報告原稿の主要部分は，その後，下関市立大学産業文化研究所の所報，第5号（1995年3月）所収の「産業・地域間取引の分析と地方産業」と題する拙稿に含まれた。

なお，私は1992年4月から1996年3月まで下関市立大学に奉職していた。

数理的定式化の部分だけ掲載すれば，次のようになるだろう。

<u>チェネリー型の地域産業連関表</u>

注．地域の数，3，産業の数，nとして例示する。

記号
  X_1……第1地域における総供給．$n \times 1$の(縦)ベクトル．
  X_2……第2地域における総供給．$n \times 1$の(縦)ベクトル．
  X_3……第3地域における総供給．$n \times 1$の(縦)ベクトル．
  S^{11}……第1地域の総供給における第1地域のセアー．$n \times n$の対角行列．
  S^{21}……同上，第2地域のセアー．
  S^{31}……同上，第3地域のセアー．
  S^{12}, S^{22}, S^{32}：S^{13}, S^{23}, S^{33}も同様に定義する。
  A^1……第1地域の産業の投入係数　$n \times n$の行列．
  A^2……第2地域の産業の投入係数　$n \times n$の行列．
  A^3……第3地域の産業の投入係数　$n \times n$の行列．
  Y^1……第1地域の最終需要　$n \times 1$の(縦)ベクトル．
  Y^2……第2地域の最終需要　$n \times 1$の(縦)ベクトル．
  Y^3……第3地域の最終需要　$n \times 1$の(縦)ベクトル．
  I……単位行列

上の記号において，SとAが，この経済システムのパラメタとなるが，特に，Sをパラメタとして定めたところに，チェネリー型の特徴がある。

そこで，それぞれの地域における生産活動の結果生まれる生産的消費，つまり，生産活動にともなって生じる原材料需要がいくらになるかを，上の記号を用いて，それぞれの地域について計算してみると下のようになる。

第1地域の生産的消費：$A^1(S^{11}X_1 + S^{12}X_2 + S^{13}X_3)$

第2地域の生産的消費：$A^2(S^{21}X_1 + S^{22}X_2 + S^{23}X_3)$

第3地域の生産的消費：$A^3(S^{31}X_1 + S^{32}X_2 + S^{33}X_3)$

このことを念頭に置いて，チェネリー型の地域産業連関表における需給均衡の構造を考えると次のようになるだろう。

記述の便宜を考え，新しく，$3n \times 3n$の行列Σ，$3n \times 1$の(縦)ベクトルXと，同じく，$3n \times 1$の(縦)ベクトルYを，次のように定める。

$$\Sigma = \begin{pmatrix} A^1 S^{11}, & A^1 S^{12}, & A^1 S^{13} \\ A^2 S^{21}, & A^2 S^{22}, & A^2 S^{23} \\ A^3 S^{31}, & A^3 S^{32}, & A^3 S^{33} \end{pmatrix}$$

$$X = \begin{pmatrix} X_1 \\ X_2 \\ X_3 \end{pmatrix} \quad Y = \begin{pmatrix} Y_1 \\ Y_2 \\ Y_3 \end{pmatrix}$$

すると，(生産的消費)＋(最終消費)＝(総生産)という需給均衡の条件に従って，下式が得られる。

$\Sigma \cdot X + Y = X$

Xをまとめて

$(I - \Sigma) X = Y$

したがって

$X = (I - \Sigma)^{-1} Y$ 　　　　　　　　　　　　　　　　　　(CH－1)

となる。

式(CH－1)がチェネリー型地域産業連関表における需給均衡式である。

<u>ブーデビュ型の地域産業連関表</u>

注．地域の数，3，産業の数，nとして例示する。

記号

X, A, Yについて，チェネリー型の説明の際の定義を借用する。

新しく定められる記号は，以下のようになる。

$\mathring{M}_1$……第1地域の移(輸)入量　$n \times 1$の(縦)ベクトル

$\mathring{E}_1$……第1地域の移(輸)出量　$n \times 1$の(縦)ベクトル

$\mathring{M}_2$, $\mathring{M}_3$, $\mathring{E}_2$, $\mathring{E}_3$も同様に定義する。

M_{21}……第1地域の第2地域からの移(輸)入量　$n \times 1$の(縦)ベクトル

M_{31}……第1地域の第3地域からの移(輸)入量　$n \times 1$の(縦)ベクトル

M_{12}, M_{32}, M_{13}, M_{23}も同様に定義する。

そうすると，それぞれの地域の移(輸)入あるいは移(輸)出は，定義上，下のようになる。

$\mathring{M}_1 = M_{21} + M_{31}$

$\mathring{M}_2 = M_{12} + M_{32}$

$\mathring{M}_3 = M_{13} + M_{23}$

$$\mathring{E}_1 = M_{12} + M_{13}$$
$$\mathring{E}_2 = M_{21} + M_{23}$$
$$\mathring{E}_3 = M_{31} + M_{32}$$

そこで，新しく，$3n \times 1$ の (縦) ベクトル $\mathring{M} - \mathring{E}$ と，$3n \times 3n$ の行列 $I-A$ を，下のように定義する。

$$\mathring{M} - \mathring{E} = \begin{pmatrix} \mathring{M}_1 - \mathring{E}_1 \\ \mathring{M}_2 - \mathring{E}_2 \\ \mathring{M}_3 - \mathring{E}_3 \end{pmatrix}$$

$$I - A = \begin{pmatrix} I-A^1 & 0 & 0 \\ 0 & I-A^2 & 0 \\ 0 & 0 & I-A^3 \end{pmatrix}$$

そうすると，$\mathring{M} - \mathring{E}$ は，需給均衡の下では，次のような値にならなければならない。
$$\mathring{M} - \mathring{E} = Y - (I-A)X \tag{BD-1}$$

こうして定まる $\mathring{M} - \mathring{E}$ の構成要素を，国民経済的輸送費を極小化するような荷動きの地域的配分によって決定しようというのが，ブーデビュ型の地域産業連関表作成の基本的特徴である。この配分は，定型化された線形計画の応用である，輸送問題を解くことによって可能となる。

アメリカ型の地域産業連関表

注．地域の数，2，産業の数，n として例示する。

記号

X，Y については，チェネリー型の説明の際の定義と変わらない。ただ，アメリカ型の場合は，投入係数行列 A の定義の内容が変わっている。A を次のように定義する。

A^{11}……第1地域の第1地域企業からの供給に関する投入係数　$n \times n$ の行列

A^{21}……第1地域の第2地域企業からの供給に関する投入係数　$n \times n$ の行列

A^{12}, A^{22} も同様に定義する。

そこで，行列 A を次のように定める。

$$A = \begin{pmatrix} A^{11} & A^{12} \\ A^{21} & A^{22} \end{pmatrix}$$

そして，I を，以前と同様，単位行列とすると，アメリカ型の地域産業連関表における需給均衡の条件は，下のように表すことができるだろう。

$AX + Y = X$

上式の X をまとめ，X について解く。

$(I-A)X = Y$

$$X = (I-A)^{-1} Y \tag{AM-1}$$

この式（AM－1）が，アメリカ型の地域産業連関表の基本構造を示している。
6) 推計の対象となる関係式が連立方程式の形で与えられている場合，それを内生変数について解いた，いわゆる誘導形のパラメタの推定値から，原式のパラメタが計算可能かどうかが，問題となる。

これは認定問題の数理から生まれる課題であるが，著者は，かつて，訳書の訳注の中で，その構造を説明したことがある。

A. J. メレット・G. バンノック, 拙訳『経営と統計（経営計画・需要予測・市場調査）』, ダイヤモンド社, 1964年。279～282ページ。

原著は, 1962年, 英国のハチソン社 (Hutchison and Co. (Publishers) Ltd.) から出版された下記の書物である。

A. J. Merett and G. Bannock: Business Economics and Statistics.

7) 前者はstrategic asset acquiring investmentと呼ばれ，後者はalliance capitalismという用語で説明されることが多い。

第5章

開発金融

1. 開発の二重性と金融制度

はじめに

　人類史の上で商業活動は歴史的変動をもたらした決定的要素の少なくとも1つであった。とりわけ，大航海時代の幕開けとともに始まった近代資本主義経済への歩みにおいて，世界的規模で展開された商業活動が果たした重要な役割については，おそらく，すべての研究者の間に見解の一致が見られるのではないかと思う。

　しかしながら，この世界的な商業活動が，地球上の個々の地域に及ぼした影響については，必ずしも，研究者の間に意見の一致があるわけではない。やや図式化して言うならば，経済学が学問としての体裁を整えるようになった18世紀末葉から19世紀にかけては，かの有名なリカードウの比較生産費説[1]に代表される，商業活動の自由な発展が，すべての国の発展に及ぼす肯定的な役割を強調する見解が主流派的経済思考の地位を占めたのであった。ところが，20世紀に入ってから，特に両世界戦争をはさむ戦間期における植民地の独立運動の高まりと歩調を合わせ，商業活動による国際分業が，先進国による後進地域の隷属化の道具として機能し，後者が本来持っていた経済的発展の可能性を摘み取るものであるという見解が有力となってきた。いわば，商業活動の否定的

側面が強調されたのである。マルクス主義的世界経済論はもちろん，戦間期から第2次世界大戦後にかけての実証的植民地経済史研究の多くも，事実として，このことを確認したと言ってもよい[2]。

時計の針は回り回って旧に復したのであろうか。大戦後の東西冷戦が最終段階を迎えた1980年代に入って，国際的商業活動の持つ積極的役割を再評価する動きが，西側先進国と友好関係にある後進諸国の政策担当者の間で，急速に支持されるようになった。この動きは，実質的には西側諸国のクラブともいうべき国際通貨基金の強力な支援を受けており，理論的妥当性の有無を超え，非常に大きな社会的影響力を持つこととなった。

この小論の意図は，このような経済思想の転換を念頭に置きながら，いま，ここに始まろうとしているポスト冷戦の時代に，世界経済の新しいエンジンとさえ呼ばれている西太平洋沿岸アジア諸国の経済開発の過程で，市場経済の発展が演じるであろう役割を歴史的経験と矛盾しないような形で理解し，これら諸国の金融市場の将来について一定の予測を与えることである。

(1) 商業主義的植民地経済

ジャーナリズムの鳴り物入の喧騒にもかかわらず，世界商業と西太平洋岸，アジア諸国の経済発展の関連については，前者の後者に対する否定的影響を強調した，両大戦間期から第2次大戦直後の見解が歴史の説明としては妥当なように思われる。その典型的事例は，1830年から40年近く，オランダが現在のインドネシアで導入した強制耕作制度[3]である。この制度は農地の5分の1に，政府の指定する欧州向け商業作物，例えば，コーヒー，砂糖，茶，胡椒，タバコの栽培を義務づけ，農民がその収穫を税として物納したり，あるいは，低価格で政府へ売却したりするよう強制したものである。この制度の本質は，国が世界商業の拡大によって生まれた市場向け産物を，大量かつ安定的に，しかも，低コストで調達し，国家権力による農民の生産物の全余剰，もしくはそれ以上の強制的収奪を可能にした点にある。

問題は，この制度が，決して特殊オランダ的なものではなく，18世紀末から19世紀前半にかけ，多くの近隣の商業国家が類似した制度改革を実施して

いるということである。

つまり，欧州を起点とする世界商業の拡大は，古い文明を持つアジアの広い地域において，身分的差別や非経済的強制に基づく制度を，あるいは，古い制度の一部を復活させたり，あるいは，新しい慣行を創出したりして作り出しているのである[4]。

我々が注(4)で触れたスールー王国の事例は，類似の改革が，欧州の植民商業国家からの高度の独立性を維持した国においても，実行されたことを示している。

このことは，産業革命以降，貨幣経済は，今日，開発途上国と呼ばれている後進地域の伝統的な支配・服従の社会構造を破壊すると同時に，基本的にそれと同質の，場合によっては，それよりもはるかに古代的な社会構造を作り出したことを示しているのである。生産力を発展させ，人民の解放を進めるという意味で，'進歩的な'欧州は，その世界大の商業活動で，全くその反対に位置すべき'反動的な'社会を，世界の各地で作り出したのである。

こうして生まれた商業主義的植民地制度を単純化された理論モデルによって説明しようとしたのが，クリフォード・ギアツ(Clifford Geertz)の'紛糾農業'(agricultural involution)の理論である。

ここで，紛糾[5]あるいは原語でinvolutionと呼ばれている概念は，もともと，アメリカの人類学者，ゴルデンワイサー(Alexander Goldenweiser)から，ギアツが借用したものである。本来，それは，原始人の芸術作品が，それを構成する要素自体を変えることなく，その組み合わせを複雑化し，多様化することによって発展していくのを記述する言葉であったが，彼，ギアツは，生産技術の基本構造を変えることなく，技術的，人間関係的技巧を加えることによって，労働の限界生産力の低下を防ごうとする努力を記述する言葉に変えたようである。

彼が説明しようとしたのは，ジャワ島の現実である。砂糖のプランテーションと米作地帯が同一地域に集中し，そこで，オランダ人の巨大な富の蓄積と土民の巨大な過剰人口の集積が，同時並行的に進んだのは，いったいなぜかという問題である。彼は，この狭小な地帯が，もともと甘蔗と米，両者の栽培に適

しており，前者の生産拡大のための施設が，後者の栽培可能な地域を拡大し，それを旧来の生産技術に基づいて利用しようとするため，とてつもない人口の増大が生じるという因果関係を考えた。この人口増大は，紛糾化，つまり小手先の工夫によって，人口増大がもたらすかもしれない社会的摩擦を避けようとする努力を生み出す。こうして，この努力が成功する範囲において大農園におけるオランダ人の驚くべき富と，隣り合う農村における貧しい土民の過剰人口が同時に生まれると論じたのである[6]。

ギアツは，外ジャワが，経済的には欧州の一部であるとして，それを植民地経済の枠外に置こうとしている点において，説明対象をあまりにも限定し過ぎている。

また，彼の議論は，実態調査に基づいて行われるので，一見説得的であるかのようであるが，理論的因果の方向がしばしば不明である。生産技術の改革がないから紛糾が生じたのか，紛糾が生産技術の停滞をもたらしたのかが，明確に区別されているとは言いがたい。理論的に言えば，紛糾は生産技術の停滞の1つの表現形態であるから，生産技術の停滞が紛糾をもたらしていると考えなければならないだろう。

では，なぜ生産技術の停滞が生じたのであろうか？

理由はかなり明確で，土民の中の地主・高利貸層の蓄積された富が，近代的農耕業の投資に向かうための経済的・制度的インセンティブが欠けていたからである。この欠如には，当時の植民地住民の生活水準の低さが決定的な意味を持っている。

要約すれば，こうである。

第2次世界大戦後の途上国において，伝統的社会と呼ばれている前資本主義的，非西欧的社会は植民地貿易によって新しく作り出されたものである[7]。したがって，その性格は，一見，自然経済のように見える場合も，植民地貿易と直接，間接，つながっている。今日，後進国で生じている伝統社会の崩壊は，第2次大戦後，戦前の植民地貿易を維持することが困難となった結果にほかならない。

途上国が先進国の農・鉱産物の供給地となり，それ以外の産物は，すべて先

進国からの輸入に頼る，いわゆる単一栽培（monoculture）に基づく貿易が随所に解体しつつある結果にほかならないのである。

(2) ポスト冷戦時代の農村社会

冷戦が終わり，貿易に対する種々の制限を存続させる社会的理由が失われ，そう遠くない将来，世界的規模で，貿易が大きく発展する可能性がある。この新しい商業の時代に，いったい発展途上国の内部に存続する前資本主義的・非西欧的社会関係は，どのように変化していくのであろうか。

この問題に，根拠のある見通しをつけるに先立って，発展途上国の伝統社会の経済的基礎となっている，土地をめぐる社会的関係について，具体的な知識を得ておきたい。ここでは，資料収集の便宜と，わが国に対して持つ重要性から，主として，第2次世界大戦直前から戦後に至る時期の東南アジア諸国を取り上げる[8]。

まず，マレー系イスラム教徒が農家の支配的部分を構成しているインドネシア（ジャワ島）とマレーシア（半島部分）から始めよう。

もともとイスラム教は，自分の所有地を耕す独立自営農家を理想としており，教徒の間では，他人の土地を借りて農耕に従事することを恥とする気風が残っている。加うるに，マレー半島では，農地の筆数が細分化されており，農地所有集中の実態を見えにくくしている。これらの事情から両国における農地所有の実態は，かならずしも十分解明されているとは言えない。

第2次世界大戦前の蘭印の土地制度については，戦時中，インドネシア軍政に従事した小林良正の記述[9]がある。それによれば，戦前，ジャワ島の農地は，政庁直轄地では国有，中部ジャワの土侯領では土侯の所有に属していた。国有地の農民は，実質的に所有地に近い世襲的農耕地を持っており，土侯の土地の農民は，土侯からまた借りの形で土地を借り，それに対して年貢を払ったり，労働を提供したりしていた。

第2次世界大戦の混乱の渦中で，国有地の世襲的耕地は，農民の個人的所有地同然となり，土侯の土地も一部，事実上，耕作農民の土地のようになってしまう。蘭印時代の土地制度の自然発生的な崩壊が進んだのである。

1961年1月1日実施され，1965年以降，棚上げになる土地改革は[10]，耕作農民の世襲的な耕地である国有地と，長期にわたって特定農民の耕作に付されてきた土侯の所有地を，耕作農民の個人的有地として認めることとなった。

第2次世界大戦と戦後の独立戦争の後，確立した農民の土地所有権は，農業経営の収益性に対する耕作農民の関心を高め，農業社会の停滞を打ち破る可能性を作り出したのである。

こうして，一方では，古い殻を破った新しい耕作方法が利用されるようになるが，他方，労働の合理的利用の結果，農村の過剰人口が増大し，農地不足と，それに伴う地代の上昇が生じたのである。

ジャワ島における，土地不足による地代の高騰ははなはだしく，上層農家が土地の一部を，現物もしくは貨幣地代で貸し出す傾向が見られ，その結果，新しい耕作方法の利用に大きな制約が生まれたと言われている。

農地改革直前の零細農民の状況についてソ連文献は次のような記述をのせている。

> 「土地の賃借料，種子，役畜，農具の利用料，高利の付いた借金の返済は，インドネシア農民から，その収穫の，ますます大きな部分を取り上げている。大地主の決める地代の支払いだけで，農地の肥沃度やその所在によって異なるが，収穫の3分の1から5分の4になる。それに，低価格による作物の販売と関連した損失，税金，地方行政の維持，村落共同体の必要，灌漑水の利用，その他のための，種々の負担の支払を加える必要がある」[11]。

インドネシアの土地改革は，改革直前の事実上の土地保有に，所有地として，法的確認を与えただけであるから，状況が，その後，この記述から大きく変化したとは考えられない。

マレーシアの半島部分ももともとマラヤ（Malaya）と呼ばれ，一時，西マレーシア（West Malaysia）となり，1973年以降，半島マレーシア（Peninsular Malaysia）と呼ばれるようになった地域は古くからのマレー人の居住地である。

この地域は19世紀の70〜80年代以降，完全に英国の植民地統治を受け入れるようになる[12]。

植民地化以前の半島マレーシアの土地制度については，19世紀の80年代に

発表された，W. E. マックスウェルの著名な古典的研究がある。マックスウェルの業績を含め，主として西側諸国の研究成果を要領よくまとめたものに，V. A. チューリンの論文がある[13]。

内容は多岐にわたるが，土地関係の基本だけを取り上げれば，その構造は，第2次世界大戦直前のジャワ島内部の土侯領に似ている。違う点は，マレーの場合，土侯に服属する小地主の権力が非常に強く，事実上，独立領主の観を呈していたことと，世襲的耕地を割り当てられた耕作農民は，ジャワ島の農民と異なり，この耕地に対する世襲的権利を私有地並みに売買したり，抵当に入れたりすることができたことである。地主に対し年貢の支払いや義務的労働の提供ができない耕作農民が，負債の支払いを怠った者として，自由を失い，多数，鉱山で奴隷同様の条件で酷使されたことも，マレー独特の現象であろう。

さて，英国が半島マレーシア統治の責任を引き受けるに至った19世紀末葉，この地域は政治的混乱の渦中にあり，土地をめぐる権利・義務の内容は，非常に流動的であった。

英国は，地域別の登記所に土地取引をすべて登記させる制度の導入を援助した。こうして1891年のセランゴール土地法典（the Selangor Land Code of 1891）制定後，類似の立法が海峡植民地[14]（the Straits Settlements）を除く，全マラヤで制定されるに至り，半島マレーシアにおける近代的土地所有制が確立されたのである。

それは，蘭印との対比でいえば，第2次世界大戦後のインドネシアの土地改革に匹敵する。しかしながら，時代の相違を考慮すれば，半島マレーシアにおける土地所有が，土侯や地主の伝統的権利を尊重しながら決定されたであろうことは，十分，想像できる。

さて，1950年代末から1960年代半ばにかけての半島マレーシアの農業地代について，ソ連文献は，次のような記述を行っている。

「州ごとに，あるいは，同一の州の内部においてさえ，年貢の大きさは同じではない。ある情報によると，それは，農民の収穫の3分の1から3分の2に達しているというが，他の情報は，4分の1から2分の1であると言っている。例えば，タンジョン・カラン（セランゴール州——引用者）の米作地帯は30年以上耕作され，なおかつ，

農地の貸借は普及していないが，地代は，1960年代半ばでエーカー当たり平均粗収入の38〜40％になっている。それに対して，この国の最も古い米作州の1つであるケランタンでは，支配的な年貢の大きさは，収穫前の米の50％である」[15]。

　以上で，ジャワ島や半島マレーシアの，主として米作地帯からなる農村で，高額の地代が取り立てられていることが分かった。それではいったい，この地代を支払う耕作農民は全体の何％くらいになったのであろうか？

　1960年代後半に出版されたソビエト文献は，ソ連の東洋研究に基づき，インドネシアの農村では，0.7ha以下の農地所有者は貧農，0.7〜1.4haの農地所有者は中農，1.4〜2.8haの同上所有者は富農，2.8〜4.2haの同上所有者は小地主，4.2ha以上の同上所有者は地主経営であると述べている[16]。他人の土地を借り入れて耕作する必要を考え，ジャワ島の農民のうち，統計上0.5ha以下の土地しか持ってない人々が，大体，大なり小なり地代を払っていると考えてよい。その数は，1957年の数字で，西ジャワで139万5,307人，土地所有者の70.57％，中央ジャワで138万8,352人，土地所有者の71.61％，東ジャワで93万3,615人，土地所有者の57.93％となる。

　したがって，ジャワ島の場合，概算で，農家の半分は，確実に土地を借りて高率の地代を払っていると考えてよいのではなかろうかと思う。

　半島マレーシアの米作地帯の場合も，少なくともジャワ島と同じか，それ以上のパーセントの農民が，農地を借りて耕作に従事していると判断するに足る資料がある[17]。

　さて，以上で，ジャワ島と半島マレーシアにおける借地に依存する零細農業経営の広範な存在が確認された。その経済的意味を考えるに先立ち，ジャワ人やマレー人にとり，先住民ともいうべき辺境や高地に住む少数民族の土地所有の観念について，簡単に，触れておきたい。

　インドネシアやマレーシアを含む，東南アジア全域にわたる先住少数民族は，主として焼畑農業に依存する山地民族である。その権利意識を推測する上で非常に有益と思われるのは，第2次世界大戦後，ビルマの1948〜1953年土地改革直後に行われた，この国の土地制度に関する研究の中の山地民族に関する部分である。それによれば，山地焼畑農民の土地利用には厳格な慣行があり，そ

の土地に関する権利関係には，いくつかの型がある。そして，焼畑農業が，部分的に定着的な米作りを含むようになると，初期の共同体的所有の中に，一種の私的所有権が包含されるようになるというのである。

　米作地域に接続する山地民族の土地関係は，ビルマに限らず東南アジアでは，基本的には，大体似たような構造を持つのであろうが，低い生産技術の下で，生態系の安定を維持しながら共同体の生存を維持しようとする場合，所有権の地理的範囲が狭隘かつ流動的で，多くの自己規制を含むことは，強調されてよい。このことは，先住少数民族の同化と，その移住地域の開発に際して一定の計画性が必要なことを示している[18]。

　いま，ここに，人口の大きな部分を占める農村において，多数の零細な農家経営が存在し，農地の不足を補うための借地に対して高率の地代を支払わなければならない状況が生じているとき，いったい，どのような結果がもたらされるであろうか？

　何よりも明らかなことは，一般農家は地代を払う必要に迫られ，農家経営の改善に振り向けるための経済的余裕が乏しくなるに違いない。他方，多少経済的余裕のある農民も，農地所有がもたらす収益性に魅せられて，農業生産の効率を高めるような投資をあまり行わない。

　こうして，科学・技術的観点からみた，農業の生産力は，基本的に，停滞を余儀なくされるのは必至であろう。それは，ギアツの紛糾農業モデルの大前提にほかならない。

　そこで，もし，この零細な農業経営の近くに，基本的農業技術の改良をもたらさないが，これらの経営の人口扶養能力を高めるような経済活動が行われるようになったら，どういう結果となるであろうか？　それが，紛糾農業と全く同じ論理の筋道を経て，過剰人口の累積と貧困をもたらすであろうことは，想像に難くない。

　第2次世界大戦後，交通手段の飛躍的改善に助けられ，世界的規模で，その生産・調達・販売の活動を展開している西側企業が，低賃金という理由だけで発展途上国に生産活動の一部を移すならば，その活動は，かつての近代的農園の活動と同じ結果をもたらすと言えないであろうか？　そうなる確率は非常に

大きいのである。

　ここから次のような結果が導き出される。

　第 2 次世界大戦後，そして，おそらくは引き続き展開されるであろう先進諸国の企業活動の途上国への立地化傾向は，そのまま放置すれば，企業と隣接する地域に人口と貧困の加速度的蓄積をもたらす可能性がある。近代的農園に代わって，近代的工場が作り出され，そのすぐそばに食うや食わずの生活をしている貧民の大群が作り出される可能性があるのである。これを，我々は新しい紛糾，あるいはもっと分かりやすく，工業化にともなう途上国農村の今日的貧困化と呼びたい。

　貿易の発展が，かつて，世界貿易の戦略地点に，前資本主義的社会関係を作り出したように，世界的規模での貿易・投資の自由化は，形を変えた新しい隷属と貧困，つまり，先進国に広がる人権主義とは真反対の社会を作り出す可能性を持っているのである。人間社会には必然性はない。しかし，この可能性の現実化を未然に防ぐためには，それを生み出す社会的原因を除去する必要があるのである[19]。

(3) 資本市場

　ここで，視野を第 2 次世界大戦後に限り，主として東南アジア諸国の経験に基いて議論するならば，発展途上国には，3 種の資本市場が共存していると言えるであろう。

　その 1 つは，行政の網の目に包まれ，大変見えにくくなっているが，国の開発プロジェクトの資金の調達と配分の機構である。

　つまり，後進諸国は，先進国政府から特恵的金利による借款の供与を受けたり，先進諸国の金融市場から巨額の資金を借り出し，国内の開発プロジェクトの資金をまかなっている。その結果，首都の官庁の手を通じて流れる資金は驚くべき金額に達し，それが中央官庁の力を強めるのに役立っている。この官庁デスクを通じる貨幣的資金配分の機構は疑いもなく一種の資本市場である。

　次に，上記の市場ほど一元化されていないが，やはりその活動において，国の強い規制を受けている企業資金調達市場がある。この市場は首都に集中し，

国内の銀行と一部，外国銀行から成り立っている。

　これは，大体において，外国貿易と関連して生じる短期的資金需要に応じるための市場であるが，短期貸しの形で，実質的には中・長期の貸付を行う場合も一部に見られるというから，むしろ，西欧型の商業金融として一括すべきかも分からない。

　最後に，農村の地代の水準に対応する，きわめて高い金利を取る零細資金の需給を調整するための市場が存在している。これは，全国各地に分散しており，貸し手も，専門化された金融業者以外に，多くの富裕な社会層を含んでいる。

　大雑把に言えば，最初の市場は圧倒的に政治的考慮の影響下にあり，2番目の市場は商業的採算下にあり，そして，最後の市場の動向は非経済的要因によって左右される場合が多い。資金調達のコストも，大体この順に従って高くなると思ってよい。コストの目安となるのは，それぞれ，徴税コストとODAの特恵金利，国際金融市場の金利，当該地域の平均的地代の水準であろう。

　1960年代末から，1970年代前半にかけて，東南アジア諸国の経済発展が，今後，高テンポで続くことが予想されるようになると，先進諸国からの中・長期的性格を持った大量の資金移動が進められるようになる。それは，先進諸国の直接投資や民間借款の形をとるのであるが，これらの投資や借款を途上国側の適当な機関に仲介する金融機関として金融商社（merchant bank）と呼ばれる，一種の金融コンサルタントが，多数設立されるようになった。

　1970年代前半，設立のピークに達するこの種のコンサルタント会社が，最初に設立されたのは，1950年代末から1960年代初めにかけてであるが，当時は，民間の創意によるというよりは，世界銀行グループに属する国際金融公社（International Finance Corporation．IFC）の援助を得て，当該国政府のイニシアチブによって設立されたと言った方が正確であろう[20]。

　1970年代後半になると，ASEAN諸国政府の態度は慎重となり，新規に設立されるコンサルタント会社は，ほとんどなくなった。

　金融機関として金融商社をどう定義するかは，非常に困難である。比較的，広く受け入れられているハンス・P・バウアー（Hans・Peter Bauer）の定義に従えば，金融商社と呼ばれるには，次の11の特徴が必要である。

①決定を下し得る職員の割合が高いこと。②決定が迅速に行われること。③所有する情報の密度が高いこと。④状況を熟知していること。⑤職員の間に厳格な組織が存在しないこと。⑥中・短期の業務であること。⑦主として，手数料収入に依存していること。⑧同一業務の繰り返しではなく，創造的な業務であること。⑨国内と海外にわたる複雑なサービスの提供であること。⑩利益の配分率が低いこと。⑪資産に占める現金の割合が高いこと。[21]

　ここで論じたい問題は，経済発展の過程で，開発途上国の金融市場はどのような変化を遂げ，その結果，先進諸国の金融市場とどういう形でつながっていくのであろうか？　その変化の方向には，どのような選択肢があるか？　ということである。この問題を，前節で述べた，新しい貧困化の可能性と関係させながら論じてみたい。

　開発金融の分野に金融的抑制(financial repression)という奇妙な用語がある。それは，発展途上国では，実質金利，つまり名目金利を物価上昇率で除した数値がマイナスである。言い換えると，銀行その他の金融機関に貯金すればするほど損をする。したがって途上国では，金融市場が発展しないということを意味している。途上国政府がインフレーションによって，開発資金を作り出そうとするため，金融機構が機能しないということである。果たしてそうなら，実質金利が正になれば，発展途上国の金融市場は，先進国のように機能するであろうか？　我々は，そうはならないと思う[22]。なぜなら，途上国の金融市場の特性は，途上国政府の通貨政策というよりは，その経済構造の特異性に求められねばならないと思うからである。

　首都の商業銀行から構成される市場と，地方的に分散した市場の間に金融取引がなく，互いに孤立している原因を，金融的抑圧による住民の非貨幣的貯蓄形態の選好に求める見解が，一部の専門家の間に見られる。しかしながら，それは，この種の現象が生まれるのを助ける１つの原因であっても，根本の原因ではないと思う。前節で論じたように，実質経済が２種類の経済圏に分裂しているとき，それぞれの経済圏の金融的必要に応ずる市場が，相互に，ほとんど実質的連携を持ち得ないのは，むしろ当然ではなかろうか？　つまり，根本的原因は，実体経済の二重性とみるべきなのである。

我々が，前節の末尾で論じたように，戦前のジャワ島をモデルとするギアツの二重経済の理論は，工業化が低賃金のメリットを追求して進められる場合，今日，依然として生きる可能性を持っている。そうだとするならば，統一的金融市場の欠如という現象は，今後も続くと考えなければならないだろう。統計的平均としての，1人当たりGNPが増大すれば，自然に統一的金融市場が生まれてくるというようなものではないのである[23]。

したがって，発展途上国，なかんずく東南アジア諸国の金融市場の将来を予想する上で，最も重要な点は，これら諸国の政府が，国全体の生産力の発展と国民の生活水準の全体的上昇に，どれだけ有効な政策を採用し，国民経済の統合を図り得るかということである。先進国市場を対象にした近代的農園を，先進国市場を対象にした近代的工場に置き換えただけの政策しか採用できないのか，それとも，近代的工場を利用して国全体の産業技術の発展，住民全体の生活水準の向上をもたらし得るような政策がとれるのか，あるいは，その中間にあって，どのような政策が考案され，実施されるかによって，金融市場の将来は大きく変わってくると思うのである。

世界市場への参加によって経済発展の糸口をつかんだ国には，必ず，外資が入る。そして，導入された外資が，その国の経済発展を加速する。そこで問われなければならないのは，その発展が既存の社会構造にどのような影響を与えるかということである。

東南アジア諸国の場合，この外資導入を進めるため，1960年代から1970年代にかけて多数の金融商社が生まれた。各国政府は，その後この種の商社の活動に一定の枠をはめ，自ら外資導入を積極的に図っている。多くの途上国では，経済開発に成功した国ほど，国内投資が大部分，国内貯蓄でまかなわれるという傾向が生まれている。そうだとするならば，国内貯蓄がいかに効率的に利用されるのか，その中で，決して少ないとは言えない政府貯蓄が，いかに効率的に利用されるのかという点が，途上国の今後の金融市場の発展に，結局は一番大きな意味を持ってくるのである。このように考えてくるなら，途上国の金融市場の将来は，途上国自体の主体的政策に依存するいくつかの選択肢があるというべきであろう。

先進諸国間の経済政策の調整に関しては，すでに1960年代から，マンデル，フレミングの標準的労作がある[24]。簡単に言えば，国際的金利差による資本移動がもたらす為替相場や交易条件の変化に着目して，財政・金融政策の効果を考えようとするものである。しかし，発展途上国の場合，前節の議論で明らかなように，国内に統一した金融市場が成立していないから，先進諸国を念頭に置いて構想された理論の適用可能性については，疑問がある。

　それだけではない。東南アジア諸国の国家財政の実態を見てみると，財政の機能そのものが米国はもちろん，わが国などと，つまり先進諸国と大変，違っている。具体的にいうと，インドネシアでも，マレーシアでも，国家予算に占める投資的支出の割合が非常に高く，それから生まれる収入の不足が外国からの借入（インドネシアの場合）とか，国内での借入（マレーシアの場合）とかによって埋め合わされ，全体として，収入不足によるインフレ効果が薄められるか，あるいは完全に打ち消されている。言葉を換えると，財政が投資機会を求める内外の資本に，好個の投資先を保障する制度的仲介者として，大きく機能しているのである[25]。

　これは，いったいどこから生まれてきたのであろうか？

　米国の比較財政制度研究家の中には，これを政治的要素，いわゆる開発独裁によって説明しようとする人がいる。つまり，住民の福祉に役立たない為政者の非生産的支出を政治的に合理化するため，これらの支出が，一括して投資的経費として処理される傾向があるというのである[26]。

　しかし，我々の見るところ，その原因は，単なる政治的便宜主義の範囲をはるかに超えて，途上国の経済構造自体の中に存在しているのではないかと思う。分散した複数個の金融市場と，金利による長期資金の需給調節機構の欠如が，国家財政に事実上の長期資本市場の機能を割り当てている結果生まれた現象だと思うのである。

　東南アジアでは，短期の商業信用は大都市に集中し，国際金融市場との間に太いパイプを持っている。

　1960年代から1970年代にかけ，各国で株式取引所の活動が活発化してきたが，国内資金の動員の補助手段としての性格が強く，外国の投資家に対しては，

極めて差別的である。それは，底の浅い地域的長期資本市場である。

　地域的に分断され，高利を追求する地方的民間金融は，本来貧困農家に寄生するものである。したがって，貧困の解消に比例して，この市場の資金が，有利な投下先を求めて，他の市場へ移動するのは自然の成り行きであろう。こうして，社会政策に成功した国では，この市場の資金が，対政府貸付や，株式購買へ移動しつつあると考えてよい。地方の高金利市場が，どの程度解体されるかは，発展途上国の金融構造の変化を見る上で，非常に重要な点だと思う[27]。

　さて，以上の東南アジア諸国の金融市場の鳥瞰から，これら諸国の通貨供給が，金利を媒介とする金融的流通ではなく，主として，商取引の必要に応じて行われるであろうことが予想されるのである。いずれにしても，これら諸国の通貨供給のパターンは，先進諸国のそれとはかなり違うと言えそうである。こうして，中央銀行の裁量に依存する金利政策ではなく，政府主導の開発プロジェクトの計画的調整とか，受動的・機械的な通貨供給が，これら諸国の国際的経済政策調整の主要な手段になるのではないかと思う[28]。

　以上東南アジアについて述べたが，一般的に途上国の政策手段としての国家財政の重要性を考えると，経済行政の外皮をつけた資本市場ともいうべき財政運営の合理化が，発展途上国の経済政策の有効性を決定する鍵となると言ってよいように思われるのである。

むすび

　以上，我々は発展途上国の金融制度を，近代的植民地経済の歴史的延長に位置付けて説明しようとした。

　途上国の資本市場の実証研究が乏しいため，その歴史的制約性を指摘するに急で，資本市場の現状と将来について，内容のある分析を行うことができなかった。にもかかわらず，金融制度の歴史的背景の理解は，金融市場の将来を考える上で重要な前提となるのではなかろうかと思う。

【注】

1) theory of comparative costs.

　通常，デービッド・リカードウの『経済学及び課税の原理』David Ricardo: Principles of Political Economy and Taxation（初版は1817年に出ている）の第7章で，理論化されたと言われているが，アダム・スミス（Adam Smith）の著作にも，この種の思考の存在を推測させるような言葉がある。

2) 植民地経済史に関する業績の中で，植民地行政の実態に通じた人々の研究は特に有益である。そのような研究として，英人，ファーニバル（J. S. Furnivall）の著作を挙げたい。

　Progress and Welfare in Southeast Asia: A comparison of colonial policy and practice, 1941. Netherlands India: A study of a plural economy, 1944. Colonial Policy and Practice: A comparative study of Burma and Netherlands Indies, 1948.

　彼の著作の一部は第2次世界大戦中，浜田恒一訳，南方統治政策史論，1943（昭和18）年として紹介された。

3) Cultuurstelsel, 英語ではcultivation systemもしくはCulture Systemと訳されている。英国では前者，米国では後者の例が多い。

4) インドからインドシナ，中国南部へ至る地域の植民経済史を通観して分かることは，オランダの強制耕作制度とその意図において類似した制度改革や似たような現象が同じ歴史時代に見られることである。植民大国としてのスペインと英国，世界商業の繁栄の恩恵をうけたスールー王国（The Sulu Sultanate）の場合について見よう。

　フィリピンはスペインの領土であったが，18世紀末まで本国との直接貿易は禁止され，唯一の公認貿易であるメキシコとのガリオン船で行われた貿易では，年間輸出入に制約が課されていた。1605年の勅令は，輸出300トン以下，25万ペソ以下，輸入50万ペソ以下と定めていた。たった300トンとは異様であるが，それが当時の世界経済の実態を示していた。

　スペインは1785年東印度会社を設立し，18世紀60年代半ばから1年，1船と認められた本国との直接貿易をさらに自由化し，メキシコ銀やスペイン商品とアジア諸国の製品の交易の拡大を図るため，マニラ港を開放し，同社を通じスペインへ輸入されるアジア諸国の製品に，関税上の特典を与えた。

　スペインはこの積極的な世界商業への参加と並行して，1782年，当時，全群島に散在していたタバコの生産地をルソン島の北部と中部に集中し，全農地のタバコ栽培と作物の低価格による政府への販売を義務づけた。いわゆるタバコ独占の成立である。

　これは言うまでもなく，本文で述べた蘭印に導入された強制耕作制度の先駆となったものである。

　英国について言えば，1793年の委託徴税額の固定化に関する法律を契機として，主として北部インドを中心に発展したザミンダール制度（zamindari）は，蘭印の強制耕作制度の一変種と見ることができる。

ザミンダール制度というのは，インドの地主を高額の税で破産させ，徴税請負人ザミンダール(zamindar)に地主としての権利を認めることによって成立した，租税(土地税，大規模な耕作放棄をもたらしたほど高額)の徴収機構と一体化した大地主制のことである。
　農民はこの新地主に貨幣で地代を支払う必要に迫られ，阿片，綿花，藍，麻のような当時の世界市場向け換金作物の栽培に特化せざるを得なかったのである。
　西欧植民史のひとコマとして，比較的よく知られている上の事実に比して，わが国で，あまりよく知られていないのは東南アジアの一国，スールー王国の奴隷制であろう。
　スールーの奴隷制は，18世紀から19世紀にかけて，英国が対中茶貿易の支払手段である銀の不足を解決するため，古くからのスールー・中国貿易を利用するに至って，急速に発展した。その構造は，次の通りである。
　スールーは螺鈿の材料となる貝類，真珠母や，中華料理の材料となるボルネオの鳥の巣，その他の対中輸出を大幅に増大する。そしてそれと引き換えに茶を輸入し，英国へ再輸出する。ところがこのスールーの特産物は，極めて労働集約的な産物であり，大量の人手を必要とする。また，この種の仲介貿易には，語学力と産業的交渉能力のある人材が必要である。こうして18世紀末から19世紀の30年代にかけ，西はペナン，東はミンダナオ島，北はルソン島，南はジャワ島におよぶ広範な奴隷狩りが組織されたのである。世界商業の必要から生まれたイスラム的奴隷制度が成立したのである。
　スールー奴隷制については次の文献を参照されたい。
　　James Warren: Slavery and the Impact of External Trade (The Sulu Sultanate in the 19th Century), Alfred W. McCoy and Ed. C. de Jesus (eds.): Philippine Social History (Global Trade and Local Transformations), Honolulu・Metro Manila, 1982, University Press of Hawaii・Ateneo de Manila University Press. pp.415〜444.
　　この書物は，豪州アジア学界(Asian Studies Association of Australia)の東南アジア叢書(Southeast Asia Publications Series)の第7冊として出版された。
5) 紛糾，この論文の著者が与えた訳語である。通常，片仮名でインヴォリューションと記されている。
6) ギアツの次の論文を参照されたい。
　　Clifford Geertz: Agricultural Involution, 'Sociology of South-East Asia, Readings on Social Change and Development' edited by Hans-Dieter Evers, Oxford・New York・Melbourne・Kuala Lumpur, 1980, Oxford University Press. pp.200〜206.
7) ギアツが紛糾の説明において，オランダが1830年前後に強制耕作制度を導入しなかったら，インドネシアの近代化はもっと早い時期に，現在より，もっと容易に達成されたであろうと述べたとき，彼は事実上，蘭印の伝統社会の新しさを認識していたことになるだろう。
　　彼は言っている——

「この発展（強制耕作制度による紛糾——引用者）を単なる頽廃というより悲劇にしたのは，1830年頃，ジャワ経済（したがってインドネシア経済）は，今日可能な近代への移行——決して，苦しみのともなわない経験ではないが——を，ずっと容易に達成できたであろうということである」（ギアツ，前掲論文，205ページ）。

　　　ギアツの理論は，非ジャワ的条件の下でも紛糾が生じ得るという意味では，考えていた以上の一般性を持っていたが，因果の方向を明確に理解していなかったという意味では，不十分な議論だったということができる。
　　　彼の理論は，従属理論（dependency theory）と並ぶ，戦後の代表的な非ケインズ的，非新古典派的発展途上国論である。彼の理論が東南アジアを題材としているのに対し，従属理論は主としてラテン・アメリカを題材としている。彼の理論は従属理論が国際商業の搾取者的役割を強調したのに対し，植民地において，この搾取が，いかにして制度化されるかを明らかにしようとしている。

8) 1950年代末から1960年代半ばのソ連の東南アジア研究文献に依存するところが多い。帝政ロシア時代から，この国では西欧諸国の軍事・経済力評価の必要から，高い水準の東南アジア研究が行われていた。ソ連のアカデミズムはこの遺産を継承したのである。ただ実地研究が制限されたため西側文献の研究が中心となった。したがってソ連の東南アジア研究は，実質的には，西側諸国の東南アジア研究の一部と言ってよい。

9) 小林良正：東南アジア会社の一類型（インドネシア社会構成史），日本評論社版の社会構成史体系（第2部，東洋社会構成の発展），1949（昭和24）年11月5日発行，配本。
　　　ただし，小林は強制耕作制度を，オランダ資本主義の弱さから生まれた特殊な現象と見る点において，我々と異なる。小林の見解については，上掲，小林論文，147～148ページを見られたい。

10) 土地改革はジャワ島では農地所有に，灌漑地では1世帯当たり5～10ha，非灌漑地では1世帯当たり6～12haの上限を設け，それを超える土地は売買により農民に分配すると約束していたが，1965年，改革の実施機関である地域土地改革委員会が解散し，この目標はついに達成されることなく，土地改革自体も棚上げとなった。

11) В. Вальков：Индонезия на пути независимого развития（独立の発展の道を進むインドネシア），Москва, 1960, Издательство Института международных отношений. cc. 161～162.

12) 全半島の包括的植民地化は，1874年のパンコール条約（the Treaty of Pangkor）によって，英国がペラク土侯（the Sultan of Perak）の下へ英政府監督官（British Resident）を送った後，急速に進められた。

13) W. E. Maxwell: The Law and Customs of the Malays with Reference to the Tenure of Land, Journal of the Straits Branch of the Asiatic Society (JRASSB), Singapore, 1884. No.13.
　　　В. А. Тюрин：Социально-экономический строй малайских государств

накануне английскодо завоевания（英国による征服前夜のマレー諸国家の社会・経済構造)，Г. С. Шабалин（ред.）：Проблемы экономики стран Юго-восточной Азии, Москва, 1959, Издательство восточной литературы. сс. 88〜115による。

14) 半島マレーシアの中で，当時，海峡植民地となっていたのはペナン（Penang（対岸のウェルズリーProvince Wellesleyを含む））とマラッカ（Malacca）である。

なお参考までに述べれば，1909年頃まで，現在の北部4州（ペルリスPerlis，ケダKedah，ケランタンKelantan，トレンガヌTrengganu）は，タイに属する半・独立国であった。

15) Ю. А. Хренов：Экономическое Развтие Малайзии（マレーシアの経済発展)，Москва, 1975, Издательство "Наука". с. 87.

原資料は，T. B. Wilson の The Economics of Padi Production in North Malaya. Part I (Land tenure, rents, land use and fragmentation), Kuala Lumpur, 1958. pp.22〜23. と，FAMAのAnnual Report and Statement of Accounts 1965〜1966, Kuala Lumpur, 1966. pp.20〜21である。なおフレノフ Хренов は，この高地代は，その後，一貫して減少しているが，その程度を確認することはできないと記している。前掲書の同一ページ。

16) В. И. Антипов：Индонезия（インドネシア），Москва, 1967, Издательсто《Мысль》. сс. 31〜32. 農地所有の状況は，同上31ページにある。インドネシア語の原資料は，Peraturan Dasar Pokok-pokok. Agraria dan Landreform, hal. 14 である。所有者総数は，西ジャワ197万7,195人，中央ジャワ193万8,791人，東ジャワ161万1,705人。5 ha以上の大土地所有者は，西ジャワ9,965人，中央ジャワ4,281人，東ジャワ5,039人となっている。

17) 1956年のマレー連邦の米穀委員会報告は，最大の米どころであるケダ州の23.5万エーカー（約9万5,000ha）の田の51%，ペルリス州の5万5,000エーカー（約2万2,275ha）の田の41%が，借地として耕作されていたと述べている。そのほか，米作地における小作・借地経営の普及を示唆する記述が多数存在する。ジャワ島の数字に対応する数字を得るには，次のようにすればよいと思う。モスクワ大学のアジア・アフリカ研究所の専門家が収集した資料によれば，1980年代初めのマレーシアの米作地帯の農家のうち，1.2ha以下の土地を所有しているのは全体の55%である。1.2〜2haの所有農家は同じく全体の25%である。マレーシアの専門家は，2毛作で生活を維持するには1.2〜1.6ha必要であると述べているから，これを貧農の土地所有者の上限とし，1毛作の場合，上限がやや増大するであろうと考えると大体の見当がつくであろう。

なお，1980年前後，インドネシアとマレーの米作地帯では，耕作規模1.5〜2ha（4〜5エーカー）が，家族労働に依存する中流農家と考えてよいようである。ただし，政府は，3〜4ha（8〜10エーカー）を理想としているようである。

18) Daw Mya Tin: Land Tenure in the Union of Burma, 1956. (manuscript).

内容の豊富さがソ連の専門家の関心を呼び，ロシア語に訳され刊行された。刊行直

後，わが国へも輸入された。

До Дья Тин：К вопросу о землевладении в Бирме(ビルマにおける土地所有問題に寄せて), Москва, 1961, Издательство иносранной литературы．同書，cc.14～35, 109～115が山地民族の土地所有を扱っている。

19) 以上，我々はジャワ島と半島マレーシアの農民を取り上げて議論を進めたが，ほぼ同様の事実はフィリピンやタイについても指摘できる。

フィリピンでは，17世紀前半，カトリック教団を核とする，アシエンダ(hacienda)と呼ばれる大土地所有が確立して以来，大地主対分益小作の関係が農業の中心となった。米西戦争によってフィリピンを取得した米国は，フィリピンの革命政権が没収した土地を地主へ返還するとともに，自分の所有地を持つ自営農民の育成を図ったが，農地の地主への集中は止まらなかった。第2次世界大戦後は，大地主への土地集中の傾向は逆転し，中小の土地所有が拡大している。したがって，土地に不足する農家はあちこちから土地を借りて耕作し1人の地主に依存することが少なくなりつつある。土地不足を反映して地代は高い。第2次世界大戦直前の数字では分益小作の場合，借地料だけで収穫の半分であった。事態はその後，大きく変わっていないと思う。

フィリピンに比べるとタイの場合，富裕農家の土地所有が多く，それに純然たる地主の所有地が続く。ここでも土地不足は深刻で，1950年代の数字で，自分の所有する役畜や農具を利用する分益小作の借地料は，収穫の半分が相場となっている。

フィリピンの場合は戦争直前の数字で農家の50%以上，タイの場合は貧農の割合から推定して，1950年代半ばの数字で，農家の40%以上が借地に依存している。

Е. С. Троицкий：Экономическое положение Филиппин накануне Второй мировой войны（第2次世界大戦前夜のフィリピンの経済情勢），З. Д. Кастельская, Ю. Н. Зотова(ред)：Проблемы экономики стран Юго-восточной Азии, Москва, 1959, Издательство восточной литературы. cc.157-163.

В. Павловский：Экономика современного Таиланда(現代タイ経済)，Москва, 1961, Издательство социально-экономической литературы cc.84～99. 特に，cc.87～90.

戦前のベトナムとビルマの土地関係は，他の東南アジア諸国と酷似している。両国は，ともに戦後の土地改革で，地主の土地所有の解消に成功したが，集団的所有は形骸化している。自由市場が導入されれば，隣接する東南アジア諸国のような土地所有が復活する可能性は大きい。

20) 東南アジアにおける最初の金融商社は次の通りである。

Industrial Finance Corporation of Thailand (1959).
Malaysian Industrial Development Finance Corporation（その後，Berhadとなる）(1960)
Private Development Corporation of the Philippines (1963)
IFCの支持で，インドネシアに設立されたのは，かなり後になってからである。

PT Development Finance Company of Indonesia (1973)

Michael T. Skully: Merchant Banking in ASEAN (Regional Examination of its Development and Operation), Kuala Lumpur・oxford・New York・Melbourne, 1983. pp.17～18.

21) M.T. Skully，前掲書，15ページ。

具体的にどういう業務をしているかというと，手形引受と金融相談(underwriting and advisory work)，投資管理(investment management)，代金取立(factoring)，納税代行その他(tax and estate matters)，貴金属地金・商品取引(commodity and bullion broking and dealing)等である。

大部分の国では，金融法規の関係から，商業銀行と競合するような金融市場への参加や貸付業務への参加は，許されていない。

22) 参考までに指摘しておけば，わが国は1960年代，負の実質金利の下で金融市場の拡大に成功している。

23) 通常，金融資産の総額をGNPの値で除した値を，貨幣化と金融的深化(monetization and financial deepening)の指標とし，その値が大きくなるにつれて，その国の金融市場は金利がパラメタとして機能する成熟した市場になると考えられている。その値は特殊な国を除き，大体0.5から2の間にあり，概して1人当たりGNPの大きい国は大きい。本文で述べていることは，GNPと金融市場の質的分析なしには，特定の国の金融市場の将来は予測できないということである。

24) Robert A. Mundel, J. Marcus Fleming.両者の議論の本質的部分の理解には，後者がIMF Staff Papers, 1962. No.3, pp.369～380 に発表した論文がよい。

Domestic Financial Policies Under Fixed and Under Floating Exchange Rates.

25) ASEAN加盟諸国中央政府の財政収支の項目を，それぞれの国のGDPに対するパーセントで示せば表5-1の通りである。

表5-1

	インドネシア		マレーシア		フィリピン		シンガポール		泰 国	
	a	b	a	b	a	b	a	b	a	b
歳入総額	21.26	18.2	26.82	24.5	12.40	15.8	30.94	34.0	14.49	16.5
税収総額	20.58	16.4	22.70	17.8	11.02	13.3	19.60	13.1	13.13	15.2
非石油税収	6.18	7.7	16.50	13.5						
歳出総額	25.20	23.5	40.10	30.7	14.08	16.9	27.26	32.9	18.22	17.3
資本・開発的支出	12.96	8.3	13.92	6.3	5.38	3.7	11.14	15.4	3.36	2.5

出所：Mukul G. Asher (ed.): Fiscal Systems and Practices in ASEAN (Trends, Impact and Evaluation), Singapore, 1989, Institute of Southeast Asian Studies. p.5.
備考：a は1981－1985年平均，b はインドネシアとマレーシアは1988年，他の3カ国は1987年。歳出総額には貸出の純計額が含まれている。

26) 例えば，アメリカの著名な財政学者，アーロン・ウィルダフスキーは後進国財政の特徴を，repetitive budgeting(計上予算は暫定的数字で，実支出の段階で，もう一度，財政当局との交渉が必要となること)，capital budgeting(投資的支出の比重が高いこと)，

paddings and cut (予算請求の水増しが大きいこと) に求め，capital budgeting が，多分に政治的便宜主義の産物であると述べている．

 Aaron Wildavsky: Budgeting (a comparative theory of budgetary processes), Revised Edition, New Brunswick, New Jersy, 1986, Transaction, Inc. pp.146～181．

27) 発展途上国の金融市場の将来を見る上で，各国の株式市場の動向を注意深く観察する必要がある．東南アジア諸国の中で株式取引所が活発に活動しているのは，シンガポールとクアラルンプールである．地理的には東南アジアではないが，この地域と強い連なりがあるのが，香港である．

 シンガポールとクアラルンプールの取引所は，19世紀の英領時代に起源を持つ株式取引所が，1973年，分割されて生まれた．

The Stock Exchange of Singapore Limited. The Kuala Lumpur Stock Exchange.

 フィリピンには，Manila Stock Exchange (1929年設立) があったが，1963年 Makati Stock Exchange が設立され，続いて Cebu Stock Exchange と Metropolitan Exchange が設立されている．インドネシアにも1912年に起源を持つ証券市場が存在している．

 香港の取引所はHong Kong Stock Exchange (1891年設立), Far East Stock Exchange (1969年設立), Kam Ngan Stock Exchange (1971年設立), Kowloon Stock Exchange (1972年設立) の4つがある．第1の信用が一番高く，第2 (Far East) の規模が1980年頃，一番大きく，最後 (Kowloon) は1980年前後，上場の容易さで際立っていた．

 クアラルンプール取引所の例で見ると，市場における証券販売は，公企業であるPernas Securities Sendirian Berhad (大口で買って，小口にしてマレー人の投資家に再販売する) の動向によって，事実上支配されている．Pernas の力は，他の政府系の基金，Bumiputra Investment Foundation, Amanah Saham Unit Trust, Employee Provident Fund, Permodolan Nasional Berhad, Tabung Haji (巡礼基金), Teachers Provident Fundの力によって補強されている．

 株式市場への上場規制と購買面での国家機関の強化によって市場全体を統制するマレーシア方式は，シンガポール（政府持ち株会社や，政府管掌強制貯蓄基金），インドネシア（上場株式の半ばを保有していると言われている巨大な国営信託会社）でも見られる．

 問題は，マレーシア方式の主役となっているPernasが1969年に設立されていることから推察できるように，国営コンツェルンによる市場管理は，同年の人種暴動を転機として始まった経済土着化政策（NEP－New Economic Policy. 1990年が目標年であったが，その後，形を変え継続）の一部となっているということである．

 株式市場の発展はこれら諸国の民族資本の今後の役割と不可分に結び付いている．

28) 後進諸国の中央銀行の通貨供給行動については，かなり多くの研究がある．

 影響要因（例えば，実質所得（対数）：y，実質金利（対数）：r，望ましい実質通貨供給（M^*），実行された実質通貨供給（M），望ましい通貨供給への実行された通貨供給の

調整速度(λ)を変数とし,

$logM - logM_{-1} = \lambda(logM* - logM_{-1})$

ただし, $logM* = a_0 + a_1 y + a_2 r$

を考え, この式から得られる

$logM = \lambda a_0 + \lambda a_1 y + \lambda a_2 r + (1-\lambda)logM_{-1}$

の係数, $\lambda a_0, \lambda a_1, (1-\lambda)$を, 統計的回帰分析によって求め, a_0, a_1, a_2, λを推定できる。

若干異なった定式化の下で計算を行ったものに, 中島, 秋葉両氏の論文がある。

Moriyoshi Nakajima and Hiroya Akiba: Financial Development and the Demand for Money in Asian Countries, Asian Journal of Economics & Social Studies, vol.3, No.1 (1984), pp.19～37.

ASEAN諸国の場合, 1972年に the Special Committee of ASEAN Central Banks and Monetary Authorities が設立され, 一時, Special Coordinating Committee とまで呼ばれたこともあったが, 1976年, 加盟国間の産業プロジェクト金融の調整を主たる任務とするCOFAB (Committee on Finance and Banking) が設立されるに至り, 事実上, ないも同然の状況となった。中央銀行に独自性はない。

2. 新興証券市場と開発金融

はじめに

1990年初頭の米・ソ冷戦の終結は, 世界政治の中で占める発展途上国の役割を根本的に変えただけでなく, すでに冷戦時代の末期に現れ始めていた発展途上国の経済開発戦略の変化を, より一層明確な形で推し進める結果をもたらすこととなった。

ポスト冷戦時代の発展途上国の開発問題の一般的文脈の中で, 経済開発に必要な資金調達の構造を明らかにし, その中で, 1980年代から1990年代にかけて急速に拡大した途上国の証券市場が, いったいどのような役割を演じるのであろうかを問い, でき得るならば, 当分の間世界の主要な資金供給国となるであろうわが国の金融機関が, 開発金融の分野で取り得る政策の選択肢の評価を行うのが, この小論の目的である。

ただ, テーマ自体が, 時事問題でもあるため, 状況の説明に, ある程度紙数

を割いたことをお断りしたい。

(1) 開発金融の性格

　開発金融とは，常識的に言えば，経済発展に必要な資金の調達を意味している。通常，この言葉は，発展途上国，時には，住民の生活水準の低い後進地域について用いられているから，やや限定された専門用語としては，生産力の水準の低い国または地域において，正常かつ平均的な経済循環の中で経済開発に必要な追加的資本を調達できない場合，それを何らかの手段によって追加的に創出された貯蓄によってまかなうことと，理解してよいであろう。

　以下の叙述では，この限定された意味で，この言葉を用いたい。

　開発金融をこのように理解すると，その経済的性格がかつてマルクス（K. Marx）が「資本の原始的蓄積」（primitive accumulation of capital）と呼んだ産業革命に先行する英国社会の変容と，それに対応する国家権力の新奇な経済的機能の創出と似ているのに気づくであろう。つまり，資本が何もないところへ，無理矢理算段して，それを作り出そうとする点において，共通した性格を持っているのである。マルクス主義者だけでなく，広く歴史家によって研究されてきた，近代資本主義の発生期における資本蓄積について語られたことを念頭に置きつつ，主として第2次世界大戦後の経済学の潮流に即して，開発金融の現代的性格の解明を試みたい[1]。

　発展途上国が，先進諸国の援助によらず，基本的には自らの力で開発に必要な資金を調達しようとした場合，どのような問題が生ずるかをまず考えてみたい。

　歴史的文脈に対応する形で，この問題を取り上げたものに，低い生産力水準の下では，生じ得るべき貯蓄を空費し，低い生産力水準を恒久化させるようなメカニズムが存在するという主張がある。低水準均衡の罠（the low-level equilibrium trap）のモデルと言われるものが，それである。英国のサーワル（A.P. Thirlwall）が，分かりやすい入門的説明をしている[2]ので，それを参考にしながら，その骨子を述べてみたい。

　このモデルの発想は，事実上，貯蓄する余裕のない生存ぎりぎりの経済（subsistence economy）から，所得の中から恒常的に貯蓄を行い，生活水準の着

実な向上を図ることのできる，いわば成長経済の中間に，生活水準が少しでも向上すれば，それを打ち消して余りあるほどの子供を作る大家族の時代があるという認識からきている。

おそらく欧州大陸における地主制崩壊後生まれた，限られた土地に，多くの農民が，競合的に展開した小経営，いわゆる過小地経営（Parzellenwirtschaft）が，この種の発想と無関係ではないと思われるのであるが，とにかく，この大家族と人口急増の結果，住民の貯蓄余力は急激に減少し，再び，生存ぎりぎりの経済へ逆戻りせざるを得なくなるだろうというのが，常識的に考えた，低水準均衡の罠のモデルの基本的認識である。

しかしながら，このモデルに対しては，第2次世界大戦後，かなり早い時期に，歴史的時系列は，むしろ大家族と人口急増が，住民の生活水準の上昇と貯蓄余力の増大をもたらしたことを示唆していると主張する，このモデルの歴史認識の基本を揺さぶるような批判も生まれている[3]。

時代と国と地方を特定すれば，この対照的認識の双方を支持する事例を見いだし得るのではないかと思うのであるが，ただ論理的一貫性の見地からみれば，生存ぎりぎりの状態から抜け出たばかりの，いわば経済開発の始発期において，どのような関係を人口増加，技術進歩，貯蓄供給の間に設定するかによって，この時期の経済発展には，様々な可能性が想定できることを強調しておきたい。

次に，自力による開発資金の調達の具体的手段に関して，第2次世界大戦後の経済学の潮流との関連において特に興味をそそられるものに次の2つがある。

1つは，不完全雇用下では需要が供給を作り出し，投資がそれに等しい貯蓄を作り出すというケインズ的発想の延長であり，発展途上国に遊休した生産要素があれば，それを使用せざるを得ないような開発投資を行えば，その投資をまかなうに足る資金は，事後的に調達できるという主張である。

2つは，貨幣ベール観に立つ，貨幣は基本的に実体経済には影響を及ぼし得ないとする貨幣数量説，その第2次世界大戦後版であるマネタリズムに非常になじみやすい議論で，発展途上国の中央銀行による通貨発行によるインフレ的開発資金の調達は，実質的な資金調達になっていないという議論である。その

骨子は，インフレによって貨幣価値を引き下げながら住民が所有する通貨価値の一方的移転を図ろうとしても，住民は自衛のため，保有する通貨量の実質的価値を引き下げるよう通貨量を調節するであろうから，税率引き上げと課税ベースの減少が，税収の最大化を図れば，その変動率を等しくするであろうという租税論の理論を援用して，住民から中央銀行への実質価値の移転は生じ得ないと主張する点にある[4]。

具体的手段に関する上の記述は，開発金融の資金が，当該国の生産力高度化の社会・経済的枠組みの中でも，採用される政策によって，国内で調達できたり，できなかったりすることを意味している。

開発金融の資金源を国境の外に求めようとする場合，総合的に判断した外国からの導入資金のコストが，その資金による同国内の開発投資のもたらすベネフィットによって，十二分に，償われない限り，中・長期的に見て，外資依存は極めて危険であることを考えると，開発金融の核心が，内外，いずれの資金によろうとも，当該国の生産能力拡大の問題に帰着すると断定してよいのではなかろうかと思う。

(2) 新興証券市場の推進力

国際経済の観察者が冷戦終結前後，驚異の眼を向けたのは，1980年代後半から1990年代前半にかけて信じられないほどの速度で拡大した発展途上諸国の証券市場の盛況であった。あちこちの途上国に，証券取引所がつぎつぎに開設され，そこでの取引額は主として先進国の投資家の参加によって，短期間に急増したのであった。例えば，1988年から1993年にかけて，これら市場における外国の投資家を対象とした株式発行 (cross border equity issues) は，何と227倍，同じく，債券の発行 (cross border debt issues) は，何と65倍にも達したのであった[5]。いったい，この証券市場の激動は何を意味しているのか，その推進には，どのような経済的動機が隠されているのか，そして，この市場は新しい世界的な開発金融のシステムの中で，どのような役割を演じることになるのかを考えてみたい。

この問題を取り扱う前に，わが国の近隣諸国の証券取引の状況の概観から始

めたい[6]。

香港の場合

香港証券取引所（Hong Kong Stock Exchange）は1891年創立され，1914年に改名された取引所であるが，1969年，遠東証券取引所（Far East Stock Exchange），1971年，金銀証券取引所（Kam Ngan Stock Exchange），1972年に九竜証券取引所（Kowloon Stock Exchange）が，新しく設立された。

1980年頃の記述では，香港証券取引所の信用が一番高く，遠東証券取引所の取引額が一番大きく，九竜証券取引所が上場の容易さで他の取引所をはるかに引き離していた。

これらの4取引所は，1986年統合され，香港連合取引所有限公司の管轄下に入った[7]。

この新しい統一的市場の株価は恒生指数（the Hang Seng Index）によって示されるようになったが，この指数の作成方法は米国のダウ・ジョーンズ（the Dow Jones）同様のものである。

台湾の場合

台湾の証券取引は，1961年11月設立の台湾証券取引所（Taiwan Stock Exchange）で行われている。同取引所の中には，第1部，第2部，第3部の区別があり，それぞれの部ごとに上場基準を異にしている。大雑把に言って，第1部は優良企業，第2部はやや問題のある企業，そして，第3部はベンチャー・ハイテク関連の新興有望企業が中心になっていると言ってよいだろうと思う。同取引所が取引高の急激な増加を経験するのは1980年代後半であって，この時期に台湾における証券取引の基盤が固まったのである。

そのほか，台湾の証券業協会によって運営されている店頭市場（OTC market, over-the-counter market）もあるが，1990年代半ば，その取引額の100％ちかくは台湾政府の国債であり，経済的に株式市場の動向と言うよりも，銀行の預貯金取り入れに及ぼす影響の方が大きい。

南朝鮮＝韓国の場合

　韓国の証券取引所の起源は遠く日本統治時代に遡るようである。戦前の取引所として知られているものに，1920年開設の京城株式現物市場があるが，1932年，それが朝鮮取引所となり，さらに1943年，朝鮮証券取引所となっている。

　しかし，この国における株式取引所の発展は，1960年代末から資本市場を強化しようとした韓国政府の政策努力によって，次第に軌道に乗せられ，1980年代末に飛躍的な取引高の拡大を経験することになったのである。

　第2次世界大戦後の韓国における株式取引所の制度的変遷を追ってみると，次のようになる。

　1956年2月11日，大韓証券取引所（Daehan Stock Exchange）設立，1963年5月3日韓国証券取引所（Korea Stock Exchange）と改名，1988年3月，名称の変更はないが，取引所自体が民営化されるに至った。

　韓国の証券・取引所法（Securities and Exchange Law）は，1962年1月に制定されたが，その後1963年4月，1976年，1987年，1991年，1994年と何回も改正されている。また，1968年11月の資本市場強化法（Law on Fostering the Capital Market. the Capital Market Promotion Lawと呼ばれることもある）のほか，大統領令（Presidential Decree）とか，大統領指示（Presidential Instruction）によって株式市場の強化が図られた。

　韓国の店頭市場（OTC market. over-the counter market）は，1987年4月設立，韓国証券取引所へ上場できなかった中小企業の株式を主たる取引対象としている。この市場の運営の効率化を図るため，1996年5月，コスダク証券会社KOSDAQ（Korea Securities Dealers Automated Quotations）Securities Companyが設立された。

シンガポールの場合

　すでに，遠く18世紀の70年代，わが国でいえば明治維新後間もない頃から，マレーシア半島では株式の売買が見られたと伝えられている。しかしながら，この地に組織的な株式の売買が行われるようになるのは第2次世界大戦後，1960年3月のマレーシア株式取引所（Malaysian Stock Exchange）設立以降のこ

とである。

　シンガポール証券取引所(SES. Stock Exchange of Singapore)は，1973年6月，この取引所から分離して設立されたものであり，成立の歴史的事情もあり，マレー半島と完全に分離した独立の業務内容を備えるのは，1990年以降であると言われている。

　1990年代半ばの状況に即して述べれば，この取引所は6個の取引部門から成り立っている。第1は取引所設立以来の主部門(Main Board)，第2はセスダク制(SESDAQ(Stock Exchange of Singapore Dealing and Automated Quotatation) System)と呼ばれる，1987年2月設立の場外取引部門，第3は1995年12月設立の外国証券部門(Foreign Board)，第4は1993年3月設立のストック・オプション部門(Stock Options)，第5はクロブ・インタナショナル(CLOB(Central Limit Order Book) International)と呼ばれる，1990年1月導入の外国の証券取引所に上場された外国証券の取引を行う外国証券場外取引部門，そして，第6は従来金融機関の間で個別に行われていた債券の売買を取引所内の組織的な場外市場として取り込んだ，1995年10月導入の債券評価制(Bonds Quotation System)による社債部門(Bonds)である。これから分かるように，シンガポール証券取引所の特徴の1つは数種類の場外市場(OTC(over-the-counter) market)が相互に独立して取引所の一部門を構成している点にあるように思われる。

　取引所はシンガポール通貨庁(MAS. Monetary Authority of Singapore)の監督下にあり，根拠法規は1973年制定の証券法(1973 Securities Industry Act)であるが，この法律は，1986年，1994年の2回にわたって改正されている。

　取引所における証券取引の多様性と，一部は，シンガポールの地場企業の急速な技術水準の向上を反映して，株価指数の種類が多いのも，この取引所の特徴となっている。

　1996年半ば作成されていた株価指数は次の6個である。取引所総指数(SES All-Singapore Index)，外国証券指数(Foreign Index)，取引所主部門指数(SES Main Board Index)，取引所エレクトロニクス株価指数(SES Electronics Index)，ストレート・タイムズ(新聞社)指数(Straits Times Industrial Index)，BT総合指数(BT Composite Index)，OCBC指数(OCBC Index)，UOBセスダク指数(UOB

SESDAQ Index)。

　証券投資の目的に応じて，これらの指数の間の取捨選択の必要が生まれることはいうまでもない。

　マレーシアの場合

　マレーシアにおける組織的証券取引は，シンガポールの項で述べた1960年のマレーシア株式取引所の設立に始まるというべきであろうが，この国独自の証券取引所は1973年7月のクアラルンプール証券取引所（KLSE Berhad. Kuala Lumpur Stock Exchange Berhad）の設立に求めるべきであろう[8]。

　その後のクアラルンプール証券取引所の発展は，シンガポールに劣らず極めて順調であり，1988年11月，中小企業の資本調達のため第2部が開設され，さらに，世界的な金融市場における投機的取引の拡大に合わせて，1995年，クロフエ（KLOFFE. Kuala Lumpur Options and Financial Futures Exchange）と呼ぶ金融先物市場が，1996年にはエム・エム・イ（MME. Malaysian Monetary Exchange）と呼ぶ，主として3か月の金利先物を扱う市場を，取引所の強化のために発足させている。

　証券取引所の活動を規制する基本法規は1973年証券法Securities Industry Act 1973であるが，それは，1983年，新法に取って代わられ，さらに，1985年，修正が加えられた。

　また，主たる監督官庁は1992年公布された証券取引委員会法（Security Commission Act）によって，1993年設置された，証券取引委員会（SC. Securities Commission）である。

　同市場の株価の動きは，1991年から相次いで導入された第2部指数（SBI. Second Board Index）と，主部門の全株式を包含して計算されるEMAS指数（EMAS Index）の2つによって知ることができる。

　なお，1990年以降は，マレーシアの法人企業は，シンガポールの証券取引所に上場できないようになった[9]。

　以上で，簡単な紹介を試みた香港，台湾，南朝鮮＝韓国，シンガポール，マレーシアの5つの証券市場が，上場証券時価（market capitalization）から判断し

表5-2 上場証券時価。香港。他，金額上位4国・地域（1994年）

	香 港	台 湾	南鮮＝韓国	シンガポール	マレーシア
U.S.億ドル	2,695	2,473	1,918	1,885	1,993
％	100.0	91.76	71.17	69.94	73.95

備考：香港とシンガポールは，さくら総合研究所環太平洋研究センター編：アジア新金融地図，日本経済新聞社，1996年，21ページから。その他の国は，International Financs Corporation: Emerging Stock Market Fact Book 1996, 1996. p.170, p.174とp.214から取った。
なお，通常，上場時価は，その期間末の数字が掲載される。

て，わが国の近隣新興市場中，開発金融の今後の発展において，多少とも重要な役割を演じる可能性を持っていると言えそうである。

　ここで，試みに，1990年代半ばのこれら5市場の上場証券時価の値を一表にして示しておくことにしよう。

　表5-2の数字から明らかなように，1990年代半ばの時点でこれらの証券市場は，先頭を走っている香港がその7～9割の規模を持つ他の市場に追いかけられるという構図を示しており，近い将来，市場規模の相互関係の変化が生じる可能性も否定できない。

　これに対し，その他の近隣諸国の証券市場は，1990年代半ばの時点で，その市場規模が香港に大きく水を開けられているので，当分の間，近隣諸国の代表的市場となる可能性は少ないと言えそうである。

　以下，簡単に，これらの国の証券市場の紹介を行いたい。

インドネシアとフィリピンの場合

　言うまでもなく，前者はオランダ，後者は米国の旧植民地であるが，前者の植民史の長さに比例して，その証券市場の歴史も古い。

　インドネシアの最初の証券取引所は1912年設立されたバタビア（Batavia・現在のジャカルタJakarta）の証券取引所であるが，オランダの植民地企業の証券取引は相当の規模に達していたらしく，さらに1925年には，スラバヤ（Surabaya）とセマラン（Semarang）の2都市に，証券取引所が設置された。

　第2次世界大戦時のわが国の占領によって，これらの取引所は活動を停止するが，1952年ジャカルタ証券取引所（JSE．Jakarta Stock Exchange）が再開され，1989年2月，同取引所に場外取引部門（OTC．over-the-counter）が付設された。

また1989年6月にはスラバヤに証券取引所が開業するに至った。

フィリピンで証券取引所の開設をみるのは，1927年設立のマニラ証券取引所（Manila Stock Exchange）においてであるが，1963年首都圏のマカチにマカチ証券取引所（Makati Stock Exchange）が，新しく，設置され，この2つの取引所が，1994年3月合併して，フィリピン証券取引所（Philippine Stock Exchange）となった。

インドネシアの場合は1980年代後半，株式市況が急速に好転するが，フィリピンの場合，上場時価の増加は見られるものの，前者のような好況は，ついに見られなかった。

タイの場合

タイの証券取引所の嚆矢となるのは，1963年民間資本によって設立されたバンコックの証券取引所であるが，国家的規制下の信用ある取引所は，1974年5月に設立されたタイ証券取引所（SET．Stock Exchange of Thailand）に始まると言われている。

この取引所の証券取引は1980年代後半から1990年代半ばにかけて急増し，その間，1992年3月の証券および証券取引所委員会法Securities and Securities Exchange Commission Act of 1992 によって，証券取引分野における法制も整備された。

ただ，この国では地方に前近代的資金調達の手段が残っているため，資本市場としての株式市場が果たし得る役割は大都市に限られる傾向がある。

中国（大陸）の場合

中国の企業は国内に証券取引所がなかった時期から香港の証券取引所で資金を調達することができた。これらの企業の株式は赤い株式（red-chip）と呼ばれた。

この外国投資家からの資金調達機能を一部国内へ移し，さらに国内の増大する民間貯蓄を吸収する狙いもあって，中国が国内に証券取引所を設置するに至るのは，1990年代に入ってからである。

1990年12月の上海証券取引所と，1991年7月の深圳（シンシウ）証券取引所[10]

の開設がそれである。この両取引所は、ともに、国内貨幣で取引されるA株と外国貨幣で取引されるB株の、2種類の株式を上場している[11]。

1992年10月には証券行政を担当する証券管理委員会を内閣に発足させている[12]。

なお、1988年には国内の貯蓄を国債の販売によって吸収するため、瀋陽（奉天）、その他、計7都市に国債の流通市場を発足させていた。

同じように社会主義経済体制からの脱皮を図った旧ソ連邦のロシアの場合と比べると、中国における証券市場の導入は、資本の調達という限定された目的から見ると少なくとも短期間には成功している。ただ、今後の動向は広く東・東南アジア諸国経済の将来、もっと限定した言い方をすれば、これら諸国の新興株式市場の役割や市場間競争の帰趨によって決定されるものであり、種々の可能性が秘められているように思う[13]。

以上で述べたインドネシア、フィリピン、タイと中国（大陸）の株式市場の規模について概括的観念を得るため、表5-2同様の表を作成してみると、次のようになるだろう。

表5-3　上場証券時価。香港。他、金額下位4国（1994年）

	香　港	インドネシア	フィリピン	泰　国	中国（大陸）
U. S. 億ドル	2,695	472	555	1,315	435
％	100.0	17.51	20.59	48.79	16.14

備考：資料の出所は、前表と同じ。香港は、さくら総合研究所、上掲書の21ページ、その他は、International Financs Corporation、上掲書の p.138、p.162、p.194 と p.218 から取った。
　　なお、後者の p.255 は、1994年のロシア全土の上場証券時価が300万USドルであると述べている。

以上において、発展途上近隣諸国の株式市場が、1997年夏タイから始まった金融危機以前にどの程度の規模に達していたかについて、諸国市場間の相対的重要性の差異も含め、大体の観念が得られたことと思う。

我々が、ここで、わが国で知られることの比較的少ない近隣諸国の新興証券市場に関する若干の基礎的事項を紹介したのは、いったい、これらの市場が

1990年代以降のポスト冷戦期の新しい国際経済環境の下で，近隣発展途上国の開発金融にいかなる役割を果たし得るかについて考える際に，あらかじめ，これらの市場に関する背景的知識を得ておくためであった。

これら市場の急成長は1980年代から1990年代の境目に当たることは先に述べた通りであるが，1990年代に入ってから，これらの新興市場は2回にわたって世界的な崩壊の危機にさらされている。それは通常，メキシコ危機（Mexican crisis）とか，アジア危機（Asian crisis）と呼ばれたもので，1994～1995年のメキシコに端を発した新興証券市場全体の流動性不足による崩壊の危機と，1997～1998年のタイに端を発した同種の世界的な危機の2つを指している。

これらの危機は，不思議なことに日頃からこれらの市場の観察をしている職業的国際金融問題の専門家の大部分にとってさえ，全く予想できなかった，突発的事件であった。

そこで問われたことは，かくも小さな辺境の証券市場の崩壊が，かくも相互に遠く離れている多くの同種市場に，瞬時に，かくも強力な破壊的影響を及ぼし得るのはいったいなぜであるかという問題であった。

1999年春の時点でこの問題に確定的解答が与えられたということはできないかもしれないが，少なくとも国際通貨基金IMFその他の機関の専門家の間で影響力を強めつつあるかに見える1つの解答は次のようなものであった。

1980年代末以降の新興証券市場の推進力となった米国の機関投資家は，発展途上国の株式投資を，従来国内で行ってきた将来性のある，しかし同時に危険の多いベンチャー企業株式への投資と，ほとんど全く同一の手法で扱い，投資資金の一定パーセントを発展途上国株式投資に割り当て，その国別，事業別配分は個別的，具体的判断によることなしに行っている。したがって，何か発展途上国全体の経済的将来に関し悲観的な判断を生むような事件が起こると，投資家は新興証券市場全体に割り当ててきた資金の割合を引き下げ，その範囲内で国別，事業別の資金の再配分を行うため，新興証券市場のあちらこちらに流動性不足による危機的現象が生まれてくるのである[14]。

この議論は発展途上国の間の金融危機の波及は説明できても，まさに危機そのものが，なぜ発生するのかを説明するには不十分である。しかしながら，そ

れは，新興証券市場の性格を理解する上で非常に洞察的な示唆を与えている。つまり，新興証券市場は，冷戦後，全地球的レベルで投資活動を展開している投資機関にとって，あくまで先進国の証券市場とは異なる，極度に投機的な市場と見なされているのである。

投資物件の選択過程でいかに高度の数学的要具が駆使されようとも，結局は金融業者の群集心理によって定まる，一定の金額を拠出して行われる賭博場として機能しているに過ぎないのである。

果たしてそうだとしたならば，このような新興証券市場がポスト冷戦の発展途上国の開発金融の仲介機関として適切なものであるか，仮にそれが，この種の仲介機関として機能し得るとしても，わが国の金融機関は，国内の広範な利用者の利益を守ろうとした場合，この市場に，どのように参加すればよいのかという問題が残るであろう[15]。

(3) 開発金融と日本企業の戦略

1990年代に入ってから，今後数十年，世界全体の貯蓄の供給においてわが国が，欧・米を引き離してほとんど圧倒的な重要性を持ち続けるであろうという予測が見られるようになった。いったい，わが国の貯蓄つまり資金の供給力はマクロ的に見てこの予測の通りなのであろうか？　この点を考える上で次の2つの数字は極めて示唆に富んでいる。

1つは，1990～1995年の可処分所得に占める貯蓄の比率を見たもので，米国が5.2％であるのに対し，わが国は13.0％となっている。1990年代前半の米，日のGDPの割合は，為替相場で見れば16：10くらいになるから，潜在的な貯蓄の供給力は，米国83.2（16×5.2），日本130.0（10×13.0）として，日本は米国の1.56倍，約50％多いということになる。種々の方法で貯蓄を推計すると細かい違いは避けられないであろうが，わが国が先進国の中でとびきり高い貯蓄の供給力を持つという結論になるのではなかろうかと思う。

しかしながら，しばしば多くの人が見逃しているもう1つの数字がある。

日米両国の公的機関が計算した自国通貨で計算した金融資産の総額に関する数字によると，米国は1990年から1995年の間に45％の増加となっているのに，

日本では同じ期間に20％の増加しか見られない。つまり，米国では，年率7.5％以上増え続けているのに，わが国では，年率4.0％以下でしか増えていないのである。

　金融資産の増加が，その国の実質的な資金供給を示すと考えると，わが国の資金の供給能力は米国に比し，著しく低いという結論が導かれるのである[16]。

　この2つの数字の差異の原因を完全に解明するのは困難であるが，少なくとも，それが1991年5月から始まるとされている長期不況の過程で次第に明確な姿を現すに至った，わが国の政治・経済の寄生的要素と何らかの関係があるだろうことは明らかである。住民の貯蓄が非生産的に使用され，利潤を生むことなく，資本として蓄積されない事情が存在すると見るべきではなかろうかと思う[17]。このように考えてくると，国民の高い貯蓄意欲にもかかわらず，わが国の金融部門は国際的に見て極めて脆弱な体質を備えているのであるから，発展途上国の開発金融の分野にわが国の民間企業が参加することは，なるべく避け必要最低限を国の公的機関に委託するのが賢明なやり方ではないかと思われるかもしれない。しかし，これは，わが国の置かれている国際的条件の下では，実行不可能と言ってよい。

　私はかつて，1993（平成5）年10月30日の時点で，次のように述べたことがある。

>　「1980年代に入ってからレーガノミクスの登場とともに援助思想は大きく変貌する。その時期はまたケインズ的開発経済学とそれに基づく政策の破産が声高く宣言された時期でもあった。新思想は国際官僚制に浸透し，1980年代半ばから4〜5年のうちに，新思想を中心とするDACの数多くの合意文書が作られ，先進諸国の援助政策を制約するまでになった。
>
>　この新しい思想は，要するに，行政ではなく市場に開発の主体を見いだすこと，開発への民間の自発的参加を最大限に奨励すること，そして最後に民主的な制度を作り出すことが，途上国の長期安定的な経済開発に必要であり，ODAはそれらの実現に役立たねばならぬということである。このような考えを柱にして作られた協定は，DAC加盟国を縛る国際的約束であるから，一国がこれから離れて政策の展開を計る余地は，ほとんどない。」[18]

　私が5年以上前，かつて日本財政学会で報告した状況は，今日，基本的に変わっているとは考えられないから，国が発展途上国の開発金融に参加すること

は困難であり，そうするためには，相当の制度的工夫を必要とすると言わねばならないであろう。

したがって，1980年代から1990年代初めを境に，大きくその様相を変えるに至った発展途上国の経済開発と，それを支える資金調達に，わが国がどのように対応すべきかについては相反する内外の制約があり，なかなか単純明快な結論を引き出すことができない。

21世紀を目前にした時点で考えると，わが国の企業，ひいては政府の対応としては，まず，次の2つの選択肢が考えられるのではなかろうか？

第1は，ポスト冷戦時代の途上国の経済開発の主流が私的部門であることを承認し，先進国から途上国への資金の流れについても，投資の証券化が，ますます重要性を帯びつつある現状に追随し，わが国の国際投資の展開を図っていく道が考えられる。

この分野で先行しているのは米系企業であるから，これらの企業との連携，もしくは，それへの従属が開発金融におけるわが国の未来像を決定することになるだろう。

第2は，ポスト冷戦時代に米系企業が試みている経済開発の方向が極めて一面的な利潤追求型であることに留意し，特に1990年代になって，その規模の急増を見せた新興証券市場が現在まで基本的に投機市場となっていることを重視し，先進国の市場についてはケース・バイ・ケースで米国を含む先進諸国の金融機関との連携を深めながらも，途上国への開発金融についてはなるべく米系企業との協力を避け，新しい証券投資の形態を模索するという方向も考えられてよいのではないかと思う。

ポスト冷戦時代の世界経済の一体化と，そこにおける証券経済の役割の増大を前提にしながらも，前者は欧米追従型，後者は独自路線型と，一応分けてもよいと思う。この2つの路線の対応の中で，やがてわが国の対発展途上国開発金融の具体像が確定されていくことになると予想してよいだろう。

むすび

新興証券市場と開発金融の関係を明らかにしようとした，この小論において，

我々はまず開発金融の論理を既存の開発理論の中から拾い出そうと試みた。そこで我々が知り得たことは，経済開発の初期段階において継続的開発の推進上，大きな困難が生まれるとしても，その困難の克服において，歴史は人口が全く対照的な役割を演じ得ることを示したことであった。ある場合には，人口増が生活水準の低下と直結して困難の克服に否定的な影響を及ぼし，ある場合には，人口増が技術革新を加速し，困難の克服をかえって容易にするのである。そして発展途上国の経済が，ある程度近代的組織形態をとり，とにもかくにも，発展の軌道に乗るようになった後においては，国内における生産要素の利用状況いかんによって，開発投資が事後的にその投資をまかない得る資金を作り出す場合もあれば，通貨の増発が，住民の合理的貨幣保有の調整によって，開発資金の調達に役立たない状況も生まれ得ると述べた。つまり，発展途上国の開発金融は，あらかじめ定められた一定の型に従うのではなく，その国または地域の歴史的発展段階やその時の政策によって異なる展開を見せるのであるが，開発資金の源泉が何であろうと，その生産的利用が開発金融の核心になると論じた。

　続いて我々は，冷戦が終結した1980年代から1990年代初めにかけて，急激な成長を経験した発展途上国の証券市場のうち，わが国の近隣諸国のそれを取り上げ，各国の制度の輪郭を紹介し，香港，台湾，南朝鮮＝韓国，シンガポール，マレーシアの5市場が優位に立っている近隣新興証券市場の動きを基本的に決定してきたのが，主として米国に拠点を置く機関的投資家の投機的証券投資であることを指摘した。

　そして最後に，我々は，軍事独裁政権の手を経由した公的資金移動に誘導された途上国の開発金融が，市場の直接的媒介に置き換えられつつあるポスト冷戦時代の発展途上国の開発金融の調達において，わが国，もっと具体的にわが国の企業は，どのような役割を演じ得るのかを問うてみた。

　結論は極めて簡単であって，冷戦期，わが国経済の一部となった寄生的諸制度から生まれた金融部門の生産性の低さと開発金融の部門における世界的潮流の変化を考えると，おそらく当面は，何もできないだろうということであった。

　つまり，できることは，欧米勢，特に米国勢に追随するのか，あるいは追随

はほどほどにして，時間を稼いで将来に備えるのか，2つに1つであろうと述べたのである[19]。

結果としては何もできなくても，わが国の指導層が何もせずに腕組みしているという保障はどこにもない。

「人様のお金」——税金も企業の資金でさえ，これらの人々にとっては「人様のお金」である——が使われ，国民経済に大きな損害が生じる可能性もないわけではない。それを避けることが，現段階におけるわが国の経済政策の出発点とならねばならない。こうして経済学はここで鋭角的な政治論と隣り合うこととなるのである。

【注】

1）かの難解をもって鳴るマルクス『資本論』第1巻の中で，最も理解しやすい第24章が，この問題を扱っていることは広く知られている。

近代経済学におけるその対応物は，第2次世界大戦後，1950年代，形成期の開発経済学（Development economics）によって論じられたレイベンシュテイン（H. Leibenstein）や，ヘイゲン（E. Hagen）の名前と結び付く低水準の均衡の罠（low-level equilibrium trap）とか，限界的最低努力（critical minimum effort）に関する議論である。本文で示したように，西欧諸国の歴史的経験はかならずしもこの問題について，一義的理論化を許すものではない。

2）A. P. Thirlwall: Growth and Development (with special reference to developing economies). 4the ed. Hampshire and London, 1989. Macmillan Education Ltd. pp.170〜175.

3）A. P. Thirlwall: ibidem, p.174.

4）A. P. Thirlwall: ibidem, pp.279〜289. その中の the Keynesian approach to the finance of development と the quantity theory approach to the finance of development の項が，全体の議論の核となっている。

5）前者は，0.33億ドルから74.85億ドルへ，後者は，2.66億ドルから174.17億ドルへ増えている。

『Finance and Development』(a quarterly publication of the International Monetary Fund and the World Bank), March 1995. p.43 掲載の数字である。

6）世界銀行の刊行物，The World Bank Research Observer の1995年8月号に掲載されたフェルドマンとクマールの共同論文は，新興証券市場を，次の4つに分けている。

第1は初期の発展段階のもので，市価の付く会社がほとんどなく，少額の上場証券時価，特定銘柄への極度の集中，低い流動性，高度の変動性，比較的原始的な取引制度の市場となっている。

第2は市場の流動性が高くなり，多くの会社が取引され，外国投資家がこの市場における投資機会を評価し始め，市場の規模は国民経済に対しては相対的に小さいが，企業資金の株式発行依存度が次第に大きくなり始めた国の市場である。
　第3は，市場で得られる収益が少しずつ安定し，取引活動や新株発行量が急速に増大し，上場証券時価が著しく大きくなり，株式や通貨のつなぎ売買のような危険回避手段の開発に対する関心が高まってきた市場である。
　第4は流動性と取引活動の水準が非常に高く，市場規模は大きく，株式の危険に対する報酬即ち短期市場金利と比較した危険調整収益が，国際的金融市場の水準に近付いた市場である。この段階に達した株式市場の動向は国内経済の状況をよく示しており，この国に対する国際的投資家の信任度の指標ともなっている。
　この論文の執筆者によれば，わが国の近隣諸国の債券市場で第4の段階に達しているのは，香港，台湾，南朝鮮＝韓国，シンガポールの4市場である。その他の国の市場については，フィリピンと中国（本土）が第2，マレーシア，タイ，インドネシアが第3段階と述べるにとどめている。
　Robert A. Feldman and Manmohan S. Kumar: Emerging Equity Markets (growth, benefits and policy concerns), The World Bank Research Observer, August 1995, pp.181～200，特に，pp.186～187.
7）香港が東・東南アジアの華人経済において演じる役割を考える際，この島の中国人社会の特異性を見ておく必要がある。
　ここでは言語的にも民俗的にも中国人社会は同質的で，内部的緊張は他地域におけるように厳しくなく，しかも，第2次世界大戦後旧上海の近代的資本家の主流を受け入れることによって，国際経済への極めて柔軟な適応力を持つこととなった。すでに1970年代末から1980年代初めにかけ，香港はアジア・ダラーを利用しながら，華人経済の中での資本配分機能を持ち始めたのではないかと言われている。
　ただ，証券取引に関しては，旧上海人的感覚では国際的投資家の信用を得るには不十分だったようで，どうしても英国の援助が必要であった。事実，香港証券取引所の国際的評価を高める上で，英国の援助が果たした役割は大きかった。
　1987年10月19日のいわゆる黒い月曜（Black Mondey）後の市場は混乱しそれを乗り切るため，前英国銀行監督官（Former Commissioner of Banking）であり，当時ロンドン証券取引所（London Stock Exchange）の主席理事（First Chief Excutive）をしていたロバート・フェル（Robert Fell）の忠告を得て香港政庁は，ロンドン・ロイド（Lloyd's of London）の前主席理事（Former Chief Executive）のイン・ヘイ・ダビソン（Ian Hay Davison）の報告に基づいて，市場改革を行った。その主要なものは証券取引所の管理組織の変革，先物取引に関する新しい危機管理体制の編成，監督機関の一部としての証券先物委員会（SFC．Securities Futures Commission）の新設の3つであった。
　なお，新設の証券先物委員会は取引所の旧役員の訴追さえ行っている。

8）シンガポールが1965年マレーシア連邦から独立した後，マレーシア株式取引所は改名して新しい取引所ができるまで営業を続けた。
9）そのほか，1969年。ブミプトラと呼ばれるマレー系住民専用の証券取引所が設置されたようであるが，事実上，有名無実の存在になっている。
10）圳の日本語読みは，シウである。中国大陸の標準的表記で示すと，Zhen（第4声）である。深圳はシェンチェンとなる。
11）B株が導入されるのは1992年2月からである。そのほか香港上場株をH株，ニューヨーク上場株をN株と呼ぶ。本土の中国人は，B株，H株，N株を買うことはできない。逆に，外国人は，A株を買うことは許されていない。つまり，株式市場は，内外に完全に分離されていた。
12）この委員会は海外ではCSRC（China Securities Regulatory Commission）として知られているが，米系証券業者によれば，そのほか1989年設立のSEEC（Stock Exchange Executive Council）と称するものがあり，外国の業者の接待に当たっていたが，1995年前後，そのメンバーは若く，英語がうまく，極めて有能であったので，米国の証券業者は，この委員会が中国政府の証券行政に関するシンク・タンクの役割を演じていると考えたと言われている。
13）新興株式市場の中で中国大陸と同じく体制的脱皮を図っているロシアとの競合，あるいは補完の関係があり得るかという問題がある。1999年春の時点では，ロシアの現状はあまりにも不明な点が多すぎ予測がはなはだしく困難である。モスクワのような大都市でさえ総体的観察につながるような信頼できる専門書は極端に限られている。

　　ここではロシアの証券市場に関する最低限の情報を提供するにとどめたいと思う。

　　冷戦後，最初の証券取引所がロシアに生まれたのは1991年夏のことであるが，あっという間に全国になんと100を超す証券取引所が開設されたと世界銀行の刊行物は述べている。ロシア領極東のウラジオストクにも，ダルビルジャ（далбиржа（英文名：Far Eastern Mercantile Stock Exchange "Dalbirzha" －DATFB））と呼ばれる証券取引所が生まれている。

　　ロシアにおける株式取引は差し当たり1991年末大略方向が決まり，翌1992年半ばから始まった，権利伝票交付による私有化（чековая приватизазия）による有価証券の普及を見込んで進められようとしたのであるが，実態は，1993年からロシア政府によって発行され始めた国債の取引が主となった。国債には短期国債（ГКО．государственные краткосрочные бескупонные облигации），中期国債（ОФЗ-ПК．об-лигации федерального займа с переменным купоном）と国庫債（КО．ка-значейские обязательства）があった。

　　雨後の竹の子のように証券取引所が生まれたにもかかわらず，証券取引は商品取引所の証券部門や銀行の証券部門によっても営まれており，非組織的な店頭市場（unorganized OTC market）に相当する私的市場における取引も重要となっている。1993

年末の時点でこの私的市場における取引が全取引の80％くらいになるのではないかという推計もある。

これを要するに，ロシアの証券市場は無規律もよいところで混乱に混乱を重ねており，経済再建に必要な西側経済との長期的展望を持った接合にほとんど成功していない。

証券市場の初期の状況については，1993年12月刊行の世界銀行の国別研究，ロシアの57〜61ページを見られたい。

Russia (the banking system during transition). A World Bank Country Study

14) このような新興市場における国際的投資の行動類型を明確にしようとした人に，イレーン・バクバーク（Elaine Buckberg）がある。

International Investors and Asset Pricing in Emerging Markets. IMF Working Paper, WP/96/2. January 1996.

15) 新興証券市場で国際的投資機関の投機の対象となっているのは，発展途上国の銘柄企業であって，通常の意味でのベンチャー企業ではない。不思議なことに，技術革新の波に乗って拡大する可能性を持ちながら，資本不足に悩む企業を対象とするベンチャー資本（venture capital）は，ほかならぬ，途上国自体によって創出されており，それへの先進国資本の投下は驚くほど少ない。

香港がこの種の投資活動を始めるのは，1987年12月の香港ベンチャー資本協会（HVCA. Hong Kong Venture Capital Association）設立以後のことであり，シンガポールの場合は香港ほどの完成された組織形態はとっていないが，1985年頃から，この種の投資活動が始まったと言われている。香港，シンガポール，ともに，一時，この種の投資が急増したと言われている。

16) 1990〜1995年の日米両国の可処分所得に占める貯蓄の比率は，IMF，世銀関係の資料から，同じ時期における両国の金融資産に関する数字は，日本の経済企画庁と米国の連邦準備局がそれぞれ別個に調べた数字を，米国の日系シンク・タンク，日本経済研究所（Japan Economic Institute）の出版物から引用した。

17) 米国の現代日本経済研究者の中には，欧米における新投資の実質利益は日本におけるそれよりも50％以上高く，1998年中頃の時点で，欧米の基準を用いれば，日本の企業資本は40％は償却しなければならないだろうと論じている人さえある。

具体的数値の確定は困難であろうが，わが国の資本の生産性が極度に低いことだけは確実であるかのように思われる。

18) 1993（平成5）年，福岡大学で行われた第50回日本財政学会全国大会において配布された著者の報告「ODAと経済協力」の報告要旨の中の文章である。

19) 我々が，わが国の開発金融への本格的進出は遅ければ遅いほど良いと考えるのは，金融業の国際競争に関し，次のような判断を持っているからである。

1990年代に入って国際金融分野における国際的規制が強化され，その初期には米国の主張が基調となり，1990年代半ば頃からは欧州勢によって米国的規制ルールが骨抜

きにされるという事態が進んでいるようであるが，金融機関の国際取引の安全と競争条件の均等化の要請の帰趨は，1999年現在，決して明らかではないと思う。

わが国の経済界がこの問題の所在を理解し，開発金融の分野を含め，金融構造の差異や新しい金融技術の下で金融サービスの安全性と競争力を守るために，何が必要かについて確信を持つに至るまでには，今後，時間があればあるほどよいのではなかろうかと思うのである。慌てることはない。「残り物に福」である。

資料：ODAと開発金融*

ODAは公的開発援助（Official Development Aid）の略語であるが，それは，かなり特殊な意味を持っている。

1960年から1961年にかけて，西欧諸国を中心とする先進資本主義国の国際的経済協力機構が世界全体へ拡大する過程で，1961年9月，OECD（Organisation for Economic Co-operation and Development）が成立した。その年の10月，OECDの下部機関として，前年結成されたDAG（Development Assistance Group）が再編成され，DAC（Development Assistance Committee）が成立する。このDAC加盟国の公的機関の発展途上国への特恵的開発資金の供与がODAであるが，その内容が確定するのは1969年以降である。それは，加盟国政府とその地方自治体が，発展途上国や国際機関へ供与する発展途上国の経済発展と厚生を主目的とする25％以上の無償部分を含む特恵的資金供与のことである。ただし，開発援助だけでなく，経済援助，人道的支援，災害救済もODAの中に含まれるとの合意が成立しているが，軍事援助とか，輸出入と関連した価格支持の支出，価格補助費用は含まれないことになっている。特恵の程度を決定するためDACは資金割引率10％とした。

要するにODAは，DAC加盟国の途上国援助の一部であるが，事実上，発展途上国への公的資金供与の大部分を占めており，西側先進国の非軍事的援助政策の動向を示すものとなっている。

さて，ODAの数字から見ると，1980年代から1990年代にかけて，わが国は米国と並ぶ世界最大の援助供与国となった。その額は邦貨1兆円くらいであるから，わが国

---

* この資料は1993（平成5）年10月30日，福岡大学で開催された日本財政学会第50回大会第2日，この書物の著者が「ODAと国際協力」の題で行った報告の一部を利用し，若干の資料を付加して作成された。

の経済規模からみて騒ぐほどの数字とは思われない。ただ，もらう方からいうと，わが国のODAはほとんど借款で後から返してもらうものであるから，円高になると上手に使わないと，こどころか，もともあやしくなる可能性がある。

以下，DAC加盟国の機助の動向を紹介しながら，わが国の途上国援助のあり方を考えたい。

(1) 援助思想の転換

1980年代に入ってから，レーガノミクスの登場とともに資金や資材の供与自体に重点を置く援助思想は大きく変貌した。その時期はまた，ケインズ的開発経済学とそれに基づく政策の破産が声高く宣言された時期でもあった。新思想は国際官僚制に浸透し，1980年代半ばから4～5年のうち，新思想を中心とするDACの数多くの合意文書が作られ先進諸国の援助政策を制約するまでになる。

DACの合意の内容を示すものとしては次のような文献を挙げることができる。

> 1986 : Guiding Principles for Aid Coordination with Developing Countries
> ─── : Good Procurement Practices for ODA
> 1988 : Principles for Aid Appraisal
> 1989 : Guiding Principles on Women in Development
> 1991 : Principles for New Orientations in Technical Cooperation
> ─── : Principlcs for Progamme Assistance
> ─── : Good Practices for Environmental Impact Assessment of Development Projccts
> ─── : Principles for Aid Evaluation
> 1992 : New Measures in the Fields of Tied Aid

この新しい思想は，要するに，行政ではなく市場に開発の主体を見いだすこと，開発への民間の自発的参加を最大限に奨励すること，そして，最後に，民主的な制度を作り出すことが途上国の長期安定的な経済発展に必要であり，ODAはそれらの実現に役立たねばならぬということである。このような考えを柱にして作られた協定は，DAC加盟国を縛る国際的約束である。わが国は，OECD加盟に先立ちDAC成立の時点でDAC加盟国になっており，この協定から離れて政策展開を図る余地はほとんどない。

しかしながら，西側先進国の援助思想の転換は，わが国では，当時，あまり一般の注意を引かなかったようである。

後追いの感がしないでもないが，1980年代半ばから1990年にかけて発表された，わが国を含む西側諸国の対外援助の状況認識に役立つと思われる海外の文献を，思い

つくまま，掲げておきたい。

Australia, Government of: Report of the Committee to Review the Australian Aid Programme, Canberra. 1984.

Bloch, Julia Chang: A. U. S. -Japan Aid Alliance? in Shafigul Islam(ed.): Yen for Development: Japanese Foreign Aid and the Politics of Burden-Sharing, New York, Council on Foreign Relations Press. 1991.

Chittiwatanapons, Prasert: Japanese Official Development Assistance to Thailand: Impact on Thai Construction Industry, Thammasat University, Bangkok, manuscript. 1988.

Hobben, Allan: USAID: Organizational and Institutional Issues and Effectiveness, in Berg, Robert and David F. Gordon(eds.): Cooperaton for International Development: The United States and the Third World in the 1990s, Boulder and London, Lynne Rienner Publishers, 1989, pp.253～278.

Koppel, Bruce: Japan-U.S. ODA Cooperation: Perspectives from India, Indonesia and the Philippines, Honolulu, East-West Center, Resource Systems Institute. 1988.

Leverhulmes Trust: Policy-Making in British Overseas Aid and Trade. A Report to the Leverhulmes Trust, mimeo. 1989.

Mistry, Percy S.: Financing Development in the 1990s, in Berg, Robert and David F. Gordon(eds.): Cooperation for International Development: the United States and Third World in the 1990s, Boulder and London, Lynne Rienner Publishers, 1989. pp.98～141.

Overseas Development Council: Foreign Aid: The Reagan Legacy, 1988

Pharr, Susan J.: Japan's Foreign Aid. Testimony before the House Foreign Affairs Committee, Subcommittee on Asia and Pacific Affairs, Sep. 28, 1988.

US House of Representatives: Report of the Task Force on Foreign Assistance to the Committee on Foreign Affairs, House of Representatives. Washington, D.C., Government Printing Office. Feb. 1989.

(2) 冷戦時代の途上国援助

　第2次世界大戦後のODAの展開の中で，1980年代半ばの援助思想の転換と，西側先進諸国の合意された政策変更の持つ意味は，非常に大きい。いったいこのような状況に至るまで，ODAは，どのように実行されたのであろうか？

　ODAが始まった頃の援助業務の担当者は発展途上国に西欧の産業革命に匹敵する大変革を引き起こそうとする，理想に燃えた専門家が多く，援助の決定に当たって，当時の斬新な経済分析の手法が，しばしば，用いられた。ところが，これらの専門家は，ODAの実態に失望して，やがてODAの仕事を離れ，先進諸国のODA供与の業務は，単なる行政官僚の手に落ちた。

東西冷戦時代のODAは，言葉の上では，発展途上国の経済発展と厚生のために供与されるが，実態においては，米国の援助機関であるUSAIDの専門家が米国の途上国援助中開発金融の名に値するのは援助総額の20％以下であると言っていることから想像できるように，形を変えた戦略的軍事援助であった。1970年代から1980年代初めに至る米ソ軍事対立の激化の中で，西側諸国の軍事負担が激増し，ODAがかなり負担になったのではないかと思う。

試みに，1950年代から1990年に至る，世界全体のODAの動きを，米国のODA関係者の数字から判断すると，1950～1965年は，実質年率3％で増加しているが，1965～1970年は足踏み，1970～1980年は，名目で年率15％の増加，10年間に約4倍になる。1980年代に入ると，一時的に足踏み状態となるが，後半になると，1970年代の増大ぶりに戻っている。

なお，ここで実質と呼んだのは，各年の為替相場で米ドルに直して集計した数字ではなく，基準年からの各国の物価上昇を除去した数字を基準年の対米ドル相場で集計した数字のことを意味している。言うまでもなく，後者の方が前者より絶対値でかなり低くなる。

種々，計算してみたが，長期間の平均を取れば，ODAの実質値は，年率3％程度の増加を記録している。

おそらく，官僚化したODA供与機関が制度的に定着し，供与が制度の存続のために実行された結果ではないだろうかと思うが，東西の軍事的対決の尖鋭化の中で，西側諸国の指導者の一部に，この種のODAに対する不満が強くなったことが新しい援助思想誕生を促したことは，容易に想像できるのである。

(3) ODAと開発

ODAは，いったい，発展途上国の経済開発に，どの程度，寄与してきたのであろうか？

この問いに答えるためには，まず，ODAによっていくばくの資金が，途上国に贈与として与えられたかを明らかにしなければならない。この贈与額を計算する道具として使われるのが，グラント・エレメント（grant element）と言われる数字である。

これは，例えば100億円の借金をして10年後に120億円払って帳消しにした場合，通常，返済に180億円が要求されるならば，金利10年で8割（80/100）だから，120億円では約67億円分（120/1.8）しか返済したことにならないから，約33億円まけてもらった勘定になる。そこで，33％（33/100）を，グラント・エレメントというのである。

DACが用いているグラント・エレメントの計算式は，やや複雑で，次のような想定をしている。

イ．借款供与の約束をした時点で全額を相手国の処分に委ねる。
ロ．借款の元本だけは，一定期間返済を猶予するが，利子だけは，償還期間中，あらかじめ約束した利率で，初めから，定期的に支払う。
ハ．償還期間の終わりには，元本が返済され，それに伴い金利支払いの義務もなくなる。

$$GE = 100 \times (1 - \frac{r}{d}) \left\{ 1 - \frac{\frac{1}{(1+d)^G} - \frac{1}{(1+d)^M}}{d(M-G)} \right\}$$

GE：借款のグラント・エレメント
r ：当該借款の利率
d ：商業界の類似の利率
G ：元本の返済猶予期間
M ：償還期間
ただし，利率は年利で，返済義務の履行は，年1回とする。

　計算は面倒だが，等比級数の和を求める計算の繰り返しであるから，上式の成立を確かめることは，それほど困難でない[1]。

　問題は西側諸国で発表される，このグラント・エレメントが，どの程度正確に公的資金の贈与部分の指標となり得るかであるが，これはODAの個別的案件を検討してみなければ分からない。

　まず，第1に明らかなことは，途上国がODAの投資案件を通常の融資では選択されない不急，あるいは不要の案件とせざるを得なかった場合には，この国の立場から言えば，投資の決定において潜在的損失を被っているのであるから，ODAにおける贈与部分からこの損失部分を差し引かなければ，真の贈与額を確定できないことである。

　第2に，グラント・エレメントの計算の基準となる商業界の類似の利率が正しく選ばれているかという問題がある。

　DACは，1969年以降，この基準利率を年利10％と定め，輸出信用に関しては，1987年7月半ば以降，通貨別の実勢市場金利を考慮したCL．Concessionality Levelと呼ぶ割引率を利用しているそうであるが，国際金融の発展とその間における市場金利の変動を思い出すだけで，ODAが何十年間にわたり商業界の金利を10％に固定し続けたことは，驚くべき官僚的独善か，でなければ，悲しむべき経済学的無知の表白としか言いようがない。

　ODAにおける真の贈与部分の確定には，第2次世界大戦後，ユーロ・ダラー市場の登場を契機として発展した国際金融市場の動向把握が必要である。

　そして，最後に，各国のODA供与機関が，この算式を誠実に適用しているかどう

かも，一応，疑わねばならない。

この算式の正しさは，上述の借款の供与から返済に至る一定のサイクルの想定に依存しているのであるから，借款が実行に際し，この想定から外れれば，それだけ意味を失うのは当然である。

以上の議論から，ODAにおける真の贈与額の確定には，ODAの個別的案件の内容が広く一般に公開され，人々の検討の対象となり得ること，言い換えれば，ODA業務の透明性の実現が必要であることが明らかになったと思う。

したがって，公的な開発資金が，どの程度に贈与として役立ち，あるいは，逆に，どの程度に，国際的開発資金配分の合理性を傷つけているかは，多くの場合，確認できないのであり，ここにODAを含む公的資金の国際的供与を開発金融の文脈において取り扱う際の困難がある。

1980年代半ば以降，先進資本主義国の援助政策の基調が，市場の機能と民間の企業活動のための制度作りとなったことは，すでに述べたが，そうなら，ODAの援助の重さを測るグラント・エレメントが，正確に市場の評価を取り入れねばならないだけでなく，こうして得られた公的贈与が，発展途上国の市場機能の発展に，どの程度役立っているかを測る指標が必要である。このように考えてくると，西側諸国の対途上国援助は，今日，有効な政策評価の手段を持ってないと言ってよいのである。

むすび

我々は，以上，1980年代半ば以降のODAの動向を，若干の批評を入れながら，要約的に紹介した。

先進国の援助機関は長い間，わが国に対しODAの質的改善を求めてきた。確かにODAの量的拡大に重点を置くのは間違っている。しかし，量的負担の公平も重要で，その観点からすれば，1990年代以降わが国は1人当たり米国の2倍の負担をしている。しかも米国の場合，ODAの中で開発援助の比率は驚くほど少ない。開発援助だけに限って言えば，わが国のODAは現在の半分どころか4分の1以下にしてもよい。質の改善については，やらねばならぬことが多いと思うが，先進国の援助機関や，援助の専門家の指摘に従えばよいのか，はなはだ疑問である。これらの援助機関や専門家のあり方自体に議論の余地があるからである。

開発金融の視角から見れば，ODAのいくばくが開発に用いられ，供与開発資金のいくばくが贈与であるかを知るのが先決である。それが可能となる体制ができあがるまで，ODAは開発金融の分析枠組みの外に置かれざるを得ないことを確認したいと思う。

(1) 1単位の貸付の返済を元本割賦返済，定額金利支払，元本返済にともなう金利過払に分け，その現在価値をA，B，Cとして計算し，1－A－B＋Cとすればよい。
ここではCの計算がやや複雑である。参考のため，計算の要点を下に掲げる。

$$C = \left(\frac{r}{M-G}\right)\left[\frac{1}{(1+d)^{G+2}} + \frac{2}{(1+d)^{G+3}} + \cdots\cdots + \frac{(M-G-1)}{(1+d)^M}\right]$$

$$= \frac{r}{M-G} \cdot \frac{1}{d^2}\left\{\frac{1}{(1+d)^G} - \frac{1}{(1+d)^{M-2}} - (M-G-2)\frac{d}{(1+d)^M} + \frac{d^2}{(1+d)^M}\right\}$$

式の理解に際し井川一宏氏の協力を得た。

付　論
1930年代の満鉄調査部＊

はじめに

　この付論は，第2次世界大戦前，わが国の植民地統治の拡張において重要な役割を演じた，帝国日本の満州経略に携わった人々，具体的には，満州事変から支那事変を経て日米全面戦争に至る時期の，満鉄調査部関係者の活動の現代的評価を試みようとするものである。

　今日，わが国は，奇跡の復興と経済発展の後，新しく，近隣諸国と長期にわたる，友好的で相互に利益のある経済関係を構築しなければならない課題に直面している。国際経済学の分野では，大市場や大通貨圏に関する伝統的理論を，わが国の必要に合わせて作り直し，発展させる必要が多くの人々に感じられ始めている。あるいは，日本をはるかに凌駕する経済利権を中国大陸に展開した英国が，中国人の感情的非難の対象とならなかったのは，いったい，何故であるか？　英国に比し，日本には，他国を傷つけ日本の国家的利益を破壊する，内在的特性が備わっていたのではないか？　要約すれば，帝国日本は，言葉の真実の意味で，「反日本的」，「反近代国家的」性格を持っていたのではないか？　この種の疑問が生まれてきてもおかしくない。いずれにしても，経済外交の主体としての行政府のあり方の吟味は，上の課題の解決を図る過程で，避

＊　この付論の原稿は，2000（平成12）年の秋，公刊された文献に基づいて書き上げられた。
　その後，2001年3月17日，アクロス福岡において開かれた国際経済学会九州・山口地区研究会の席上，「満鉄調査部と大上末広」の題で，同調査部の理論的指導者，京都帝国大学助教授，大上末広の役割に焦点を当てた内容紹介が行われた。
　最終稿に仕上げる際，当日の予定討論者，高英求氏のコメントを考慮した。
　なお，文献渉猟に当たり，石堂清倫氏の御教示に負うところが多かった。特に記して感謝の意を表したいと思う。

けて通ることができないであろう。

この付論は，現在，我々が直面しているこの種の課題の考察に，1個の素材を提供しようとするものである。

(1) 満鉄情報機関を裁断する

1930年代におけるわが国の大陸政策の転換期の満鉄調査部は，基本的に狭隘な軍事的利益を目的とした情報機関であった。

それが，たとえ社会・経済調査を担当していた場合でも，なおかつ，そうであった。

まず，このことを確認する必要がある。

しかも，この情報機関は，満州に展開していたおそらくは日本軍事史上，最も反国家的な陸軍部隊に奉仕し，わが国の国民的悲劇をもたらした情報組織の一部であった。

次の事実を想起されたい。戦後，信頼できる陸軍関係者が行った証言によれば，1939（昭和14）年のノモンハン事件は，東京の陸軍参謀本部の判断とは別個に，現地の関東軍が，ハルビンの対ソ情報機関が入手した極東ソ連軍の増強を過小評価する情報に基づいて行った，軍事冒険である。現地軍が，東京の参謀本部の判断や指令を無視して戦争を始め得る状況が生まれていたのである。

さらに重要なことは，この時期，関東軍は，わが国の経済界の指導者に対する敵意を露骨に示し，山口県出身の鮎川義介という一政商に満州の経済利権を与え，後に日産財閥と呼ばれた経済グループの形成を助けている。しかも，この鮎川は，関係者の証言を信用すれば，当時，東京から満州に派遣されていた，同じく，山口県出身の岸信介の仲介によって，甘粕正彦[1]に，中国全土にわたる反英運動挑発のための資金を提供している。

1930年代，わが国が深刻化する世界的経済危機の中で，英米2国，特に，英国の経済利益との調整に努力していた時期に，このようなことが行われていたのである。

板垣征四郎，石原莞爾，片倉衷等に代表される満州事変直後の関東軍の高級将校，鮎川義介に代表される新興財閥，岸信介に代表される革新官僚，甘粕正

彦に代表される右翼反共主義者をつなぐこの人間関係を，反国家的陰謀の結託と呼ばずして，いったい，何と呼べばよいのであろうか？

　わが国のこのような状況の特異性は，当時の英国政府の対応と比較してみれば，非常に，よく分かるのである。

　中国本土に巨大な経済利権を持っていた英国の場合，中国に多数のイギリス人が在住していたのであるが，彼らは，目的意識的に英国紳士を演出し，英本土のイギリス人よりはるかにイギリス的と言われてきた。1930年代の世界的危機に際し，イギリス政府は，英国の世界的利益を守るという観点から，この種の在華イギリス人社会の国策への影響力を系統的に削減し，ロンドンの中央政府の統制力の強化に努め，そして，かなりの程度，このことに成功したのである。

　世界経済の危機に直面し一時的にせよ国家解体の傾向を強める日本，それとは逆に，国家の求心力の構築に努める英国，それは，生まれたばかりの稚拙の帝国と，老熟した大帝国の違いではなかろうかと思う。

　しかしながら，1930年代も終わりに近づき，日米全面戦争の可能性が高まるにつれ，各方面の軍事的努力の均衡を図り，軍事力の有効利用を図る必要が生まれ，軍中央は，満州に駐留する地方軍の独走を許す精神的余裕も，物理的余力も持たなくなる。

　こうして，関東軍の独走を支えてきた情報組織についても，その解体と再組織が，陸軍全体の関心事となってくるのである。

　1940(昭和15)年8月，陸軍の情報エリートの1人である，山口県防府出身の甲谷悦雄が，関東軍参謀部第2課（情宣・謀略担当）の情報主任参謀として着任し，1942(昭和17)年2月，戦争指導課長として，東京の参謀本部へ帰任するまで，約1年半をかけ，情報一元化の名の下に，関東軍の情報組織の整理を行った。この時点で，満州事変後の満鉄調査部の存在理由は消えたといってよい。

　1942(昭和17)年9月の満鉄調査部事件[2]は，語られることは多いが，歴史的重要性に欠けた，戦争準備の中の一エピソードであった。誠実な，あるいは誠実でない，有能な，有能でない多くの調査部関係者が，十把ひとからげに，

共産主義信奉の容疑で憲兵隊に拘留され，大した調査もなく，何と1年半も未決のまま拘置所に留置され，満鉄調査部の事実上の解体が図られたのである。この事件は軍中央の手による関東軍の情報組織の再編成の一環としてのみ，その意味が理解できるのである。

　一言で言えば，1930年代の満鉄調査部は，近代国家の規律から逸脱した一部の青年将校が，これまた，高等教育拡大の恩恵を受けて最高学府に学ぶ機会を得た，自尊の知識人と連合して作り上げた，反国家的調査機関である。

　それではなぜ，このような状況が生まれてきたのであろうか？　続いて，この点について，論じてみたい。

(2) 個人的動機と客観的役割

　この時代の満鉄調査部の活動を見る上で，36歳の若さで，京都帝国大学助教授に迎えられた大上末広の名を逸することはできない[3]。

　彼は，当時の調査部の内外，共に許す同調査部の理論的指導者だったからである。しかしながら，彼は，多くの満鉄調査部に関する文献が描き出している人間像とは違った型の学者であった。

　まず，彼は，共産主義者でもその同調者でもなかった。全く反対に，彼は共産主義の理論的命題，ウィットフォーゲル（K. A. Wittfogel）が提唱した支那・東洋社会論に対する徹底的批判者であった。彼が，1930（昭和5）年，京都帝国大学の『経済論叢』に寄せた「支那における水利経済—ヴァルガを駁す—」[4]は，27歳の青年学者と思えない中国経済史に関する博識に基づいて，国際共産主義運動の理論的アイドルであったウィットフォーゲルのアジア的停滞論を，完膚なきまでに批判している。おそらく，この鋭敏な支那学者の学問的良心は，当時，共産主義の信条的理論を超える明確な視界を持っていたのではないかと思う。

　また，彼は，昭和初期の若いマルクス学者の間に多くの支持者を見いだした，山田盛太郎に代表される講座派マルクス主義のエピゴーネンでもなかった。1932（昭和7）年，上記『経済論叢』に発表された「支那国民経済序説」（上），（下）と，彼の名を一躍高めた1933（昭和8）年版『満州経済年報』に掲載された

論文「満州経済の史的考察」[5]を併せ読めば分かるように，大上と講座派の共通項は農村における前近代的社会関係の存在の確認以外には何もない。

山田盛太郎の代表作，『日本資本主義分析』のマルクスやレーニンを引用する漢文調の記述と，大上論文のスタイルは異質である。大上は，何よりもまず，支那学者であり，当時の中国・満州経済に対する批判的観察者であった。山田は大上より，5〜6年年長であり，東京帝国大学のマルクス派教授として，江湖の名声を博していたかもしれないが，当時，30歳前後であった大上の学問の質が，山田より低かったとはとても考えられず，大上が山田の後塵を拝さねばならない主観的理由を見いだすことは困難である。

大上の満州経済分析は，満州における多様な前近代的社会関係の存在を確認した後，満州開市，つまり満州の世界経済への包摂が，一方では，特に北部におけるモノカルチュア的，商業的単一耕作の拡大をもたらし，他方では，主として南部における農家副業の普及にともなう土地の細分化を結果し，全体として前近代的搾取の異常な強化をもたらしている，ところが，満州開市はわが国の場合と異なり，この搾取から生まれる経済的余剰を近代産業の創設に転用する制度的メカニズムを作り出さなかったため，開市に続く商業の発展は「資本主義発展のための基礎工作たり得なかった」（大上自身の表現）とする論理に要約できるであろう。

これは，講座派マルクス主義の日本資本主義分析とは，似て非なるものである。

大上のこの分析の背景には，中国農業社会経済史に関する認識があり，この論理の形式的類似点を拡大し，それを講座派マルクス主義からの借り物とするのは，あまりにも物を知らざる人々の言説ではないかと思う。

中国の社会経済史研究に関しては，アメリカの学者スキンナー（G. William Skinner）が福田徳三世代の加藤繁を中国社会経済史研究の先駆者として高く評価している。しかし，もし大上が1942（昭和17）年の満鉄調査部事件に連座して若い生命を断たれなかったならば，彼が京都大学教授として，中国社会経済史の碩学として，国際的令名を得るに至ったであろう事態も想像できないことではない。

ただ，大上は1944（昭和19）年3月19日，新京（現長春）監獄未決監において発疹チフスにかかり，同市の千早病院で，41年余の生涯に終わりを告げた。

　記録によれば，彼を京都から憲兵隊の手によって満州へ送る上で重要な役割を演じたのは，戦後日本共産党の農民部長として活躍した深谷進であった。

　この事実を憲兵隊の調書から知ったとき，かのウィットフォーゲルが冷戦期の米国で吹き荒れた共産主義者狩りの嵐の中で，英米の自由主義的中国研究家非難の先頭に立ち，右翼政治家との親密な関係を作り出した事実と，この日本の共産主義者の戦時下の国家権力との結託との暗合に，この付論の著者は，ある種の感銘を覚えざるを得なかったのである。

　しかしながら，大上は単なる時代の犠牲者ではなかった。

　彼は戦後，世界的に高い評価を受けた天野元之助とともに1930年代の満鉄調査部の社会経済調査の基調を作り上げた，いわば本来学問の世界に属すべき人である。いったい，なぜ大上が当時の関東軍と積極的かつ自発的に協力したのであろうか？　この点を理解する上で示唆的なのは，1933（昭和8）年5月，彼が『満州評論』第4巻第20号に寄せた「満州統制経済の動向」なる一文[6]である。

　この論文で，彼が主張しているのは，満州に関する限り，日満両国の国家資本を基盤とし，満鉄の機構を通じる統制経済を「非資本主義勢力として，したがってまた真の国民の味方として，正しい行動をなしうる」「軍部」[7]（大上）の指導下に組織することによってのみ，この地域の経済建設が可能となるということである。当時の状況から判断すれば，国家資本を関東軍と満鉄の手に委ね，その専制的運営を図るのが，満州経済が苦境を脱し得る唯一の方途であるといっているのである。

　一読，この付論の著者は，これは疑いもなく変節の一文であると思った。わずか3年前，彼は共産主義者との論争において，たとえ，緩慢な歩みであろうとも，中国の経済的将来は資本主義経済の発展以外にはあり得ないと主張していたのである。その彼が，突如として満州の経済的将来は，非資本主義的道以外にはあり得ないと主張し出したのである[8]。

　彼の，この主張は，いくつかの幻想に基づいている。

まず，第1に彼は，関東軍の民衆的性格を前提としている。関東軍は日本の軍隊であって，満州や中国本土の農村から生まれた，馬賊とか匪賊とかと呼ばれた人民の軍隊ではない。わが国の百姓一揆の武装集団を彷彿させるこの人民軍は，盗賊と義賊の性格を兼ね備えており，農村の若い気力ある男子が，いわば郷村の英雄として参加して形成されたものである。1912(明治45)年の民国革命と1931(昭和6)年の満州事変を境として，その数は急激に増大した。

　わが国の兵士が農村から徴集された人々であったとしても，彼らが中国の農村から生まれた義軍的性格を併せ持つ土民軍に変わることは，到底，できない。

　第2に，彼は満鉄が経済建設の効率的な組織者として機能し得ることを前提としている。しかし満鉄は，基本的にはわが国が中国の領土に獲得した経済的利権である。したがって，それが中国や満州の経済発展に貢献したとしても，その限界は明白であり，遅かれ早かれ，中国に返還すべきものである。

　調査部の職員が手にした日本的標準から見てさえ信じられぬほどの高給や，満鉄のポストをめぐる政治的取引は問わぬとしても，正常な会社業務の執行において，日本人と中国人の間に設けられた極端な差別賃金を思い出すべきである。つまり，この会社は，それ自体が一種の搾取機構であって，正常な経済原理による経済活動の枠組みを提供するものではない。

　そして最後に，彼は権力による経済の組織化を主張している。しかし，権力は経済の論理に代わって経済を組織することはできない。権力が経済を組織しようとするならば，その可能性を経済的因果の中で証明しながら，その実行を図らなければならない。そして，軍事権力は，必ずしも，経済的課題を解決し，経済国策を遂行する能力に恵まれた機構ではない。

　約言すれば，こうである。1933(昭和8)年の時点において，満州の自生的経済発展に見切りをつけた大上は，関東軍の義軍的性格，満鉄の経済運営の合理性，市場機構を超えた経済組織の優位を幻想し，参謀本部の統制を離れ独自の軍事行動の組織化を図りつつあった関東軍に，協力の約束手形を振り出したのである。

　1930年代の満鉄調査部の活動に及ぼした，彼の影響が大きかっただけに，彼の存在が，わが国の軍事中枢の注意を呼び起こしたことは，十二分に，想像

できる。

　つまり，大上は，満州の植民地化に幻想を抱き，必ずしも京都大学院生時代の研究の帰結と整合的でない政策的主張に身を委ねたため，その社会的責任を個人的不幸によって補償せねばならなかったと言えるのではないかと思う。

(3) 満州経験と中国研究

　1937（昭和12）年の支那事変の勃発から1941（昭和16）年の日米全面戦争突入に至る期間，満州を事実上統治したのは俗に「ニキ・サンスケ」であったといわれる。東条英機，星野直樹，岸信介，鮎川義介，松岡洋右の5人である[9]。人間的には，これは複雑な組み合わせである。戦後50年，わが国の政治，経済，外交，防衛の分野で，彼らの影響力は大略，完全に失われたと言ってよい。しかしながら，中国研究，あるいは広く近隣諸国経済の研究が，今日，彼らが活躍したこの時代の満州経験と無縁となっていると言ってよいのであろうか？

　この問題を取り上げるに先立ち，大上が存命ならば，彼が共産中国の登場にどのように対応したであろうかについて想像したい。

　彼は，おそらく関東軍との親密な関係を追求され，谷口吉彦，同様，教職追放によって京都大学を追われていたのではなかろうか。しかし，彼は谷口より10年以上若かったから，間もなく学界に復帰し，中国研究の分野で腕を振るうことは十分想像できる。ただ，中国語に堪能であった彼は，戦前・戦時の中共系学者の中国経済論の批判者として知られていたから，彼と新中国の間に友好的な関係は期待できなかったと思う。

　彼の中国社会経済史に関する博識と，彼の1930年代の満州経済論を考えるならば，彼が中国社会主義の経済基盤の脆弱さ，新しい機構に接ぎ木された前近代性，その発展の過程における資本主義への復帰の衝動を，余人に先駆け，論じ続けることも想像できる。

　一個の大学教授として見るとき，仮に京都大学にとどまったとしても，彼は同僚教授との不和に悩み，学生からは反動教授の巨頭のように責められたであろうし，他方，地方国立大学や私学に職を得た場合は，戦後の中国関係資料の取得の道を制限され，学問研究に相当苦労したのではないかと思う。

あくまでも，仮定の上での話であるが，大上が存命であったとしても，彼の満州経験が支那学の遺産の一部として，わが国の戦後の中国研究に大きく影響したとは思われない。

大上について言えることは，かなりの程度，満鉄調査部の人々から伝えられた満州・中国研究全体について言えるのではなかろうかと思う。

この付論の著者は，戦後の研究生活の中で，満鉄調査部関係者と数多くの個人的接触の機会を持つことができたが，これらの接触に際して調査部の活動を批判的に回顧する人はほとんどいなかった。

しかし，個人的面接の機会はなかったが，調査部関係者で，1930年代の活動に対し批判的コメントをする人を見いだすことができた。その人は，京都大学出身の大上よりやや年少の野間清という人である。

彼は，1985(昭和60)年，石堂清倫，野々村一雄，小林庄一の3人と原書房で行った対談の最後で，次のような意見を述べている。①満鉄は，巨大な資金を調査に使ったが，でき上がったものを見ると欧米人の調査に比べ，中国民衆の本音を引き出していない。つまり，社会調査の質が低かった。②満鉄の調査は，19世紀末に原型ができ上がった兵要地誌調査の枠を出ていない。換言すれば，軍事作戦のための補給能力調査の枠を出ていない。③調査部の活動は経済国策の可能性を探るのではなく，既定の政策が要求する資料の収集に限定されていた。④調査部の活動は批判性のない権力迎合的なもので，中共や国民党の政策解説に終始する批判性のない戦後の中国研究の悪しき先例となっている[10]。

野間は言葉を選んで発言しているが，内容は辛辣そのものである。おそらく対談相手の賛同は得られなかったと思うが，ここでは調査部関係者の中に，このような見解があることを記録しておきたい。

さて，本題に返って，満鉄調査部がわが国の中国研究に残した遺産について述べたが，率直に言ってこの付論の著者には，確信を持ってその評価を行う勇気はない[11]。

ただ，学術的価値に問題を限れば，天野と大上を除き調査部の職員は，中国社会経済史と中国語のいずれか，もしくは双方について本格的訓練を受けるこ

となく調査業務の中で中国に関する知識を深めていった人々であるから，上掲の野間の供述と考え合わせて，その調査に，あまり多くの期待をかけることはできないのではないかと思う。

おそらく，北京の標準語を話し，中国の知識人との内容ある議論を通じ，日本側の認識の不備を補っていける人は非常に少なかったのではないかと思う。

彼らは，当時の在満日本人社会の指導層と共通の鋳型にはめ込まれた心理と行動の人であったと考えてよいのではないかと思う。そこから，彼らの心理と行動を推測してみたい。

結論から先に言えば，1930年代の在満日本人社会の雰囲気は真実の満州・中国理解を進める上で望ましいものではなかった。

口の上では，アジアの解放，五族協和（日本人，朝鮮人，満州人，中国人，蒙古人の友好的協力）が唱えられていたが，自国の軍隊に守られ，特権から生まれる豊かさに慣れた日本人，文化住宅に住み，厳しい冬も日本内地にない温水暖房さえ備えることのできた日本人は，心の奥底では，貧困の中の中国人，油断があれば日本人の洗濯物を失敬し，警官派出所の前で背中を打たれて号泣している中国人を劣等民族と軽蔑し，彼らの話す言葉，文化を多少とも真剣に学ぼうとは考えなかったのである。

小学校高学年から中学2年まで，中国語の授業が義務付けられても，在満日本人の子弟の中で，中国語の発音を身に付けた人はいなかった。彼らに能力がなかったわけではない。彼らは，日本内地の上級学校合格率では内地の中学と競争していたからである。特に教師が悪かったわけでもない。なぜなら，中学となれば北京の一流大学出身の，日本の高等教育機関でも教鞭をとれるような中国人が中国語を教えていたからである。

異なる言語を学ぼうとする動機にはいろいろあると思うが，その言葉を話す民族の文化や政治・経済の深い部分の理解にまで，通じ得るような言語習得の努力は，その民族に対する敬意なくしては生まれ得ない。中国の古代だけでなく，その現代に対して知的興味を抱き，中国人の努力の中に畏敬と同情，時によっては憐憫の情さえ持って初めて中国語をやろうという気が起こるのである。

1930年代の満州の日系社会に欠けていたのは，まさしく，この畏敬と同情，憐憫の情であった．

中国人は，日本人以下である．彼らには日本人がやれない汚い仕事をさせればよい．日本人が決めた通りにやれば，中国人は幸せになれるのだ．

これが1930年代の満州の日本人社会に充満していた社会的雰囲気である．

別の言い方をすれば，アジアにおける日本人の歴史的使命の主張である．

振り返ってみると，満州の日本人がこのような心理状態に陥っていたのは，非常に奇妙に思えてならない．

第1次世界大戦後の資本主義の危機の時代に，世界的にみて最も活力あり，将来が期待されていたのは東アジア，特に中国であり，海外投資の全般的停滞の中で，唯一中国への投資は増大し，上海はその中心となっていた．わが国の企業の海外投資も，満州から上海へ，次第に，その重点を移しつつあった．

つまり，中国の若い資本主義の活力が，当時の世界資本主義の国際競争の帰趨を決めるほどの重要性を帯びつつあったのである．その時点において，新しい中国経済への適応を考えることなく，軍事力によって獲得した特権に固執してその維持を図ること自体が，時代錯誤もよいところだと言わなければならない．確か，当時大連では，「上海は進んでいる」とか「上海の中国人は大連とは違う」とかいうことは人々の口に上ってはいたが，それが在満日本人の将来に及ぼす影響を憂慮する声は聞かれなかったと思う．

本国の力に対する過大評価，特産品の大豆以外で外国市場の影響を判断できない経済感覚の欠如，いわれなき民族的自負心，それが在満日本人社会のエトスであり，満鉄調査部の心理と行動の基盤となったものではなかろうかと思う．

今日，我々が新しい歴史的状況の下で，アジア近隣諸国との実りある経済協力を構想しなければならない課題に直面しているとき，1930年代の日本人の満州経験が，わが国の中国研究に及ぼした影響は，細心の注意でもって除去しなければならないのである．世界経済の全面的評価に基づき，部分的利権の肥大化を防ぎながら，近隣諸国との互恵下，国民各階層の長期的利益を図っていく経済協力の設計にとり，1930年代の満鉄調査部の活動は，おそらくは望ましくない先例の1つであろうと思うからである．

むすび

　1930年代の日中の衝突を振り返ると，今日，専門的研究者の間でも意外に見逃されている事実がある。

　その第1は，1937（昭和12）年7月の支那事変の勃発は，上海を中心とする日中貿易関係者にとっては突発的事件であり，これを境にして日中の経済的和解の道が完全に断たれたということである。

　1931（昭和6）年の満州事変後，伝統的市場の1つである東北を失う危険にさらされた中国綿業は，わが国綿業に対抗するため，大幅な技術革新に取り組み，低価格で，しかも品質が改善されつつあった日本の綿業機械設備を購入するようになった。つまり，上海を中心とする中国綿業に，産業機械の購入先を英米から日本へ切り換える動きが生まれていたのである。これを受けてわが国の経済界では，日中産業移転論が唱導されるようになる。さらにこの議論は，東アジア産業再編成論へと引き継がれていくのであるが，支那事変勃発後の中国本土の中国人経営者の態度の急変により，日中間の正常な商取引が困難となり，日本財界の構想は絵に描いた餅になるのである。

　支那事変の発端は，政府の関知するところでなく，現地駐留軍の引き起こしたもので，わが国の財界中枢が，あらかじめ政府から警告を受けていたわけではない。いわば政府にとっても，財界にとっても寝耳に水で，現地軍の作戦の進行によって，わが国の経済国策が一方的に決定されるという事態になったのである。

　第2は，当時南京の中央政府と上海の財界との間に厳しい対立があったらしいことである。これは，英米の中国研究家によって指摘されていることであるが，1927（昭和2）年，第1次国共合作[12]が崩壊した後，中国政府は，1935（昭和10）年11月3日の幣制改革による近代的中央銀行制度の確立に至るまで，鋭意資本主義経済の制度的枠組みの構築に努力するのであるが，その手法はソ連の影響を受けた強権的なものであり，自由市場経済に好意を寄せる上海財界主流の意向と対立するものであったといわれている。

　この付論の著者は，この事実を証明する資料を持ち合わせていないが，支那事変の進行過程で，汪兆銘が重慶を脱出し新政府を樹立した際，その主要な経

済的支援者となったのが，上海と香港の中国人資産家であったと言われていることや，戦後の共産革命によって国民政府が台湾へ渡ったとき，上海の主だった資本家が台湾へ移らず，香港を亡命先に選んだことを考え合わせると，国民政府と上海財界との対立も，あながち根拠のない話でもないだろうと思うのである。

以上2つの事実から，1937（昭和12）年支那事変勃発の時点では，日中関係が我々が経験した歴史とは異なるコースをたどる可能性があったといえるのではないかと思う。

つまり，中国大陸が資本主義の下で先進諸国の投資を利用しながら発展していくこともあり得たのではなかろうか。ところが，わが国の大陸政策の分岐点となったこの時点において，さきに触れた大上末広は，総合雑誌『改造』の誌上を借りて，中国には資本主義的発展の展望がないという論陣を張り，満州はもちろん華北までを，中国資本主義の震源地上海から切り離し，わが国の重要物資自給体制に組み込む必要を訴えていたのである[13]。

最後に，南京政府の幣制改革の実施を当初は米国が，後には英国が支援したが，わが国は，英国政府の要望にもかかわらず，英国と協調して援助を与えることに同意しなかったことも重要であろう。

この事実は広く知られているが，それが持つ国際政治上の意義は必ずしも正しく評価されてきたとは思われない。

1939（昭和14）年の英・中・共同出資による法幣安定資金設定に至る数年間は，支那事変の勃発にもかかわらず，先進国の共同担保による中国資本主義の平和的発展の可能性が，英米二国を中心に探られていた時期に当たっており，この時期にわが国の政府，財界が英国の呼びかけに冷淡であったことは，結果的に中国経済の平和的な発展を封殺し，関東軍と満鉄の主導する中国経済掌握の意図に手を貸すこととなったのではないかと思う。

我々は，この付論において，1930年代，巨大な組織となった満鉄調査部の活動の評価を試み，それが基本的には，なかば反乱軍と化した関東軍の情報組織であり，そのイデオロギー的指導者が，かつては有能で誠実な中国社会経済史の学徒であったとしても，時代の狂乱の中で，反資本主義的国家主義のとり

ことなった人であり，この組織を動かした人々の心理と行動は，在満日本人の民族主義のエトスに，いかにもよく似合った性質のものであったと論じた。

我々が，このむすびの初めに触れた事実を考え合わせると，満鉄調査部がこの時期の日本に及ぼし，また及ぼそうとした影響は，我々が本文で述べたところを超える重大な結果を意図していたと疑ってよいと思う。

つまり，彼らは暗黙裡に，極右軍人・革新官僚・新興財閥の三位一体的支配体制を満州から内地へ移転し，親英的，親米的な経済界の雰囲気を一掃し，信条としては東アジアの解放と愛国の至情に駆られた，しかし，内実においては，軍事独裁的な孤立した経済ブロック確立のため，わが国の国家権力を自らの手に掌握しようとする人々の仲間ではなかったろうかと思う。1930年代の日本的ファシストの同盟者だったと思うのである。

わが国の1980年代のジャーナリズムの中には，満鉄調査部をかつて日本が持った誇るべき国家的シンクタンクとして描き，今日この種のシンクタンクが必要であるかのような示唆を与えているものがある[14]。この付論は，この種の議論が根拠のないことを示そうとしたものである。

我々は，先の大戦で英国に戦場では勝ったが，植民地・従属国の人民の信望の獲得において完全な敗北を喫している。第2次世界大戦後，発展途上国がわが国に示した態度と，英国に対する態度を比較し，我々の植民地統治が，何か根本的なところで大きな誤りを犯したのではないかと疑問を抱く日本人は少なくない。

我々が，これから近隣諸国との本格的な経済協力の枠組みを構築しようとするとき，貿易ブロックや通貨同盟の経済理論と並んで，両世界大戦間期の植民政策の国際比較，特に日英比較が有益であろうと思う。

この付論は，わが国の植民政策の道具であった満鉄調査部の，いわば検視によって，この構築の捨て石の1つとなることを意図して書かれたものである[15]。

【注】

1 ）甘粕正彦は，1923（大正12）年の関東大震災のとき，職権を利用し，反体制的思想家，大杉栄一家を殺害した軍人として知られている。彼は軍職を追われた後，満州へ渡っ

たが，支那事変勃発当時は，その頃満州国高官であった岸信介と，新京（長春）の料亭「あけぼの」と「桃園」で古海忠之なる人物と一緒によく会食していたという。

本文の反英運動資金は，岸が公的資金からの支弁を断り鮎川に依頼して提供されたものだという。戦後の戦犯裁判で，この点が追求されたことはないようで，関係者もすべて故人となっているので真偽のほどは分からない。

なお甘粕は，ソ連軍の進撃と関東軍の敗退の中で，ピストル自殺したと伝えられている。古海忠之なる人物は，戦後東京卸売センターの所長となったと言われているが，この人の経歴はよく分からない。

2）この事件については，関係者自身のものを含めて，かなり多くの記述がある。戦後，憲兵隊の文書の復刻版も世に出たようである。

この事件は満鉄調査部の解体を目的としたものであり，検挙者は，回を分け，多数の人々に及んだ。1930年代前半の調査部の理論的指導者であった大上末広の場合，1942（昭和17）年9月21日，逮捕時の官職は，高等官4等正6位京都帝国大学助教授，年齢満39歳7か月であり，身柄を京都から新京（長春）へ移された後，1944（昭和19）年3月19日，未決のまま発疹チフスで死去している。戦時下の憲兵隊が，この人に高等官帝国大学助教授にふさわしい審理を行ったかどうか不明である。

判決は3か月後に敗戦を迎える1945（昭和20）年5月1日に言い渡された。その内容は人によって異なる記述をしているのではっきりしないが，20名前後が有罪となり，そのすべてが執行猶予付きの微罪に終わったと言われている。

獄死者の中には，大上のほか，戦前岩波書店から出版されたレーニンの『ロシアにおける資本主義の発達』の共訳者となった西雅雄も含まれており，いかに戦時下とはいえ，随分無茶なことをしたものだと思わざるを得ない。

3）大上の経歴と業績について，最も信頼できる記述は，京都大学教授の小野一一郎が，松岡周治との連名で発表した，次の調査だろうと思う。

小野一一郎・松岡周治「大上末広の略歴と著作目録について」，『経済論叢』（京都大学），第119巻第3号，1977（昭和52）年2月，77（203）～88（214）ページ。

4）同年9月，同論叢，第31巻，第3号。

なお，この論文を書いた時点では，大上は，ウィットフォーゲルの書物を読んでおらず，ヴァルガの水利経済論がウィットフォーゲルからの借用であることを理解していなかったようである。

にもかかわらず，彼のヴァルガ批判は，中国の歴史的現実に基づく徹底的なウィットフォーゲル批判となっている。この論文の最後で彼は，こう言い切るのである。

「換言すれば，今日なお低き階梯にある支那経済が今後辿るべき唯一の道はただ資本主義あるのみであり，またかく発展せる支那の資本主義が，永久の繁栄を未来に約束されていることは，目に見え耳に聞こゆる現実の支那社会自体が明白に指示している」。（同巻454，同号146ページ。なお，原文を現代表記に近づけた）。

5) 同論叢, 第34巻, 第5号, 第6号。同年, 5月, 6月。760～733 (76～89), 942～965 (100～123) ページ。同年報, 3～35ページ。

なお, 大上は, 同年報の1934 (昭和9) 年版と1935 (昭和10) 年版に論文を発表している。

前者の論文は,「満州における資本主義発生の歴史的諸条件」と題されており, 後者の論文は,「満州農業恐慌の現段階」である。

前者の要旨は, 満州の開発に伴い, 中国本土の前期的商業資本が流入し, 当地の官僚, 地主との間に一個の共生体を作り出す。満州開市は, この共生体による伝統工業の破壊と世界市場向け農業の育成を加速させ, 外部依存の発展類型を生み出したとするものであり, 後者の要旨は, 1930年を転機とする大豆価格の暴落により大豆に依存する発展の可能性がなくなっているが, それは欧州の油脂工業における英独の合理化競争と中国本土の生活水準の低下に挟み撃ちされた結果であり, 当面, 自力による満州の経済開発は不可能であることを示唆したものである。

6) 同雑誌, 同年の4の20の11～20ページ。
7) 同上, 20ページ。
8) この付論の著者には, 大上が中国資本主義待望論から, 日本の軍国主義的ブロック経済への編入のみが, 満州経済の将来を切り開き得るという論調へ急転換した理由が理解できない。

資本主義的発展の肯定論から, その否定への転換は, 中国資本主義の特殊性という発想が, この人にできなかったからではないかと思う。

戦前, 講座派マルクス主義の影響を受けた中国研究者には, 例えば, 平瀬巳之吉『近代支那経済史』(1942 (昭和17) 年) のような, 政府主導の武器・機械工業創設の詳細な調査がある。あるいは, また, 飯田繁「満州国資本問題の展開」(堀経夫編,『満州国経済の研究』(大阪商科大学経済研究所研究叢書, 第13冊), 1942 (昭和17) 年, 223～294ページ) のように, 満州の蓄積基盤の狭さから, 日満ブロック経済の構造的脆弱性を論じたものもある。しかし, これらの研究は, 中国資本主義の矛盾を論じているのであって, その成立が不可能であると論じているのではない。

おそらく, 大上には当時の講座派マルクス主義に特徴的な資本主義の国民的類型と, その類型固有のカテゴリーという発想がなかったのではないかと思う。

彼にとり, 中国資本主義の心臓である上海は, 単純に英国企業の買弁の活躍する土地であり, 満州の官僚・地主・商人の同盟は, 封建的搾取の一機構にすぎず, それらがつながり合って作り出す資本主義化のダイナミズムは, 研究対象のはるか彼岸にあったのではなかろうかと思う。

彼は, 満鉄時代ソ連の支那学者, マヂャール (П. Мадьяр) の著作に関心を寄せ, その影響を受けたと伝えられているが, 京大院生時代には, マルクス文献に親しんでいなかったのではなかろうかと思う。この点は, 当時彼が, ウィットフォーゲルを知ら

なかったらしいことからも想像できる。

　マルクス経済学の体系，その中の多様な思考と論争に関する無知が，彼の劇的な学説的転身を思想的に容易なものにしたと考えてよさそうである。

　なお，上のマヂャールの著作とは『支那の農業経済』(Экономика сельского хозяйства в Китае)，第2版，1931年のことであり，1935(昭和10)年11月18日，井上照丸により学芸社から，支那農業経済論として，邦訳，刊行されている。

9) 同時代人の回想によると，東条の妻，勝子は，東京女子大卒の開明的な女性であり，星野の妻，操は，高等女学校の英語教師の経験のある知性的女性で，新京(長春)の日本人社会の人的交流に独特の彩りを加えていたという。

10) 石堂清倫・野間清・野々村一雄・小林庄一『15年戦争と満鉄調査部』，原書房，1986(昭和61)年。252〜261ページ。

　野間は，1907(明治40)年生まれ，愛媛県の出身で，戦後愛知大学で教鞭をとり，1990年代初めに死去している。京都大学卒業後，満鉄に入社し，かなり重要な職務を与えられたようである。

11) 満鉄調査部の刊行物については，次の2つの紹介が有益である。

　アジア経済研究所編『旧植民地関係機関刊行物総合目録：南満州鉄道株式会社編』，1979(昭和54)年。

　John Young: The Research Activities of the South Manchurian Railroad Company, 1907〜1945: A History and Bibliography, New York, Columbia University, East Asian Institute, 1966.

12) 1923〜1927年。

13) 『改造』1937(昭和12)年10月号(「大陸政策としての満州と北支那」)，同，1938(昭和13)年3月号(「大陸を如何に経営するか」)。

　なお，大上はこの論文を公にした直後，1938(昭和13)年9月に発足する国策機関，東亜研究所について一橋会館の一室で，堀江邑一と協議していた。大上は石川県の農家，堀江は徳島県の旧家の出で，ともに青年時代，マルクス主義を研究した人ではない。大上については，注8)で触れたが，堀江は，高松高商教授時代，熱心なキリスト教徒として知られており，ドイツ留学後突然思想的変身を遂げた人である。

　この組み合わせを見て，満鉄調査部の有力者は，情緒的反金権主義者にすぎなかったのではないかとの感を強くせざるを得ない。

14) 代表的なものとして，次の2冊がある。

　山田豪一『満鉄調査部(栄光と挫折の四十年)』，日本経済新聞社，1977(昭和52)年。
　草柳大蔵『実録満鉄調査部』，上，下，朝日新聞社，1983(昭和58)年。

　この2冊とも，新書版で出版されており，広い読者層を対象としたものである。一種の英雄物語で，この種の回想を必要とする読者が，1980年前後に存在したことを示している。

　満鉄調査部関係者の感覚を知るためには，当事者自身が存命中に書いたものに，注

10）と同年に出版され，おそらくはその姉妹編を目指したように思われる野々村一雄の本がある。

『回想満鉄調査部』，勁草書房，1986（昭和61）年。

本格的な資料として後世に伝えようとしたものにアジア経済研究所の出版物がある。

井村哲郎編『満鉄調査部。関係者の証言』アジア経済研究所，1996（平成8）年。

15）ポスト帝国主義への転換期において決して賢明といえない選択をした，1930年代のわが国の政策決定に，植民地支配の強化に利益を持つ人々が自らの情報機関を利用して大きな影響力を及ぼし得た理由の1つとして，この情報機関が巨大な資金を研究・調査の名目で支弁できる地位を与えられていたことを指摘しなければならない。

しかしながら，この資金は国家的利益の根本に関わる分野では，質の高い研究・調査を生み出していない。ほとんどすべてが，事件の後追いの中で得られた一時しのぎの知識に過ぎない。

例えば，支那事変が本格化した1938（昭和13）年になり，東亜研究所は，在中外国投資の大きさに驚き，同年末，列国の対中投資と中国の国際収支の研究に取りかかっている。すでに1933（昭和8）年，リーマー（Remer, C. F.）の調査結果公刊の頃には，英・米両国では在中各国利権の状況がかなり正確に掌握されていたことを考えると，5年の歳月の後に，なぜ今さら巨費を投じてこのような研究を始めねばならなかったのか理解できない。しかも，この調査の実質的責任者となったのは，国際経済の門外漢である東京帝国大学教授の土方成美であり，その最終報告書が発表されるのは，1941（昭和16）年10月のことである。帝国政府は日米間の最大の係争点である在中外国投資の将来について，客観的資料も，それに基づく議論もないままに，すなわち，経済国策に関する内容のある検討なしに，日米戦に突入しているのである。無責任，これ以上の事例を見つけ出すことは困難である。

なぜ，このような状況が生まれてきたかといえば，理由は極めて簡単で，国策の基本に関わる分野では政府に異議を唱えるような学者を，あらかじめ思想統制で社会的活動から排除していたからである。上例の場合は，中国経済の資本主義的将来を評価していた東京帝国大学植民政策担当教授，矢内原忠雄は1937（昭和12）年秋，発言の不適切さを追及され，大学から離れざるを得なくなっていたのである。

この点に関しては，ジャーナリストの場合も同じだった。中国経済の評価を国の政策の危険性と結び付けるような報道は，事実上，不可能だったのである。

一国の経済国策が誤りすくなきものであるためには，思想的寛容と，多くの意見が保障されるような体制が必要である。公開の討論に耐え得る明確な政策目標に裏付けられた，相互批判の体制がなければならない。関東軍と結び，やがては国全体の政策決定過程に入り込んだ満鉄調査部の歴史は，我々が新しい時代に何を警戒しなければならないかを教えているのではなかろうかと思う。

なお，満鉄調査部は1907（明治40）年4月に設立され，満州事変前後に大拡張される

が，日米戦争開始直後，事実上解体され敗戦を迎えている。東亜研究所は1938(昭和13)年9月に設立された日本政府のシンク・タンク，研究・調査資金の供与機関であったが，満鉄調査部は人と資金の双方を提供してこの研究所と密接な関係を維持した。

<人名索引>

《ア行》

赤松要 ……………………24, 109, 118, 164
秋葉弘哉 ……………………………192
甘粕正彦 ……………………220, 233
天野元之助 …………………224, 227
鮎川義介 ……………………220, 226, 233
有木宗一郎……58, 61, 116, 119, 120, 123,
　　　148, 149, 151, 164, 165, 166, 169, 205,
　　　211, 212, 219
アレン, G.C. …………………………7
アンティーポフ ……………………188
飯田繁 ………………………………234
井川一宏 ……………………165, 218
池本清 ………………………………2, 3
石原莞爾 ……………………………220
石堂清倫 ……………………219, 227, 235
板垣征四郎 …………………………220
井村哲郎 ……………………………236
入江猪太郎 …………………………164
井上照丸 ……………………………235
岩倉具視 ……………………………8
インマン ……………………………117
ウー …………………………67, 68, 69, 79, 80
ヴァスコ・ダ・ガマ ………………117
ヴァルガ ……………………………233
ウィトフォーゲル ……222, 224, 233, 235
ウィルダフスキー ……………148, 190-191
ウォレン ……………………………186
宇佐見誠次郎 ………………………92
栄毅仁 ………………………………70
エンゲルス …………………………122
汪兆銘 ………………………………231
大崎平八郎 …………………………98
大杉栄 ………………………………233
岡崎三郎 ……………………………92
大上末広 …219, 222-227, 231, 233, 234-235
尾崎彦朔 ……………………………19
オリ …………………………………99
小野一一郎 …………………………233
尾上悦三 …………………………60-61

《カ行》

何善衡 ………………………………72
片倉衷 ………………………………220
加藤繁 ……………………………61, 223
カニンガム …………………………19
ギアツ……7, 33, 40, 172, 173, 178, 182,
　　　186, 187
岸信介 ………………………220, 226, 233
金大中 ………………………………115
草柳大蔵 ……………………………235
クマール ……………………………208-209
グランベルグ ………………………140, 149
グルトフ ……………………………59
ケイデン ……………………………148
ケリガン ……………………………40
高英求 ………………………………219
康栄平 ………………………60, 67, 68, 80, 81
小島清 ………………………………164
甲谷悦雄 ……………………………221
小段文一 ……………………………19
小浜裕久 ……………………………23
小林庄一 ……………………………227, 235
小林良正 ……………………………174, 187
ゴルデンワイサー …………………172
コロンブス …………………………117
コントラクター ……………………40

《サ行》

斎藤優 ………………………………17
サイモン …………………………9, 20
坂本二郎 ……………………………3

索　引　*239*

桜井雅夫 …………………………23
サーワル ………………………193, 208
シェペレフ ………………………84, 99
シャガーロフ ……………………150
シュテインマン …………………10
シュンペーター …………………113
商徳文 ……………………………80
徐逢賢 ……………………………75, 80
ジョシ ……………………………24
ジョンソン ………………………153, 163
シンガー …………………………9
ジーン ……………………………22
スカリ ……………………………190
スキデルスキー …………………113, 118
スキンナー ………………………44, 58, 60, 61, 223
杉本栄一 …………………………126
スターリン ………………………17, 122
ストップフォード ………………103, 110, 117, 118
スミス ……………………………185
セラゲルディン …………………30, 40
セン ………………………………5, 19

《タ行》

ダスグプタ ………………………5
建元正弘 …………………………164
谷口吉彦 …………………………226
ダニング …………………………12, 21, 65, 79
玉野井芳郎 ………………………120
タム ………………………………65
ダン ………………………………117
チェネリー ………………………159
チョカー …………………………40
チューリン ………………………176, 187-188
陳エドワード ……………………79, 82
土屋六郎 …………………………3
鄭敦訓 ……………………………73
鄧小平 ……………………………70
東条英機 …………………………226, 235

ドゥ・ミャ・ティン ……………188-189
ドニソーン ………………………7, 62, 63
トルバート ………………………16
トロイツキー ……………………189

《ナ行》

中島守善 …………………………192
名和統一 …………………………96, 118
西雅雄 ……………………………233
新渡戸稲造 ………………………20
野々村一雄 ………………………227, 235, 236
野間清 ……………………………227, 228, 235

《ハ行》

バウアー …………………………180
バウム ……………………………16
バカーエフ ………………………118
パーキンス ………………………64
バクバーグ ………………………151, 211
箱木真澄 …………………………165
ハーシュマン ……………………3, 22, 116
パーソンズ ………………………125, 127
バード ……………………………22
パブロフスキー …………………189
浜田恒一 …………………………185
原覚夫 ……………………………23
バラーノフ ………………………150
バリコフ …………………………187
ビビアニ …………………………23
ヒックス …………………………126
土方成美 …………………………236
ビシネフスキー …………………10, 11, 20
平瀬己之吉 ………………………60, 234
平田末次 …………………………119
ビンチェル ………………………99
ファー ……………………………22
ファーニバル ……………………6, 7, 18, 185
フィプス …………………………114, 119

フィンスティルブッシュ …………25, 39
フェドレンコ ……………………150
フェルドマン ……………208-209
深谷進 ………………………224
福田徳三 ……………20, 61, 223
ブーデビュ ……………………159
フリシュタク …………………40
フリーマン ……………………22
ブリタン ………………113, 118
古海忠之 ……………………233
フレミング ………151, 153, 165, 183, 190
ヘイゲン ………………………208
ヘージ …………………………25, 39
星野直樹 ……………………226, 235
星野芳郎 ………………………17
堀江邑一 ……………………235
ホルスマン・フォー …………22
ポレンスケ ……………………159
ホワイト ………………………40
本庄栄治郎 …………………20
本多健吉 ……………………19

《マ行》
マイクセル ……………………22
マギレフキン …………………118
マクスウエル …6, 7, 18, 20, 176, 187
マーグリン ……………………5, 19
マシェク ………………………22
マーシャル ……………………125
マジャール ……………………235
松井清 …………………………4
松岡周治 ……………………233
松岡洋右 ……………………226
的場徳造 ……………………149
マーリーズ ……………………5
マルクス ………………122, 193, 208
マルコス ………………………132
マンデル …………151, 153, 165, 183, 190

牟其中 ……………………76-77, 82
村上敦 …………………………2
メツラー ………………152, 153
メンガー ………………………125
モースリー ……………………22

《ヤ行》
矢内原忠雄 ……………118, 236
山田豪一 ……………………235
山田盛太郎 …………………222, 223
山本剛士 ………………………23

《ラ行》
ラル ……………………………3, 116
ランデルーミルズ ……………30, 40
リャシチェンコ …………58, 96, 99
リカードウ ……………………170, 185
李嘉誠 …………………………75
リトル, I.M.D. …………………5
リトル, J.S. ……………………40-41
リプスキー …………………151
リーマー …………………85, 99, 236
ルーク …………………………40
レー ……………………………19
レイベシュテイン ……………21, 208
レーニン ………………………122
ローゼンベルグ ………………40
ロールセン ……………152, 153
ロンデネリ ……………………40

《ワ行》
渡辺太郎 ……………………165
渡辺利夫 ………………………2
ワルラス ……………………125

<事項索引>

《ア行》

赤い株式 …………………………………201
亜州水泥（台湾）……………………………81
アシェンダ ………………………………189
アジア協会（アジア在住イギリス人）……20
アジアの経済危機, 1997年
　―原因 ……………………134-135, 202
　―タイの外貨操作 …………………145
　―IMFの対策 ………………………145
　―企業情報の開示 ……………143-144
アライアンス・キャピタリズム ……164, 169
怡和控股（香港）……………………………81
怡和洋行 …………………………………92
永安国際（香港）……………………………81
英美烟公司 ………………………………93
英・ロ・マクシーモフ ……………………90
遠東証券取引所 ……………………191, 196
ODA
　―定義 ………………………………41
　―グラント・エレメント
　　（計算式を含む）……215-216, 217-218
　―要請主義 ………………………38, 41
　―供与権限地方移譲論 ………………112
　―援助共同体 ………………………41
欧州石油 …………………………………90
オランダ病 ………………………………118
オルスク金 ………………………………87

《カ行》

開発基金供与（資金援助）の背離 ……142
開発計画の性格 ……………132-133, 141-142
海洋運輸費用関数 ………………………118
嘉華銀行 …………………………………71
花旗銀行 ………………………………94-95
過小地経営 ………………………………194
華潤 ………………………………………80

華中7省総合開発 …………………………55
華南圏 ……………………………………56
株式会社法
　―中国 ………………………………95
　―ロシア ……………………………95
貨幣化 ……………………………………190
広東健力宝 ………………………………82
雁行的形態 ………………………………109
キャセイ航空 ……………………………72
九竜証券取引所 ……………………191, 196
競争力強化海外投資 ………………164, 169
強制耕作制度（インドネシア）
　　　　　　　　……33, 40, 171, 185, 186-187
金銀証券取引所 ……………………191, 196
金融商社 ………………180-181, 182, 189-190
金融的深化 ………………………………190
金融的抑制 ………………………………181
クアラルンプール証券取引所 ……191, 199
クロール …………………………………76
限界的最小努力の理論 …………20-21, 208
江陰龍馬 …………………………………81
コーカサス銅 ……………………………87
宏碁（台湾）…………………………………81
五鉱 ………………………………………80
講座派の中国研究 ………………………234
広州白雲農工商 …………………………81
恒昌（香港）…………………………………72
江西果喜 …………………………………81
郷鎮企業の海外投資 …………………75-76
国際金融分野の国際規制 …………211-212
国際石油・化学製品貿易研究所
　　（SINOCHEM）………………………74
コンディショナリティ ……………………17

《サ行》

サイモン・シュテインマン・モデル ……9

在華イギリス人社会 ……………………221
最適部門・地域関連モデル
　　　　　……………135-139, 149, 150
先物為替の理論 ……………………153
サセックス大学開発研究所 ……………15
沙遜銀行 ……………………………94
ザミンダール制度 ………………185-186
産業立地の歴史 …………………119-120
山地民族の土地所有 ……………177-178
三線企業 ……………48, 49, 52, 59, 60
三転一化 ……………………………82
三転三化 ……………………………73
山東莱州プラスチック ………………81
CISC貿易会社 ………………………72
CITI製鋼 ……………………………71
CITI林業 ……………………………71
CH・中国投資 ………………………72
四川国際経済協力 ……………………81
首都製鋼 ……………………………75
従属理論 ………………………32, 187
商務省産業資源管理局（米国）……104, 117
城市酒店（香港）………………………81
常州金獅自転車 ………………………81
常熟市虞山鎮ポリプロピレン …………81
ジョンソンの基本方程式 …………153, 165
　—拡張 ………………153-155, 157, 163
資源の呪い …………………………120
シベリア・バター ……………………44
資本の原始的蓄積 ……………………193
シルク・ロード ……………………102
新古典派総合 …………………………4
シンガポール証券取引所 ……191, 198-199
新興証券市場の類型 ……………208-209
深圳の日本語音 ………………………60
新世界発展（香港）……………………81
新ロシア ……………………………89
スカルノ時代の経済計画 ……………147
スパスキー銅山 ………………………87

スピス石油 ………………………90-91
スールー奴隷制 …………………172, 186
西方移動説（海運）………………103-104
声宝電器（台湾）………………………81
生物工学研究所（SINOCHEM）………74
石景山製鉄所 ………………………75
セランゴール土地法典 ………………176
セルガー・パルプ工場 ………………71
操作主義 ……………………………123
ソ連共産党綱領（1961年）……………141

《夕行》

大英銀行 ……………………………94
大康紗廠 ……………………………94
太古輪船公司 ………………………93
太古洋行 ……………………………93
大同（台湾）…………………………81
太平洋石油精製 ……………………74
台湾塑膠（台湾）……………………81
単一栽培（モノカルチュア）……173-174
チャトマ石油 …………………………90
地域産業関連分析 ………………158-159
　—チェネリー型 ……159, 166-167, 168
　—ブーデビュ型 ………159, 167-168
　—アメリカ型 …………159, 168-169
地域生産総合体 ………………………50
中英公司 ……………………………93
中華石油（台湾）……………………81
中華・ヒース ………………………74
中国化学製品輸出入（中化公司, SINOCHEM）
　　　　　……………70, 72, 73, 74, 77, 81
　—資産 ……………………………73
中国銀行（BOC）……………70, 77, 81, 82
　—資産 ……………………………70
中国国際信託投資（中信公司, CITIC）
　　　　　…………………70, 71, 77, 81
　—資産 ……………………………71
中国鋼鉄（台湾）……………………81

中国人の四散 …………………………83
中国農村信託投資 ………………………81
中国の特色をもつ総合商社 ……………73
中国株
　　―Ａ株 ……………………………201
　　―Ｂ株 ……………………………202
中信泰富（香港）…………………72, 81
中ソの税制比較 ……………42-43, 61-64
長江実業（香港）………………………75
低水準の均衡の罠 ……20-21, 193, 194, 208
滴落 ………………………………………37
東亜研究所 ……………………236, 237
東栄鉄鋼（香港）………………………75
徳華銀行 …………………………………95
土地改革
　　―インドネシア ……………175, 176, 187
　　―ビルマ ……………………177, 189
　　―ベトナム …………………………189
土地不足
　　―フィリピン ………………………189
　　―タイ ………………………………189
東方集団 …………………………………81
ドラゴン航空 ……………………………72
取引税（ソ連）…………………………51
トロイック金山 ……………………87-88

《ナ行》

内外綿紗廠 ………………………………94
内部化（ハイテク商品の取引費用）…13, 65
南徳集団 ……………………76, 78, 82
南徳視界 …………………………………82
ニキサンスケ ……………………………226
21世紀中国超経済大国論 ………52, 64
二重ギャップ論 …………………23-24
認定問題 ……………………………162, 169
ネルチンスク金 …………………………87
農業的インヴォリューション（紛糾農業）
　　……………………………33, 40, 178

　　―内容 ………………………172-173
　　―限界 ………………………186-187

《ハ行》

麦加利銀行 ………………………………94
パクス・ブリタニカ …………………101
バクー・ロシア石油 …………………90
パレス・ホテル（サンクト・ペテルスブルグ）
　　………………………………………92
バム鉄道（第2シベリア鉄道） ………46
ハロッド・ドーマー型成長モデル
　　…………………………9, 10, 165
パンコール条約 ………………………187
比較生産費説 ……………………170, 185
美孚火油公司 …………………………93
富士紗廠 …………………………………94
ヘルプス・モデル ………………………9
米国中化農業化学 ……………………74
北京第一工作機械工場 ………………75
ペルー・ヒエロ …………………………75
防衛研究所（米国）…………………106
ポートランド・アルミニウム精錬 ……71
香港上海大酒店（香港）………………81
香港証券取引所 ……………191, 196, 209
香港テレコム ……………………………72
香港ベンチャー資本協会 …………211

《マ行》

マカヲ電信電話 …………………………72
マスタ ……………………………………75
マネタリズム ………4, 17, 24, 39, 128, 194
マレーシア株式取引所 ……197, 199, 209
マンスフィールド・グループ ……18, 23
満鉄調査の負の遺産 ……………227-228
マンデル・フレミング理論
　　……………………151-153, 164-165, 183
民主主義と経済合理性の背反 ………113
メトロ・ミート …………………………72

《ヤ行》
横浜正金銀行 …………………………94
ユーラシア大陸横断鉄道 ……………47-48
有利銀行 ………………………………94

《ラ行》
レーガン経済論（レーガノミクス）33, 213
連想（企業集団）………………59-60, 80
ロシア・インターナショナル・ハーベスター
　…………………………………………88
ロシア炭鉱 ……………………………89
ロシアの証券市場（ポストソ連）…210-211

《ワ行》
滙豊銀行 ………………………………93
和記黄埔（香港）………………………81

あとがき

　本書は，1990年代考え，主としてその後半に発表した論文を編集したものである。ただ，第3章の2は30年以上前に活字になった論文を現在の視点で書き改めたものであり，第5章の資料は，1993年の学会報告の材料を整理したもの，最後の付論は，書物の出版直前の書き下ろしである。いずれにしても，最近10年の考えに従ったもので，本書は，現在の時点における著者の判断を示していると受け取っていただいて結構である。

　発表論文は，すべて，著者の勤務校であった下関市立大学と九州産業大学の雑誌に掲載されたものである。発表の年月は，

　　第1章の1：1997(平成9)年3月，2：1996(平成8)年11月，
　　第2章の1：1997(平成9)年11月，2：1998(平成10)年3月，
　　　　資料：1998(平成10)年11月，
　　第3章の1：2000(平成12)年3月，
　　第4章の1：1999(平成11)年3月，2：1999(平成11)年11月，
　　第5章の1：1994(平成6)年5月，2：1999(平成11)年8月

である。ただし，発表時の題は，本書に収録する際，一部の論文で多少の変更を加えている。

　2002年3月

　　　　　　　　　　　　　　　　　　　　　　　　　　　　　　著　者

■著者略歴

有木　宗一郎（ありき　そういちろう）

1929年3月　中華人民共和国大連の旧市街（日本統治時代の関東州大連市）に生まれる。
1947年2月　日本へ帰国。
1954年3月　神戸大学経済学部卒業。
1992年4月〜2000年3月　九州・山口地区の大学に勤務。
2000年4月〜2002年3月　学部教育から離れ、九州産業大学大学院専任教授として国際経済論を担当。

〔主な著書〕
『社会主義経済計画論』（日本評論社、1965年。改訂，1974年）
『ソ連経済の研究』（三一書房、1972年）
『戦後日本経済の発展』（三嶺書房、1988年）

革新の開発経済学

2002年7月1日　初版第1刷発行

■著　者──────有木宗一郎
■発行者──────佐藤　正男
■発行所──────株式会社 大学教育出版
　　　　　　　　〒700-0951　岡山市田中124-101
　　　　　　　　電話（086）244-1268（代）　FAX（086）246-0294
■印刷所──────互恵印刷(株)
■製本所──────日宝綜合製本(株)
■装　丁──────ティー・ボーンデザイン事務所

© Soichiro Ariki 2002 Printed in Japan
検印省略　　落丁・乱丁本はお取り替えいたします。
無断で本書の一部または全部を複写・複製することは禁じられています。

ISBN4-88730-487-0